本书受山东省高等学校
人力资源与人力资本高质量×
年政治学院 2023 年度学术专×

新时代大学生个体特征、职业价值观与就业创业

Individual Characteristics, Vocational Values,
Employment and Entrepreneurship of
College Students in the New Era

万利　刘甲坤　王腾宇　著

经济管理出版社
ECONOMY & MANAGEMENT PUBLISHING HOUSE

图书在版编目（CIP）数据

新时代大学生个体特征、职业价值观与就业创业 / 万利，刘甲坤，王腾宇著 .—北京：经济管理出版社，2023.9

ISBN 978-7-5096-9357-5

Ⅰ . ①新… Ⅱ . ①万… ②刘… ③王… Ⅲ . ①大学生—就业—研究 Ⅳ . ① G647.38

中国国家版本馆 CIP 数据核字（2023）第 200827 号

组稿编辑：梁植睿
责任编辑：梁植睿
责任印制：许　艳
责任校对：陈　颖

出版发行：经济管理出版社
　　　　　（北京市海淀区北蜂窝 8 号中雅大厦 A 座 11 层　100038）
网　　址：www.E-mp.com.cn
电　　话：（010）51915602
印　　刷：北京晨旭印刷厂
经　　销：新华书店
开　　本：710mm × 1000mm/16
印　　张：16
字　　数：305 千字
版　　次：2023 年 9 月第 1 版　2023 年 9 月第 1 次印刷
书　　号：ISBN 978-7-5096-9357-5
定　　价：88.00 元

　　据教育部、人力资源和社会保障部预计，2023届全国普通高校毕业生将达到1158万人，创历史新高。党的二十大报告指出："就业是最基本的民生。强化就业优先政策，健全就业促进机制，促进高质量充分就业。"这是党中央牢牢把握我国发展的阶段性特征，根据新形势新任务明确的目标要求。实现充分就业，就要千方百计创造更多就业机会，扩大就业容量。围绕这一目标要求，习近平总书记在党的二十大报告中对实施就业优先战略的重点任务进行了新的重大部署。完善重点群体就业支持体系，加强困难群体就业兜底帮扶，就是要聚焦高校毕业生等重点群体，坚持市场化社会化就业与政府帮扶相结合，促进多渠道就业创业，持续做好高校毕业生等青年就业工作。拓宽高校毕业生市场化、社会化就业渠道，强化高校毕业生就业服务，加大对离校未就业、困难毕业生帮扶力度，帮助毕业生更好择业、更快就业。为缓解大学生的就业压力，引导大学生积极就业，促进高校毕业生等青年群体多渠道就业创业，党中央和国务院颁布了一系列促进大学生就业创业的优厚政策。

　　习近平总书记于2019年在纪念五四运动100周年大会上的讲话中强调，"青年是整个社会力量中最积极、最有生气的力量"，"新时代中国青年要继续发扬五四精神，以实现中华民族伟大复兴为己任，不辜负党的期望、人民期待、民族重托，不辜负我们这个伟大时代"。习近平总书记对新时代中国青年提出了殷切期盼，为青年一代成长成才指明了道路方向、提供了根本遵循，也表明培育大学生社会责任感已成为新时代必须面对和解决好的一项重要任务。2021年4月19日，在清华大学建校110周年校庆日即将来临之际，习近平总书记来到清华大学考察并指出，"广大青年要肩负历史使命，坚定前进信心，立大志、明大德、成大才、担大任，努力成为堪当民族复兴重任的时代新人，让青春在为祖国、为民族、为人民、为人类的不懈奋斗中绽放绚丽之花"。

2022 年 4 月 21 日，国务院新闻办公室发表了中国第一个《新时代的中国青年》白皮书，明确指出青年是整个社会力量中最积极、最有生气的力量，国家的希望在青年，民族的未来在青年。大学生作为社会高素质群体的重要组成部分，最富有想象力和创造力，是创新创业的有生力量，也是一个国家人力资源稳定的最重要因素。党的二十大报告指出："广大青年要坚定不移听党话、跟党走，怀抱梦想又脚踏实地，敢想敢为又善作善成，立志做有理想、敢担当、能吃苦、肯奋斗的新时代好青年，让青春在全面建设社会主义现代化国家的火热实践中绽放绚丽之花。"

中国特色社会主义进入新时代，党的第一个百年奋斗目标——全面建成小康社会的任务如期完成，大学生作为青年群体的重要力量，是第二个百年梦想实现过程中的奋斗者、实践者、见证者，而新时代大学生作为大学生群体的新生力量，务必要具备坚定的政治信仰、高尚的品德修养、扎实的专业技能，自信自强，踔厉奋发，真正肩负起中国特色社会主义现代化强国建设的历史使命，为第二个百年梦想的实现贡献自己的青春、智慧和力量。

基于此，本书以新时代大学生的个体特征、职业价值观与就业创业为主要研究内容，包括以下六个章节：一是新时代大学生的个性特征研究。对大学生人格特质、主动性人格、情商及动机的概念及研究现状进行梳理。通过样本统计，分析新时代大学生人格特质、主动性人格、情商及动机特点。二是新时代大学生职业价值观与决策。对职业价值观、职业决策自我效能感、职业焦虑进行界定，探讨新时代大学生的职业价值观、职业决策自我效能感、职业焦虑现状。三是新时代大学生的就业创业。对就业意向、创业意愿、创业激情进行概念界定和文献梳理，分析新时代大学生的就业意向、创业意愿、创业激情现状。四是新时代大学生个性特征与职业价值观。通过问卷调查和实证分析，验证新时代大学生人格特质、主动性人格、动机与职业价值观、职业决策自我效能感的关系。五是新时代大学生个性特征与就业创业。通过问卷调查和实证分析，探讨新时代大学生人格特质、主动性人格、动机与就业意向、就业焦虑、创业意愿、创业激情之间的关系。六是结论与展望。根据实证分析结果，对研究结果进行讨论，从政府、高校和个体层面提出相关建议，并对未来的研究进行展望。

在本书写作过程中，诚挚感谢山东青年政治学院科研处、经济管理学院各位领导和老师的支持，特别感谢山东青年政治学院韩冰清老师，青海师范大学研究生陈鹏，山东青年政治学院学生左小雅、赵雅琪在资料收集、数据分析等方面给予的帮助。感谢家人的理解与支持！

目 录 / Catalog

第三章　新时代大学生职业价值观与决策 / 063

第四章　新时代大学生的就业创业 / 107

第七章　结论与展望 / 209

第一章　导言

第一节　研究背景及研究目标

一、研究背景

党的十八大以来，中国特色社会主义进入新时代。在新时代背景下，以习近平同志为核心的党中央高度重视保障和改善民生，更加关注大学生的就业和创业问题。党的二十大报告指出："就业是最基本的民生。强化就业优先政策，健全就业促进机制，促进高质量充分就业。"这充分彰显了习近平总书记对青年成长成才、报效祖国的深切关怀。面对大学生就业难、"慢就业"等问题，习近平总书记也作出一系列重要指示批示，要求各级党委、政府和社会各界要真正做好高校毕业生就业工作，采取有效合理的措施，着力消解阻碍大学生就业的因素，想方设法帮助高校毕业生解决就业问题。随着近年来大学招生规模的不断增加，毕业生数量也呈现逐年增长态势。中华人民共和国人力资源和社会保障部部长王晓萍在接受央视新闻采访时指出，2023 年，高校毕业生将达到 1158 万人的历史新高。[①] 为缓解大学生的就业压力，引导大学生积极就业，党中央和国务院颁布了一系列促进大学生就业创业的优厚政策。2021 年 9 月 22 日，国务院办公厅发布了《关于进一步支持大学生创新创业的指导意见》（以下简称《意见》），该《意见》明确指出"大学生是大众创业万众创新的生力军，支持大学生创新创业具有重要意义"，"以习近平新时代中国特色社会主义思想为指导……全面贯彻党的教育方针，落实立德树人根本任务，立足新发展阶段、贯彻新发展理念、构建新发展格局，坚持创新引领创业、创业带动就业……实现大学生更加充分更高质量就业"。2022 年 4 月，教育部高校学生司、教育部学生服务与素质发展中心发布了《普通高校毕业生基层就业政策公告》，旨在引导更多毕业生到基层就业创业，并给予一系列优惠政策。

---

① 方彬楠，张晗.1158 万！2023 年大学毕业生人数将创新高，人社部喊话：将继续优化就业政策[EB/OL]. 搜狐新闻，https://news.sohu.com/a/627848938_115865，2023–01–10.

"青年兴则国家兴，青年强则国家强。"2022 年 4 月 21 日，国务院新闻办公室发表了中国第一个《新时代的中国青年》白皮书，明确指出青年是整个社会力量中最积极、最有生气的力量，国家的希望在青年，民族的未来在青年。大学生作为社会高素质群体的重要组成部分，最富有想象力和创造力，是创新创业的有生力量，也是一个国家人力资源稳定的最重要因素。大学生作为具有高人力资本的载体，其就业和创业关系到国家政治稳定、经济发展、科技进步，是进一步提升国家综合实力的重要助推力量。因此在新的时代背景下，分析新时代大学生的个性特征和职业价值观，激发大学生的就业创业积极性，对缓解社会就业压力，推进社会和谐、稳定和发展尤为重要。

二、研究目标

近年来，随着高等学校招生规模的增加，高等教育逐步走向大众化。越来越多的优秀毕业生走出校门，踏入社会，大学生毕业后就业创业难也具有历史的必然性。2022 年，是"00 后"大学生进入社会职场的元年。在新生代大学生就业群体中，"千禧一代"逐步占据主导地位，他们面临的生长环境与"90后"大学生显然有很大区别，其个性特征和职业价值观更是大相径庭。"千禧一代"大学毕业生中"高期望""慢就业"的现象在加剧，造成这种现象的原因一方面是人们的思维不再受"毕业即就业"观念的限制，同时随着"千禧一代"生活水平显著改善，他们的就业创业观念更是发生了巨大变化，从"要找到一个铁饭碗"转变成"要找到一个金饭碗"；另一方面，家长和学生过于高估自身的实力，对工作的期望值不断提高，使当下大学生的就业创业压力越来越大。要想改善当前大学生就业结构不均衡的现状，就必须转变大学生的就业观念。习近平总书记指出，希望全国广大高校毕业生志存高远、脚踏实地，不畏艰难险阻，勇担时代使命，把个人的理想追求融入党和国家事业发展之中，为党、为祖国、为人民多作贡献。可见要想从根本上摆正就业创业观念，就必须从新时代大学生的个体特征和职业价值观入手，根据每个大学生的个体特征，纠正其存在的错误的职业价值观，从而提出有针对性的管理建议。基于此，本书以大学生的个体特征、职业价值观与就业创业为主要研究内容，研究目标包括以下六个方面：

一是明确大学生的个性特征、职业价值观和就业创业的国内外研究述评。通过查阅大量国内外相关文献，本书明确当前国内外大学生个性特征、职业价值观与就业创业的研究现状以及述评。在现有研究的基础上，针对新时代大学生的成长环境，探究大学生个性特征、职业价值观与就业创业的研究重点，从而进一步探讨本书的创新点。

二是调查新时代大学生的就业创业现状。随着"00 后"大学生的毕业，社会上大学生就业创业主体逐步从新生代过渡到"千禧一代"，本书通过对山东省 36 所应用型本科高校的大学生进行抽样调查和深度访谈，了解新时代大学生群体的就业创业偏好。

三是探究大学生就业创业偏好与个性特征和职业价值观之间的关系。根据已掌握的大学生就业创业偏好，进一步探究大学生就业创业偏好背后内蕴的个体特征和职业价值观，观察个体特征和职业价值观是否会对就业创业偏好产生影响。

四是分析影响新时代大学生就业创业的因素及其成因。本书借助 SPSS、AMOS 等数据统计分析软件，对抽查样本展开实证分析，并结合国内外现有的研究成果，研究大学生的个体特征和职业价值观对大学生就业创业成功的影响因素。

五是深层阐释影响大学生就业创业的潜在因素。继续借助 SPSS、AMOS 等数据统计分析软件对已获得数据进行深度分析，并结合深度访谈，实证分析个体特征和职业价值观对就业创业偏向的影响结果。

六是阐明促进大学生就业创业的合理建议。根据实证分析探究出的个体特征、职业价值观和就业创业三者之间影响结果的内在逻辑，从新的时代背景出发，提出培养良好个体特征、引导正确职业价值观和促进就业创业的合理建议。

第二节　研究方法及研究内容

一、研究方法

（一）文献分析法

本书查阅大量国内外相关文献，并对文献进行系统分析，梳理个性特征、职业价值观和就业创业的发展脉络，对个性特征、职业价值观和就业创业概念做出科学界定，并对其国内外研究现状进行研究述评。

（二）深度访谈法

为进一步深入研究大学生个体特征、职业价值观与就业创业之间的逻辑关系，本书对山东省 100 名应用型本科高校的大学生进行深度访谈，了解当下大学生的个体特征、职业价值观和就业创业状况，掌握最真实的信息，为管理建议的提出提供可靠依据。

（三）问卷调查法

首先，以线上问卷调查为主，线下问卷调查为辅，对山东省 36 所高校的 3000 名应用型本科大学生进行大规模问卷调查，获取本书的研究数据，为本书进行实证研究提供客观有效数据。其次，采用 SPSS、AMOS 等数据分析软件对获取的样本数据进行信效度检验、相关关系分析以及回归分析，验证构建的模型及提出的假设。

（四）个案研究和案例分析法

为弥补问卷调查研究的缺陷，本书同时对山东省 5 所高校中的 100 名大学生进行个案研究和案例分析，进一步验证实证分析的结果和理论模型。

二、研究内容

针对当前大学生就业"高期望""慢就业"的现状，为进一步探究大学生就业创业难的因素，本书着重从大学生的个体特征和职业价值观两个维度，探究个性特征、职业价值观和就业创业之间的关系。根据本书的研究目标，研究内容主要分为以下七章：

第一章为导言。从宏观的角度阐明本书的研究背景及目标、研究方法及内容，使读者对本书的研究主体有整体的把握。

第二章为新时代大学生个性特征。主要内容包括大学生的人格特征、气质类型、主动性人格、情商和动机五个方面，并对其类型（维度）及测量做出简要说明，形成国内外研究现状的综述，从而形成对当前大学生个体特征的基本判断。

第三章为新时代大学生职业价值观与决策。主要包括职业价值观、职业决策自我效能感，以及职业焦虑的概念、类型（维度）及测量，形成国内外的研究综述，对大学生职业价值观和决策进行系统了解。

第四章为新时代大学生的就业创业。主要包括大学生的就业意向、创业意愿和创业激情的概念界定、类型（维度）及测量，形成国内外的研究综述，了解当前大学生的就业意向、创业意愿和创业激情。

第五章为新时代大学生个性特征与职业价值观。实证分析大学生人格特质、主动性人格，以及动机与职业价值观、职业决策自我效能感之间的关系，探究个性特征和职业价值观之间的内在逻辑。

第六章为新时代大学生个性特征与就业创业。实证分析大学生人格特质、主动性人格，以及动机与就业创业之间的关系，探究个性特征和就业创业之间的内在逻辑。

第七章为结论与展望。通过对大学生个性特征、职业价值观和就业创业实证分析结果，提出良好个体特征培养、正确价值观引导和促进大学生就业创业的合理建议，并对未来的研究做进一步展望。

第三节　研究意义及研究创新

一、研究意义

（一）学术价值

一是本书基于动机理论、人性假设理论等相关内容，分析中国情境下新时代大学生个性特征、职业价值观和就业创业相关理论。丰富和拓展管理学、心理学、社会学和经济学相关理论在本领域的交叉融合和应用，为未来的研究提供重要理论借鉴。

二是构建和验证新时代大学生个性特征、职业价值观与就业创业之间的理论模型，导入其间的中介变量和调节变量，开拓本领域研究的新视野和拓展理论框架。完善新时代大学生在该领域的理论体系，为政府、高校和企业层面提供理论方法和模型参考。

（二）实际应用价值

一是在微观层面为相关管理者提供路径和方法。本书对新时代大学生个性特征、职业价值观和就业创业进行分析，研究结论将为政府拓展大学生就业的路径、破解就业创业发展难题提供帮助，对于提高就业质量有着重要的现实意义。

二是在宏观层面为国家提供决策参考和依据。本书的完成可以为国家决策提供一个新的视角和思路，为国家相关法规、政策的制定提供理论依据与政策框架参考，促进就业工作高质量发展。

二、研究创新

一是在学术思想方面。本书实现多种理论在本领域的交叉融合。本书研究的焦点之一就是对新时代大学生个性特征进行梳理，从人性假设理论、归因理论、动机理论等视角，丰富和拓展管理学、心理学、社会学和经济学相关理论在本领域的交叉融合和应用，为未来的研究提供重要理论借鉴。

二是在内容范围方面。国内关于研究大学生就业创业的文献很多，但是聚焦于新时代大学生特点的研究并不多，尤其是探讨新时代大学生个性特征、职业价值观与就业创业之间关系的研究更是少见，这为本书提供了一定的研究空间。

三是在结构体系方面。本书对新时代大学生个性特征、职业价值观和就业创业进行了概念界定，科学构建了本书的结构和内容体系，遵循个性特征、就业创业逻辑框架体系。

四是在写作特点方面。本书基于相关理论研究，构建理论模型，通过问卷调查，对多样本进行科学分析，根据研究结果提出管理建议，既有学术理论深度，又有可操作性实践路径，同时，语言通俗易懂，容易引起读者共鸣。

第二章 新时代大学生个性特征

第一节　新时代大学生人格特质

一、人格特质的概念

人格特质是指在组成人格的诸多因素中，能引起人做出反应和主动引导人做出反应，并使主体在面对不同种类的环境刺激时都能做出类似反应的一种特殊的心理构造。在当今人格心理学的发展研究中，人格特质理论将特质界定为主体所拥有的神经属性，具备掌控主体反应的功能，并使主体在不同的环境中都能做出相一致的反应。特质是个体自身与他人基本特征差异性的体现，是人格的组成要素，也是人格测量的单位。关于人格结构深入分析的初期任务核心是想要确定和标明一些持续的和稳定的特征，进而对主体做出的不同行为都能予以正确表述。经专家学者研究，总结出人格特征的普遍性特征有害羞、上进、顺从、慵懒、雄心、忠心以及畏缩等。无论主体在面对什么环境时都能够稳定地表现出上述特征，我们称该特征为人格特质。

二、人格特质的类型（维度）及测量

学术界专家学者公认的弗洛伊德的人格特质理论有六部分内容，分别是：潜意识与人格理论、本能论、人格发展理论、梦论、焦虑与心理防御机制和社会文化理论。弗洛伊德通过大量的实验分析，破天荒地提出了潜意识，主张人的心理主要是由意识和潜意识组成，他把意识和潜意识放到了同等重要的位置，这对心理学的研究起到了极大的促进作用。弗洛伊德对潜意识的发现让国内外的专家学者明白了人的思维领域活动不是简单的和一成不变的，而是复杂的和多元的。同时，他提出了性机能对主体的人格特质的发展具有重要的推动作用，这对专家学者在研究人格特质时注重生物学上的影响因素，从遗传生物学方面阐释主体人格特质的发展具有重要的理论意义。弗洛伊德指出人格是由三个部分组成的：

首先是本我（id）。在人格的组成中最初始的部分就是本我，它从个体刚出生时就已经存在，是人类最基本的需求，如饥、渴、性等。当需求产生时，在唯乐原则的支配下，主体会无意识地进行需求的满足，例如刚生下的幼儿在饥饿时会本能地选择满足自我的需要，被要求立即喂食，而不管母亲的状况。

其次是自我（ego）。自我是个体出生以后在现实成长中由周围的环境塑造的，自我是介于本我和超我之间的状态，对本我和超我具有"承上启下"的作用。从自我的需求来看，如果个体的需求没有在现实的环境中满足，那么个体就必须屈服于现实的因素，并通过后天的学习实现自我需求的满足。

最后是超我（superego）。超我是个体受到现实生活中上层建筑的影响而逐渐塑造和发展的。在三者中，超我处于人格结构中管控作用的最高部分。超我包括两个重要的组成部分：一为自我理想，是以自身行动要与自身的理想信念相一致的标准为良心；二为良心，保证自己的行动不会犯错误。因此，超我是人格结构中的上层建筑，从支配人性的原则方面来说，支配超我的是完美原则。

人格结构中的本我、自我和超我是紧密联系在一起的有机整体。它们相互独立，各自表示人格的某一方面本我映射的人的生物性本能。按照唯乐原则行事，在现实允许的环境中"原始的人"的自我寻求目的是让本能的冲动实现满足，是执行了人格。按现实原则行事，是"现实的人"超我追求完美，展现出人的社会性，是"道德的人"。一般情况下，本我、自我和超我是处于相互联系和相互制约的动态平衡状态的，进而为个体人格的发展创造了良好的心理环境。如果这种平衡遭到破坏，就会危及个体人格的健康发展，最终会产生心理障碍，甚至危及生命。

人格发展大体上分为五个阶段。其中前三个阶段的命名是根据身体部位的名称所做出的。其原因是个体在六岁之前，由身体部位来满足本我的基本需要，因此这些身体部位被叫作"性感带区"。弗洛伊德的"本能"指的是对生命和生活中的基本要求、原始冲动和内驱力。从微观上来说，分为自我本能和性本能。之后弗洛伊德再次整理了自己的研究成果后提出，个体有生的本能和死的本能。弗洛伊德认为，我们梦到的内容只是其表面部分，称为显梦，而我们真正要探究的，是其背后隐藏的潜意识动机，也就是隐梦。弗洛伊德早期的研究表明，焦虑来源于被压制得太多。1926 年，他阐述了第二种焦虑论，认为焦虑是作为某种信号而产生的，意味着发现了危险的情况。早期的弗洛伊德将焦虑分为客观焦虑、神经焦虑和道德焦虑三种类型。与焦虑相映照的，就是一连串的心理防御机制，比如压抑、投射、升华、认同等。弗洛伊德指出在原始社会，人类处于弱小状态，要抵御自然侵害和其他生物威胁，人类只有群居才能够生存下去。而且人与自然环境本能上的满足也会产生冲突，所以要想在一起生活就必须要有契约来约束对方。"文明实际上是指人与自然之间防御和人与人之间关系积累和调整所产生的后果、制度等方面的总和。"此外，弗洛伊德还用自己的"俄狄浦斯情结"对图腾崇拜做出了解释。

下面分享弗洛伊德人格特质的测试，即用白纸根据自己内心的思想画出房子；画完房子后，下一步是对房子、树木、人物在白纸里的位置进行细致的心理分析。居中：被测者自我感知更强烈，更注重自我；偏左：被测者更怀旧；偏右：被测者对未来更向往；偏上：被测者喜好幻想。即过去心理学的学者认为画面能透露出人们的性格特征和对事业、家庭和人际关系的偏向等。就连一些专家也指出该画面就是一幅开放的私隐图。"屋、树和人"心理测验正好就是心理学中最著名的画面测验。

（一）高尔顿·威拉德·奥尔波特的人格特质理论

高尔顿·威拉德·奥尔波特的人格特质理论是针对弗洛伊德主义对人类潜意识过于关照的怀疑与不满和心理学上实验化的态势而提出的。它用个案研究的方法，参考使用多位人士的书信、日记及自传等资料，来研判出各类型具有代表性的人格特质。他把特质视为"人格之本"，却反对弗洛伊德关于人格结构的虚假观点。他表示，人格特质是指个体在其自身生理基础上，所表现出来的某种永恒的性格特征。奥尔波特考究了"人格"这一名词的词源，开始把它与希腊语"perxona"相关联。他对人格定义的50种概念进行考证，并根据有关"人格不存在"以及"人格是个体本身都不知晓的心灵阴暗隐蔽处"两大流派在其代表作《人格：心理学的解释》（Allport，1937）一书中得出自己对于人格的界定："人格是指个人决定自己特殊顺应环境而存在的那部分心理生理系统的动力组织。"此后，在其《人格的模式与成长》（Allport，1961）一书中，又将上面定义中的"动力组织"发展为人格是始终处于流变状态的组织结构。他认为人格通常具有组织性，同时他又批判性地发展了古希腊哲学家赫拉克利特的"没有已成的，一切都在变成中"的思想，认为人格并不是一成不变的，是具体的、历史的。尽管个体在一种经验到另一种经验在维持同一性的向度上具有相似性，但从某种角度来讲，他在面对特殊的经验时并非具有统一性。"生理心理系统"是指这个动力组织依靠身体与心灵共同实施，它们被融合为一种个人统一体形态。人格既非纯属心理向度，又非纯属神经向度，两者难以割裂。"决定"是指个人行为的产生全都依赖于他的人格结构本身。人格不是形而上学的或一种随便的虚构，人也绝非仅是环境的消极反应者。人格确实存在。适合的刺激催生了人格的倾向性，人的真实本性就在行动中显现。"行为思想之独特性"有双重意蕴，是指这些行动思维乃人类个体所有行为与观念的体现，无论其是否符合现实规律、符合生物性之需求。

奥尔波特人格定义中两种阐述方法均强调人格独立。关照对个体的探究，而不是对约束人的法则进行探究，这是贯穿整个奥尔波特研究的主题和主线。同时，他也强调会存在两个一模一样的人，因此了解某个特殊个体的最佳方法是研究这个特殊的人。奥尔波特人格特质理论认为，一个完备的人格理论一定要有一个能表征"生活综合"即特质的测量模块。他持续不断地剖析特质：特质就是一般化的个人所具有的神经心理结构和真实性的客观存在。它具有对个体行动进行指挥的作用，这使很多刺激所产生的机能反应具有跨情境同一性，即不同的刺激可能产生相同的反应。此外，通常认为，特质和习惯对倾向具有决定性意义，但特质比习惯更具普遍性、概括水平更高，往往是特殊习惯融入适应环境的后果。从宏观的向度分析，特质与态度是同样的意思，若是对待事物的具体态度往往表现在个体身上时，也能称之为特质。但是特质与态度是有差别的，特质不是指向某一客体的存在物，也不是评价维度上的存在物，更不是用来表态的东西。特质不同于道德品质，相对地说道德品质的社会性要大于特质的社会性。

（二）卡特尔的人格特质理论

美国心理学家雷蒙德·卡特尔从俄国化学家门捷列夫的"化学元素周期表"中获得启迪，运用因素分析法解析人格特质，并创造性地建构了以人格特质为基础的理论模型。该模式分为个别特质与共同特质，表面特质与根源特质，体质特质与环境特质，以及动力特质、能力特质与气质特质4个层次。

第一，个别特质是个体所独有的独一无二的特质，通过兴趣、习惯、态度等形式表现出来；共同特质是指社区或群体中成员共有的特征。个别特质主要是解释个体的个性化特点，共同特质则主要解释人格在人性或群体层面的差异性。

第二，表面特质是从主体外在行动中可以直接观测到的特征，根源特质则是从同一理由出发彼此关联的行为特征。表面特质与根源特质都可以是单个或共性的特质。它们在人格层次上处于主要地位。

第三，体质特质决定先天生物因素，环境特质决定后天实际环境。

第四，动力特质指动力特征，使人倾向于某种目标；能力特质指表现为感知与动作上的异质性特质；气质特质则指决定个体情绪反应快慢和力度的特征。

在雷蒙德·卡特尔人格特质理论模型中，卡特尔最大的贡献在于他创造性地提出了根源特质。1949 年，卡特尔运用因素分析法提出 16 个彼此独立的根源特质，并编制了"卡特尔 16 个人格因素测验"（16PF）。这 16 个人格特质分别为：乐群性、聪慧性、情绪稳定性、恃强性、兴奋性、有恒性、敢为性、敏感性、怀疑性、幻想性、世故性、忧虑性、激进性、独立性、自律性、紧张性。卡特尔注意到，这 16 个特征基本反映于不同的群体之中，只不过不同的个体有不同的表现形式而已。雷蒙德·卡特尔是运用因素分析法对人格特质进行测量的代表性人物。他赞同高尔顿·威拉德·奥尔波特的理论主张，认为人格中既有共同特质又有个别特质，但是他觉得奥尔波特所罗列的特质非常烦琐，因此他将许多描述人类人格特质的词汇分类成 171 种，再以统计方法将其归分为 35 种特质群，卡特尔称之为"表面特质"。表面特质仅能直观测量到个体行为的一种外显表征而非个性的实质。为深入探析人格基本特质，卡特尔运用因素分析法深入探究了 35 种表面特质并发现了 16 种根源特质。表面特质与根源特质之间并没有必然的联系，前者表现为外显且可以被直接观测，而后者则表现为内蕴、实质且稳定，隐藏于表面特质背后与人格结构内层之间，能够透过表面特质来推测，为此卡特尔针对 16 种根源特质设计出 16 种个性因素问卷。

"卡特尔 16 种人格因素测验"是测量人格要素的科学性方法。这是卡特尔教授历经数年科学分析和实验，并运用因素分析统计法审慎地测定与编制而成的准确测验。这类测验约经过半个小时，测得 16 项人格特质。这种测验受到学术界的高度认可，在国际上具有一定的影响力，被大量运用到人格测验、人才选拔、心理咨询及职业咨询工作中。该测量方法于 1979 年引入中国，并由专业机构翻译为中文版。这 16 个人格因素相互独立，每个因素测量可以使被试某方面人格特征得到明确和独特认识，更可以具体性和综合性地理解被试人格中 16 个不同因素组合，继而可以综合评定个体人格。为了让读者更直观地了解 16 种人格因素以及 8 种次级因素，本书编制了表 2–1。

表 2-1　16 种人格因素以及 8 种次级因素

16 种人格因素特征

因素名称	低分特征	高分特征
因素 A：乐群性	缄默，孤单，高冷	外向，热情，乐群
因素 B：聪慧性	思想缓慢，学识不高，抽象思考能力弱	聪颖，有学识，善于抽象思考，学习能力强，思考敏锐
因素 C：情绪稳定性	情绪激进，易烦恼，心神不定，容易受环境影响	情绪稳定而成熟，能面对现实
因素 E：恃强性	谦让，顺从，通融，恭顺	好强执拗，独立积极
因素 F：兴奋性	严肃，谨慎，冷静，寡言	轻松兴奋，随遇而安
因素 G：有恒性	畏缩敷衍，原则性差	有恒心负责，履职尽责
因素 H：敢为性	胆小，缺乏自信	冒险敢闯，少疑虑
因素 I：敏感性	理智，现实性强，自食其力	敏感，感性
因素 L：怀疑性	依赖性强，随和，容易与他人相处	疑虑，刚愎，心高气傲
因素 M：幻想性	现实，合乎成规，力求做到最好	幻想的，狂放不羁
因素 N：世故性	坦率，天真	精明能干，世故
因素 O：忧虑性	安静祥和，沉着，自信心强	忧虑抑郁，烦恼自扰
因素 Q1：激进性	保守的，重视传统与行为标准	无拘无束，批评激进，超凡脱俗
因素 Q2：独立性	依赖，从众心理	独立自主，当机立断
因素 Q3：自律性	矛盾对抗，利己主义	知己知彼，自律严谨
因素 Q4：紧张性	心平气和，游散宁静	焦虑困扰，激动挣扎

8 种次级因素

因素名称	含义
适应与焦虑型 X1	适应型个体生活平静顺利，通常感到内心意足，容易做到自己所期望的和认为重要的事情。有时候也会在面对困难时缺乏毅力，容易放弃，有知难而退、不肯奋斗努力的倾向。焦虑型对自己未完成的目标或者事情会感到不满意，容易在工作中影响自身情绪或者造成身心伤害
内向与外向型 X2	内向型个体内向、性格胆小、自满自足、在交往中采取克制的态度，能够从事精细化的工作。外向型个体外倾、开朗活泼、善于交往、比较随和，倾向于从事外贸工作
感情用事与安详机警型 X3	感情用事型个体情感饱满而感到忧虑不安、缺乏信心、性格随和，在生活中讲究艺术，行动前顾虑太多。安详机警型个体果断、刚毅、积极上进、活力充沛、行动敏捷，但容易在生活上忽视细节，做事考虑不周，容易贸然行事

续表

8种次级因素	
因素名称	含义
怯懦与果断型 X4	怯懦型个体胆小、顺从、依附他人、单纯、性格被动，为获得某人的欢心会迁就他人。果断型个体果敢独立、锋芒毕露、做事有魄力，为表现自己的独创能力会创造实施这种行为的机会或者环境
心理健康因素 Y1	低于 12 分者占少数，情绪不稳定的程度更为显著
专业有成就者的人格因素 Y2	平均值为 55 分，67 分以上者应有其成就
创造力强者的人格因素 Y3	标准分高于 7 者属于创造力较强的范围，应有其成就
在新环境中有成长能力的人格因素 Y4	平均值为 22 分，不足 17 分者仅占分配人数的 10% 左右，通过专业训练从而获得成功的可能性比较小；25 分以上者，则有成功的希望

（三）菲斯克的大五人格模型

从奥尔波特的开拓性工作，到卡特尔提出 16 种根源特质，再到大五人格的发现，词汇学假设（Lexical Hypothesis）始终贯穿其中。一些重要的描述性词汇会体现在人类生活中的重要方面，不仅如此，如果某个事物真的重要而且在人们的日常生活中普遍存在，在人们使用的语言中会有更多的词汇来表达。因此，从词汇的角度去发现人格特质成为研究人格特质的重要方式。奥尔波特首先开启了这项困难棘手的工作，他让助手精确地计算出了英语辞典中有 17953 个描述人格差异的词汇，之后他又从中挑选出 4500 个，这明显太多。后来卡特尔又从这 4500 个表达词中选择了他自己认为特别重要的 35 个词，并对选择的 35 个词进行因素分析。1949 年，菲斯克从卡特尔的词汇表中选出了22 个用于分析，他对比了在这些特质上自我评定和同伴评定、心理咨询师评定三者之间的关系。他通过分析发现有五个因素总是率先出现在列表上，这就是后来的大五人格因素。多年后，在大范围的样本中，大五人格因素在多次实验中一直被不断地得到证实，最终成为心理学界认可度比较高的人格特质模型。大五人格模型内容如表 2-2 所示。

表 2-2 大五人格模型

人格特质	特征
开放性（openness）	具有想象、审美、感情丰富、求异、创造、智能等特质
责任心（conscientiousness）	显示胜任、公平、条理、尽职尽责、成就、自律、谨慎、克制等特质

续表

人格特质	特征
外倾性（extraversion）	表现出热情、社交、果断、活跃、冒险、乐观等特质
宜人性（agreeableness）	具有信任、利他、率真、顺从、谦虚、移情等特质
神经质或情绪稳定性（neuroticism）	具有困惑、敌视、压抑、自我意识、感性、虚弱等特质

在临床心理、健康心理、发展心理、管理心理、工业心理中人格五因素理论模型均显示了强大的实践价值。正如有研究发现外倾性、神经质和宜人性都与心理健康相关，外倾性和开放性是职业心理和工业心理两大关键相关要素，责任感与人事任用之间存在密切联系。高倾向性、低宜人性和低责任心青少年易与外部环境产生冲突，而高神经质和低责任心青少年往往表现出内心冲突所带来的困扰。现在大五人格成了"人格心理学中的一般货币"。这是20世纪90年代以来最为活跃的人格研究主题，是目前人们对于人类基本特质最为满意的一种表述方式。

（四）阿德勒的人格理论

阿德勒的人格理论特别强调人的积极品质和社会动机在个体的行动中具有重要作用。在他看来，人格就是在克服内心自卑、寻求优越的历程中形成的。人生来就有自卑感，由于一出生就软弱无力，幼年时期全靠大人，所以产生了自卑感。但是自卑驱使着人激发出内在的驱动力，然后努力战胜自卑、不断追求成功、给人格发展注入持续的能量。反之，如果受到自卑的压抑，就会出现自卑心理，从而形成神经症人格。人类具有追求优越和完美的特性。寻求优越还有两层意思，理性地寻求、推动个人的成长，有益于社会。过分追求，偏于偏激，易以自我为中心，自负、忽视别人和社会习俗，缺乏社会兴趣。

那么，人们又是怎样寻求优越的呢？这与他们所处的环境特殊、生活方式各异有关，从而表现出不同的行为特征与习惯，这些被称为生活风格。生活风格的发展和自卑感有紧密的关联性。一个具有某种生理缺陷或主观上具有自卑感的儿童，其日常习惯将偏向补偿或过度补偿缺陷或自卑感。例如，身体弱小的儿童会有强烈的愿望通过锻炼增强自身的体质，这些愿望和行为便成为其生活习惯的一部分。生活习惯决定了我们对生活的态度，形成了我们的行为方式。主要的社会人格有如下几种类型：

折叠支配－统治型（dominant-ruling type）。这类人群往往喜欢主宰他人，缺乏社会意识，很少考虑他人利益，具有追求优越、为达目的而不惜牺牲或损害他人的强烈倾向。他们需要通过掌控别人而使自己感到强大和有意义。在儿童时期，他们通过打滚和哭闹，希望父母向他屈从。若作为父母，他们则令孩子服从自己的命令。若作为教师，他们会威胁学生，说："如果你不这样做，那你就去校长办公室。"这样的人容易发展成违法者和产生药物滥用情况等。

折叠索取型（getting type）。这种类型的人格相对被动，如果在生活中遇到困难，一般很少自己去解决，往往需要依赖他人去解决问题。富裕家庭中的家长通常会用放纵的方式对待自己的孩子，并尽可能地满足他所有的要求来避免其受到"挫折"。处在这种环境中的孩子几乎不需要为自己而辛苦地去做一件事，因此几乎不知道自己拥有多么强大的力量。他们常常缺乏自信，期望周围的人们能达到自己的标准。

折叠回避型（avoiding type）。这类人群对于问题的解决与危机缺乏自信，他们不愿正视人生的困境，并企图通过逃避困境来规避一切可能出现的失败。他们常常在自我幻想的世界里感受到优越。

折叠的社会利益型（social useful type）。这类人具有积极向上的态度，能够正视人生、团结一致，主动服务于人民、服务于社会、献身于事业，他们生活于优渥的家庭，家庭氛围融洽，成员之间彼此认同。

阿德勒这一理论具有积极意义，它开拓了人们对于人格发展问题的视野。与弗洛伊德强调无意识欲望尤其是性欲望及俄狄浦斯情结对于个人成长的重要性不同，阿德勒尤其关注个人的主观性与创造性，关注人们对于内心理想与信念的追寻、人的乐观精神等。这在很大程度上推动了人本主义心理学在当代的诞生与发展。此外，他不仅注重对人类主观世界的考察，而且还强调了人与自然、人与社会之间的联系，主张遗传与环境在个性形成与发展过程中具有双重功能，其在个性心理发展观上具有鲜明的社会性趋势——人生的意义在于产生对伙伴的兴趣、成为群体中的一员、为人类的幸福做出贡献。然而阿德勒的人格理论也存在缺陷：一是问题的提出。他从自己童年经历出发，过分强调自卑对人格发展的影响，并指出自卑贯穿于个人成长的全过程和各个方面，这无疑是带有极大片面性的。这一点正体现出他本人所言：个人的看法以个人经历为基础，对于一些人来说，它们之间存在着联系，而对于另一些人来说则不然。二是阿德勒虽然关注人格的统一性与整体性，但是却缺乏人格结构与内在矛盾的研究。三是阿德勒虽然关注社会环境在人们成长过程中所扮演的角色，但是他在此所指的环境其实只指代家庭环境，从而忽视了社会环境对人的发展的重大作用。

三、新时代大学生人格特质

本部分通过对不同性别、年级、学历、专业进行对比研究，对新时代大学生人格特质及影响人格特质因素进行对比分析。经分析发现，上述因素对大学生人格特质的影响存在差异。

1. 性别差异分析

通过独立样本 T 检验对不同性别的外向性人格特质进行比较，P 值为 0.007，在 0.05 水平上差异显著。由表 2-3 可知，男性均值是 3.95，女性均值是 3.89，可以看出外向性人格特质中男性略多于女性。

表 2-3　不同性别的外向性人格特质差异分析

性别	频数	均值	标准差	F 统计量	P 值
男	173	3.95	1.04	7.283	0.007
女	395	3.89	0.82		

通过独立样本 T 检验对不同性别的尽责性人格特质进行比较，P 值为 0.004，在 0.05 水平上差异显著。由表 2-4 可知，男性均值是 3.98，女性均值是 3.97，可以看出尽责性人格特质中男女比例差不多。

表 2-4　不同性别的尽责性人格特质差异分析

性别	频数	均值	标准差	F 统计量	P 值
男	173	3.98	0.96	8.197	0.004
女	395	3.97	0.76		

通过独立样本 T 检验对不同性别的神经质人格特质进行比较，P 值为 0.003，在 0.05 水平上差异显著。由表 2-5 可知，男性均值是 3.05，女性均值是 2.81，可以看出神经质人格特质中男性高于女性。

表 2-5　不同性别的神经质人格特质差异分析

性别	频数	均值	标准差	F 统计量	P 值
男	173	3.05	1.13	8.842	0.003
女	395	2.81	0.96		

通过独立样本 T 检验对不同性别的经验开放性人格特质进行比较，P 值为 0.000027，在 0.05 水平上差异显著。由表 2-6 可知，男性均值是 3.71，女性均值是 3.77，可以看出经验开放性人格特质中女性略多于男性。

表 2-6　不同性别的经验开放性人格特质差异分析

性别	频数	均值	标准差	F 统计量	P 值
男	173	3.71	0.97	17.901	0.000027
女	395	3.77	0.71		

通过独立样本 T 检验对不同性别的宜人性人格特质进行比较，P 值为 0.000021，在 0.05 水平上差异显著。由表 2-7 可知，男性均值是 3.65，女性均值是 3.58，可以看出宜人性人格特质中男性略多于女性。

表 2-7　不同性别的宜人性人格特质差异分析

性别	频数	均值	标准差	F 统计量	P 值
男	173	3.65	0.89	18.365	0.000021
女	395	3.58	0.62		

2. 年级差异分析

通过方差分析对不同年级的外向性进行比较，P 值为 0.618，在 0.05 水平上差异并不显著。由表 2-8 可知，大一年级均值是 3.94，大二年级均值是 3.90，大三年级均值是 3.78，大四年级均值是 3.91，可以看出大一年级的学生外向性最强，大三年级的学生外向性最弱。

表 2-8　不同年级的外向性差异分析

年级	频数	均值	标准差	F 统计量	P 值
大一	286	3.94	0.88	0.595	0.618
大二	183	3.90	0.93		
大三	63	3.78	0.86		
大四	36	3.91	0.84		

通过方差分析对不同年级的尽责性进行比较，P 值为 0.638，在 0.05 水平上差异并不显著。由表 2-9 可知，大一年级均值是 4.00，大二年级均值是 3.99，大三年级均值是 3.86，大四年级均值是 3.91，可以看出大一年级的学生尽责性最强，大三年级的学生尽责性最弱。

表 2-9　不同年级的尽责性差异分析

年级	频数	均值	标准差	F 统计量	P 值
大一	286	4.00	0.83		
大二	183	3.99	0.85	0.565	0.638
大三	63	3.86	0.85		
大四	36	3.91	0.79		

通过方差分析对不同年级的神经质进行比较，P 值为 0.398，在 0.05 水平上差异并不显著。由表 2-10 可知，大一年级均值是 2.93，大二年级均值是 2.89，大三年级均值是 2.70，大四年级均值是 2.78，可以看出大一年级的学生神经质最强，大三年级的学生神经质最弱。

表 2-10　不同年级的神经质差异分析

年级	频数	均值	标准差	F 统计量	P 值
大一	286	2.93	1.02		
大二	183	2.89	1.05	0.989	0.398
大三	63	2.70	0.91		
大四	36	2.78	1.03		

通过方差分析对不同年级的经验开放性进行比较，P 值为 0.673，在 0.05 水平上差异并不显著。由表 2-11 可知，大一年级均值是 3.72，大二年级均值是 3.77，大三年级均值是 3.83，大四年级均值是 3.82，可以看出大三年级的学生经验开放性最强，大一年级的学生经验开放性最弱。

表 2-11　不同年级的经验开放性差异分析

年级	频数	均值	标准差	F 统计量	P 值
大一	286	3.72	0.82		
大二	183	3.77	0.80	0.514	0.673
大三	63	3.83	0.65		
大四	36	3.82	0.86		

通过方差分析对不同年级的宜人性进行比较，P 值为 0.682，在 0.05 水平上差异并不显著。由表 2-12 可知，大一年级均值是 3.62，大二年级均值是 3.62，大三年级均值是 3.50，大四年级均值是 3.61，可以看出大一年级和大二年级的学生宜人性较强，大三年级的学生宜人性最弱。

表 2-12　不同年级的宜人性差异分析

年级	频数	均值	标准差	F 统计量	P 值
大一	286	3.62	0.72		
大二	183	3.62	0.76	0.501	0.682
大三	63	3.50	0.48		
大四	36	3.61	0.75		

3.学历差异分析

通过独立样本 T 检验对不同学历的外向性人格特质进行比较，P 值为 0.143，在 0.05 水平上差异并不显著。由表 2-13 可知，专科均值是 3.90，本科均值是 3.92，可以看出外向性人格特质中本科的学生略多于专科的学生。

表 2-13　不同学历的外向性人格特质差异分析

学历	频数	均值	标准差	F 统计量	P 值
专科	222	3.90	0.93	2.150	0.143
本科	346	3.92	0.87		

通过独立样本 T 检验对不同学历的尽责性人格特质进行比较，P 值为 0.084，在 0.05 水平上差异并不显著。由表 2-14 可知，专科均值是 3.99，本科均值是 3.97，可以看出尽责性人格特质中专科的学生略多于本科的学生。

表 2-14　不同学历的尽责性人格特质差异分析

学历	频数	均值	标准差	F 统计量	P 值
专科	222	3.99	0.88	2.996	0.084
本科	346	3.97	0.80		

通过独立样本 T 检验对不同学历的神经质人格特质进行比较，P 值为 0.508，在 0.05 水平上差异并不显著。由表 2-15 可知，专科均值是 2.85，本科均值是 2.90，可以看出神经质人格特质中本科的学生多于专科的学生。

表 2-15　不同学历的神经质人格特质差异分析

学历	频数	均值	标准差	F 统计量	P 值
专科	222	2.85	1.05	0.438	0.508
本科	346	2.90	1.00		

通过独立样本 T 检验对不同学历的经验开放性人格特质进行比较，P 值为

0.784，在 0.05 水平上差异显著。由表 2–16 可知，专科均值是 3.73，本科均值是 3.77，可以看出经验开放性人格特质中本科的学生略多于专科的学生。

表 2–16　不同学历的经验开放性人格特质差异分析

学历	频数	均值	标准差	F 统计量	P 值
专科	222	3.73	0.80	0.075	0.784
本科	346	3.77	0.80		

通过独立样本 T 检验对不同学历的宜人性人格特质进行比较，P 值为 0.106，在 0.05 水平上差异并不显著。由表 2–17 可知，专科均值是 3.57，本科均值是 3.62，可以看出宜人性人格特质中本科的学生略多于专科的学生。

表 2–17　不同学历的宜人性人格特质差异分析

学历	频数	均值	标准差	F 统计量	P 值
专科	222	3.57	0.77	2.618	0.106
本科	346	3.62	0.68		

4. 专业类别差异分析

通过方差分析对不同专业的外向性进行比较，P 值为 0.010，在 0.05 水平上差异显著。由表 2–18 可知，均值方面，理学是 3.09，工学是 3.93，管理学是 3.93，文学是 3.66，法学是 4.15，艺术学是 3.93，经济学是 3.85，教育学是 4.50，可以看出教育学的学生外向性最强，理学的学生外向性最弱。

表 2–18　不同专业的外向性差异分析

专业	频数	均值	标准差	F 统计量	P 值
理学	13	3.09	1.43	2.689	0.010
工学	27	3.93	0.74		
管理学	222	3.93	0.85		
文学	25	3.66	0.99		
法学	57	4.15	0.75		
艺术学	124	3.93	0.90		
经济学	98	3.85	0.91		
教育学	2	4.50	0.71		

通过方差分析对不同专业的尽责性进行比较，P 值为 0.005，在 0.05 水平上差异显著。由表 2–19 可知，均值方面，理学是 3.15，工学是 3.98，管理学

是 4.01，文学是 3.81，法学是 4.18，艺术学是 4.03，经济学是 3.87，教育学是 4.50，可以看出教育学的学生尽责性最强，理学的学生尽责性最弱。

表 2-19　不同专业的尽责性差异分析

专业	频数	均值	标准差	F 统计量	P 值
理学	13	3.15	1.41		
工学	27	3.98	0.70		
管理学	222	4.01	0.78		
文学	25	3.81	0.84		
法学	57	4.18	0.74	2.941	0.005
艺术学	124	4.03	0.82		
经济学	98	3.87	0.90		
教育学	2	4.50	0.71		

通过方差分析对不同专业的神经质进行比较，P 值为 0.152，在 0.05 水平上差异并不显著。由表 2-20 可知，均值方面，理学是 2.69，工学是 2.88，管理学是 2.80，文学是 2.78，法学是 2.89，艺术学是 3.05，经济学是 2.86，教育学是 4.50，可以看出教育学的学生神经质最强，理学的学生神经质最弱。

表 2-20　不同专业的神经质差异分析

专业	频数	均值	标准差	F 统计量	P 值
理学	13	2.69	1.38		
工学	27	2.88	1.01		
管理学	222	2.80	0.96		
文学	25	2.78	0.99		
法学	57	2.89	1.08	1.536	0.152
艺术学	124	3.05	1.03		
经济学	98	2.86	1.03		
教育学	2	4.50	0.71		

通过方差分析对不同专业的经验开放性进行比较，P 值为 0.008，在 0.05 水平上差异显著。由表 2-21 可知，均值方面，理学是 3.15，工学是 3.47，管理学是 3.83，文学是 3.56，法学是 3.92，艺术学是 3.73，经济学是 3.71，教育学是 4.50，可以看出教育学的学生经验开放性最强，理学的学生经验开放性最弱。

表 2-21　不同专业的经验开放性差异分析

专业	频数	均值	标准差	F 统计量	P 值
理学	13	3.15	1.13		
工学	27	3.47	0.86		
管理学	222	3.83	0.71		
文学	25	3.56	0.95	2.742	0.008
法学	57	3.92	0.82		
艺术学	124	3.73	0.82		
经济学	98	3.71	0.78		
教育学	2	4.50	0.71		

通过方差分析对不同专业的宜人性进行比较，P 值为 0.047，在 0.05 水平上差异显著。由表 2-22 可知，均值方面，理学是 3.37，工学是 3.48，管理学是 3.60，文学是 3.37，法学是 3.83，艺术学是 3.61，经济学是 3.57，教育学是 4.50，可以看出教育学的学生宜人性较强，理学和文学的学生宜人性较弱。

表 2-22　不同专业的宜人性差异分析

专业	频数	均值	标准差	F 统计量	P 值
理学	13	3.37	1.25		
工学	27	3.48	0.74		
管理学	222	3.60	0.59		
文学	25	3.37	0.83	2.056	0.047
法学	57	3.83	0.71		
艺术学	124	3.61	0.76		
经济学	98	3.57	0.74		
教育学	2	4.50	0.71		

四、人格特质的研究综述

19 世纪末 20 世纪初，学术界关于人格理论的研究正逐渐深化，并逐步演变为六大流派，分别为精神分析流派、人格特质流派、生物学流派、人本主义流派、行为主义流派和认知学流派。各学派之间的分歧通常只在于侧重点的不同，而每种观点又有其合理性和兼容性，所以，学者们一般都会针对这些学说中被多数学者接受的流派进行研究和分析，而人格特质流派是最具影响力的。

特质论者将人格视为个人深沉且永恒的特征体系，这一特征体系确保着个人行为的统一，特质是构成人格最根本的因素，它对人的外显行为与知觉产生影响。在此基础上，许多学者展开进一步的讨论，并以大量的实证基础与实践应用，使人格特质流派取得丰硕的成果。前文中已经对国外人格特质理论的研究做出了系统的分类和整理，下面将重点对中国化人格特质理论进行分析和整理。

目前国内学者在研究中国人人格特质时采用最多的仍是直接对西方人格量表（EPQ-RSC，16PF，NEO PI-R）进行修订。采用这一研究方法的前提条件就是假定中国人人格结构完全符合西方人的人格结构，这一"修订"涉及两方面内容：首先是删除那些显然不符合中国文化特点的条目，其次是只对各分量表进行因素分析或者项目分析，去掉不合理题项而非通过探索性因子分析来证实原有量表的结构。以上研究虽然以中国文化背景为视角进行从而已被普遍接受，却引发了不少学者的怀疑与批判。西方人格特质理能不能和中国文化合二为一？西方人格量表能否测出中国人人格结构？在这两方面的问题上学者们各持不同的观点，众说纷纭。杨国枢和彭迈克（1984）用词汇表对"中国人在表述性格时使用的基本向度"进行了分析，结果发现：用150字表达六种不同目标人物，一共发现了4~5种因素。在各种目标对象中，首先抽得共同又各自独立的要素有三个，分别是"善良诚朴—阴险浮夸""机敏干练—愚笨怯懦""热烈活泼—严肃沉闷"。很明显，这些要素与西方主流研究理论有所出入。张建新和周明洁（2006）提出个体格特质之"六因素"假说，分析"六因素"模型之"人际关系性"与"开放性"因子在中国人样本与美国人样本的显隐性。大量实践证明，不同文化地域个体人格特质有其特异性，西方所研究出的人格模型不能完全适用于生长在中国文化语境中的中国人。对中国人个性量表日益丰富的实证分析表明，西方人格特质模型与量表在不同文化背景中具有差异性，一些文化中的个性因素如中国人"人情""面子""和谐"概念无法真实体现。于是国内学者以中国文化背景为切入点，开始了中国文化背景人格特质量表的编制工作，具有代表性的是20世纪90年代中国科学院心理学研究所宋维真、张建新、张建平以及香港中文大学张妙清、梁觉等编制的中国人人格特质量表（Chinese Personality Assessment Inventory，CPAI），以下简称CPAI量表。该量表编制运用了合理建构法、实践标准法和因素分析法三种方法，依据个性测验的编制程序，进行了严谨的编制。CPAI量表包括22份正常个性量表、11份病态个性量表和2份效度量表，除了效度量表之外，每份量表的题目平均为15道，总题目数为510道。经测得量表信度与效度均很高，其中正常个性量表可以划分为可靠性、中国人传统性格、领导性、独立性四个维度，病态个性量表划分为情感问题和行为问题两个维度。事实上，CPAI 编制历程还反映出中国人人格特质探究的历程。该量表显著优势是突出中国人特有的人格特点，"人情""面子"等分量表在编制中得到体现。但亦有学者提出本书方法尚无法掌握中国人人格特质全貌之局限，而 CPAI 量表则包含一些选自西方量表之题项，这将烙上西方文化色彩痕迹。另外，量表的开发是在大量文献中对人格维度进行收集和筛选，又很难确保涵盖中国人所有人格特征。

第二节　新时代大学生气质

一、气质的概念

我国古代思想家孔子从相似气质的角度出发，将人们划分为中行、狂、狷三种类型。孔子认为，狂者进取而狷者有所不为，意为狂者类，对待客观事物以进取为心，其强言强行皆显示于外；属狷者类日常较拘谨，故有谨畏不为之意；中行类介乎狂者与狷者之间，即依循中庸。中国春秋战国时代古代医学曾经以"阴阳五行"的哲学思想为基础，将个人心理活动差异性同生理解剖特点相关联。凭借阴阳强弱，将其分为太阴、少阴、太阳、少阳、阴阳和平五型，这五型各具有差异性。并依据五行法则将人划分为金、木、水、火、土等不同形态，亦有不同肤色、体型及气质特点。这两种分法是密切联系在一起的。

"气质"的表述由外文转译而来，它表达了"各个部分所应具有的相互关系"。无独有偶，著名古希腊医生希波克拉底使用的词汇与拉丁文所包含的意思基本一致，将气质划分为解剖生理上的单个特征和心理上的单个特征两重类型加以分析。气质指一个人比较稳定的个性特征与风格气度。心理学认为气质是一种客观实际存在的、不会因为主体活动目的和活动内容的变化而变化，是标有典型而又稳定动力特征的心理活动。气质作为一种个性心理特征，是人们稳定动力特征的反映，体现于认知、情绪、语言、行为等心理活动过程中其力量对比、变化速度及均衡程度，主要表现为情绪体验的快与慢、强与弱，表现是隐与显，以及行动是敏感还是迟钝，从而给人们一切心理活动的表现涂上了浓重的色彩。心理学中的"气质"主要是指人们通常所说的"脾气""禀性"。气质有如下两层特征：一是它不随个体动机、心理状态而变化。气质特征表现为不同活动、不同目的情境中个体所表现出的气质特征也是如此，可见气质特性较之人类其他心理特性有着显著的稳定性、稳固性。二是性情的特征也表现为某一个人性情的不同属性相互组合并非偶然性，它是有规律地相互密切地联系起来，由此而形成了显示气质类型的某种组织与结构。正像巴甫洛夫所描述的那样："气质是每个他人最普遍的特点，也是其神经系统最本质的特点。这一特点给每个人所有的活动打上了某种印记。"

二、气质的类型（维度）及测量

构成气质类型的心理特征主要有感受性、耐受性、不随意反应性、反应敏捷性和灵活性、可塑性和稳定性、内外倾性、情绪兴奋性、情绪和行为特征等。著名古希腊医生希波克拉底曾经凭借日常的观察，并结合人体内的血液、黏液、黄胆汁、黑胆汁四种体液，按照个体生存的多寡来判断，把气质类型划分为四种。不同气质类型的一般特性如表 2-23 所示。

表 2-23　气质类型特征及其行为表现

	情绪方面	智力活动方面	行动方面
胆汁质	活力充沛，无论高兴或忧愁，无论愉快或忧伤，对情绪的感知都异常强烈，情绪发生速度迅速，如果处于高度情绪状态之中，就会暴跳如雷，而在情绪烦躁之后，平息的速度非常快。内心外露、直率、热情、急躁、果敢	思维活动灵活性，但是对问题的理解缺乏认真，有不求甚解的倾向	言语动作急促而难以控制，刚强，生机勃勃，表里如一，工作中表现得顽强有力，行为具有突然性
多血质	活泼可爱、爱动、富于生气，情绪易表面化和多变，敏感，遇到不合心意的事可能会大声痛哭，但只要使其高兴的事或者安慰一下，就会马上破涕为笑。乐观、亲切、浮躁、轻率	思维敏捷，反应快速，但常对事不求甚解	行为敏捷，对工作有热情，如果不是条件限制，喜欢参加各类活动，但工作劲头不长对环境有极强的适应能力，喜好交际，但交往不深
黏液质	沉着淡定，情绪兴奋性较弱，心情平稳，变化缓慢，心平气和，不易发生强烈的不安，激情比较少。坚毅、执拗、淡漠	思维的灵活性差，喜欢思考，头脑沉着；思维细腻	喜欢从事已经习惯的工作，且工作激情高，很难适应新工作。行动迟缓，但对做出的决定能够坚决执行，比较踏实

	情绪方面	智力活动方面	行动方面
抑郁质	软弱易倦，情感生活单调，几乎不表露自己的情感，但对情绪的体验比较深刻和强烈，如果在工作中有失误，会在长期内感到内心痛苦极大痛苦。胆小、扭恨、孤僻	洞察力敏锐，对事物的反应有较高的敏感性，能够观察到常人所忽略的细节，思维深刻	动作迟缓，单调，不喜欢与人交往，有孤独感。不愿在大庭广众之前出头露面，不喜欢展现自己。怯懦、温柔

体液混合比例以血液为主属多血质，以黄胆汁为主属胆汁质，以黏液为主属黏液质，以黑胆汁为主属抑郁质。尤其要注意，气质没有优劣之分，显然，如果我们评价以上气质类型，可以看出每一种气质类型均具有双面性，有好有坏，如多血质者感情丰富、工作能力出众，而动机和注意力却不够稳定；抑郁质者工作能力差、易心神不定，但情感细腻、做事认真仔细、有敏锐性。胆汁质者精力充沛，心态直爽，情绪情感外显，行动和说话反应迅速，而不灵巧且缺乏正确性，他们适用于那些反应速度快、行动强烈、应急性很强，但是要求不够详细和稳定的职业，如导游、推销员、节目主持人、演讲者和服务员。黏液质者自制能力比较强，扎实肯干且负责任，但是不够灵活，比较有条理，死板冷静，耐受性比较强，不宜于灵活多变，可以从事的职业是医生、法官、一般管理人员、出纳员和会计。抑郁质者喜孤芳自赏，好安静，情绪兴奋且经历较多，容易感伤，他们处事谨慎小心、观察力强，能觉察他人不容易觉察的细节，但是对工作耐受性较差、容易疲劳且容易出现慌乱，其适宜担负的任务和胆汁质者正好相反，如打字员、排版工、检查员、化验员和机要秘书等。一般需要反应快速灵活的工作或者人际交往比较频繁的工作，其中多血质和胆汁质者为适合人选，但如果需要精致、认真细致的工作或者和他人相处比较少的工作，抑郁质者是比较有胜任力的最佳选择。

典型或稍偏向胆汁质、抑郁质等气质类型者不宜担任管理者。因为前者的特点是鲁莽、容易冲动、性情急躁、无法控制自己等。后者的特点是情绪低落、性格孤僻、行动缓慢。多血质、黏液质、多血-黏液混合、胆汁-多血混合等气质类型者更适合管理者。由于多血质类型的人反应较迅速、能较好地控制自己的感情，他们诙谐敏感、平衡的性情特点对开展企业生产管理是有利的。黏液质类型的人有一种平衡内倾性，而这一性情同样为管理者所必需。多血-多黏液混合气质类型管理者同时具有多血质与黏液质两种气质的优势，胆汁-多血混合气质类型管理者与胆汁质型管理者存在较大差异，他们的激情、脾气能被有效地调节并保持在合理的平衡状态，实事求是，便于成长为一名优秀的管理者。

胆汁质与神经活动较强的不均衡型相似。这类气质类型个体兴奋性强、脾气不易控制、秉性耿直、精力旺盛，能以极大的激情埋头苦干，决心战胜一切困难，但一旦体力消耗殆尽就情绪低落、消沉。

多血质对应于神经活动强而平衡的灵活型。这类性情者热情高涨，具有一定能力，适应性较好，喜与人相处，精神饱满，智慧敏捷，注意力分散，感情波动较大，富幻想，缺乏耐心和细心。

黏液质对应于神经活动较强且平衡的安静型。此性情者心安理得、擅长控制忍让、起居有节、不因琐事分心、埋头苦干、耐久力强、心态沉稳、不卑不亢、不爱说三道四、一本正经。但是灵活性不强、注意力不容易转移、因循守旧、事业积极性不高。

抑郁质对应的是神经活动较弱的类型，在兴奋与抑郁上较弱。这类性情者安静，易相处，身边人缘关系好，处事稳重可靠，处事坚决可靠，能克服各种困难，而较敏感，易受外界刺激，易受挫折，性格孤僻寡断，劳累不易康复，反应迟缓，不思进取。

下面60道题（见表2-24），能够帮助你判定自己的气质类型。其操作方法非常简单：合乎自己实际情况者是2分，较合乎者是1分，在合乎和不喜欢之间是0分，较不合者是-1分，根本不合者是-2分。

表2-24　气质类型测量

序号	内容
1	做事力求稳当，不做无把握的事
2	宁肯一个人干事，不愿很多人在一起
3	碰到生气的事就大发雷霆，想把心里话全说出来才痛快
4	到一个新环境很快就能适应
5	厌恶那些强烈的刺激，比如尖叫、危险镜头等
6	和人争吵时，总是先发制人，喜欢挑衅
7	喜欢安静的环境
8	善于同别人交往
9	羡慕那种善于克制自己感情的人
10	生活有规律，很少违反作息制度
11	在多数情况下抱乐观态度
12	碰到陌生人觉得拘束

续表

序号	内容
13	遇到令人气愤的事能很好地自我克制
14	做事总是有旺盛的精力
15	遇到问题常常举棋不定，优柔寡断
16	在人群中从来不觉得过分拘束
17	情绪高涨时，感觉干什么都有趣；情绪低落时，干什么都提不起兴趣
18	当注意力集中于一件事时，其他的事很难使我分心
19	理解问题总是比别人快
20	碰到危险情景，常有一种极度恐怖和紧张感
21	对学习、工作、事业怀有很高的热情
22	能够长时间做枯燥、单调的工作
23	与自己兴趣符合的事情，干起来劲头十足，否则就不想干
24	一点小事就能引起情绪波动
25	讨厌做那种需要耐心、细致的工作
26	与人交往不卑不亢
27	喜欢参加热烈的活动
28	常看感情细腻、描写人物内心活动的文学作品
29	工作、学习时间长了，常常感到厌倦
30	不喜欢长时间谈论一个问题，愿意实际动手干
31	宁愿侃侃而谈，不愿窃窃私语
32	别人说我总是闷闷不乐
33	理解问题常比别人慢些
34	劳累时只要短暂地休息就能精神振作，再次投入工作
35	心里有话宁愿自己想，不愿说出来
36	认准一个目标就是希望尽快实现，不达目的，誓不罢休
37	学习、工作同样一段时间后，常比别人更疲倦
38	做事有些莽撞，常常不考虑后果
39	老师或师傅讲授新知识、技术时，总期望讲得慢些，多重复几遍
40	能够很快地忘却那些不愉快的事情
41	做作业或完成一件工作总比别人花的时间多

续表

序号	内容
42	对运动量大的运动感兴趣，或喜欢参加各种文艺活动
43	很难把注意力从一件事转移到另一件事上去
44	接受一个任务后，就希望把它迅速解决
45	认为墨守成规比冒风险强些
46	能够同时注意几件事情
47	当我烦闷时，别人很难使我高兴起来
48	爱看情节起伏跌宕、激动人心的小说
49	对工作认真严谨，持始终一贯的态度
50	和周围人们的关系总是相处不好
51	喜欢复习学过的知识，重复做已经掌握的工作
52	希望做变化大、花样多的工作
53	小时候会背的诗歌，我似乎比别人记得清楚
54	别人说我出口伤人，可我并不觉得这样
55	在体育活动中，常因反应慢而落后
56	反应敏捷，头脑机智
57	喜欢有条理而不甚麻烦的工作
58	兴奋的事常使我失眠
59	老师讲新概念，经常听不懂，但是弄懂以后就很难忘记
60	假如工作枯燥无味，马上就会情绪低落

通过以往大量实验证明，多数人的气质是一般性气质或两种气质的混合性，典型气质和三种气质混合性的人较少。

（1）把每题得分按表 2-25 题号相加，再算出各栏的总分。

表 2-25 气质类型量表评分标准

典型气质类型得分	题号	总分
胆汁质	2 6 9 14 17 21 27 31 36 38 42 48 50 54 58	
多血质	4 8 11 16 19 23 25 29 34 40 44 46 52 56 60	
黏液质	1 7 10 13 18 22 26 30 33 39 43 45 49 55 57	
抑郁质	3 5 12 15 20 24 28 32 35 37 41 47 51 53 59	

（2）如果"多血质"一栏总分超过 20 分，其他三栏得分比较低，就是典型多血质类型。如果这一栏总分 20 分以下、10 分以上，其他三栏分数较低，则通常为多血质类型。如果有两栏的总分显然多于另两栏分数，而且分数比较相近，则为混合型气质类型。如胆汁 – 多血质混合型、多血 – 黏液质混合型、黏液 – 抑郁质混合型等；如果一栏的总分非常低，其他三栏都不高，有点接近，则为三种气质的混合型，如多血 – 胆汁 – 黏液质混合型或黏液 – 多血 – 抑郁质混合型。

三、气质的研究综述

（一）国外相关研究现状

气质类型的概念并不是肇始于心理学领域，而是在医学的有关研究资料中。国外对气质类型的研究主要集中在气质学说、气质类型划分以及气质类型对教育的作用等领域。通过对国外气质研究的梳理，有利于进一步了解气质的研究范式，对本书的研究也有重要启发和借鉴意义。

1. 关于气质的研究

其一，气质体液说。体液说或许是首个气质学说。希波克拉底曾经作出人体存在四种基本体液类型（血液、黏液、黄胆汁和黑胆汁）的基本论断，且每种体液类型都与气质存在着内在的关联，而占统治地位的体液支配了人体气质类型。五百年后，罗马医生盖仑对气质进行了更为深入和透彻的研究，提出了气质的概念，奠定了近代气质概念研究根基。希波克拉底对气质的理解充满想象性的特征，缺乏科学性，但他的气质划分形式及特征的描述比较符合现实情况，因此被广泛使用。

其二，气质血型说。日本学者古川竹二率先提出了"气质血型说"的概念。在他看来，不同的血液都对应着不同的气质类型。针对这一观点，心理学界作出了一系列验证性实验，但研究结果都否定了其观点。可见，"气质血型说"虽在民间得到了普遍认可，但缺乏科学材料的支撑，带有一定的主观性。

其三，气质体型说。德国著名精神病学家克瑞奇米尔依据人的外在体态，划分为三种类型，分别是细长型、肥胖型和强壮型。他进一步指出，这三种不同的体型对应着不同的气质类型，然而"体型说"更缺乏科学依据。大量科学研究结果也证明，体型与气质特征两者间并没有必然的联系。

2.关于气质类型的研究

迄今为止，心理学界对气质类型和典型气质特征的研究尚未达成统一的认识，下面就学界已有的研究基础，归纳总结主要的气质类型。

一是传统气质类型。传统的气质类型把人的气质类型划分为胆汁质、多血质、黏液质和抑郁质四种气质类型。借用不同的研究视域，研究者将以往的气质类型赋予了新的时代特征和时代内容。苏联心理学家巴甫洛夫还创新性地提出气质类型是由感受性、耐受性、反应的敏捷性、可塑性、情绪兴奋性、外倾性和内倾性这几种基本特性组建的。

二是高级神经活动类型与气质类型。巴甫洛夫曾经创造性地提出高级神经活动气质类型说。在他看来，大脑皮质的神经过程（兴奋和抑制）有三重特性，分别是强度、均衡性和灵活性，这三重特性的不同表现能够组成四种神经活动类型。表2-26展现的是高级神经活动类型及特征。

表2-26　高级神经活动类型及特征

神经类型	强度	均衡性	灵活性	行为特点
兴奋性（胆汁质）	强	不均衡		攻击性强，容易兴奋，难约束，不可抑制
活泼型（多血质）	强	均衡	灵活	活泼好动，反应灵敏，喜好交际
安静型（黏液质）	强	均衡	惰性	平静、坚定、迟钝、有节制、不喜交际
抑制型（抑郁质）	弱			胆小害怕，消极防御反应强

巴甫洛夫的研究结果真实地反映了气质现象，为"体液说"的科学划分探寻了生物学意义上的遵循。他把气质的生理学根基由体液转向了神经系统的活动维度，并进一步得到了后来研究者的证实。需要特别指出的是，现实生活中每种气质类型的人占比是不同的，多数人不是单一的气质类型，而是两种或多种气质的混合型。此外，气质类型也会随着社会实践发生变化而转移。

（二）国内相关研究现状

其一，关于气质的研究分析。在《人心与人生》（2018）一书中，梁漱溟从性情组成部分、遗传的本能、受制于体质、气质凝固有偏四个路向对气质进行了鞭辟入里的探讨。他指出，要完成人生的理性化，就需对气质做改变。张海钟（2011）在进行古今中外的气质概念的梳理和解读时，从文化心理学的视域重新界定了气质，认为："气质是以人的性情之气为基础而形成的人的个体性质。"刘文等（2014）进一步拓宽了研究的视域，从遗传、环境角度等视域去研究气质，冲破了传统的气质理论研究范式的藩篱，明确提出了气质稳定性和发展性共存发展的见解。一言以蔽之，中国当代学者在前人已有的研究成果基础上，进一步拓展了研究的视域，对气质的相关研究做出了一定的贡献，提出了独有的见解和创新思路，为中国现代气质相关理论的发展起到了极大的推动作用，但存在的问题也十分明显，尚未形成完备严密的科学理论体系和实践支撑，需要我们更深一步挖掘和创新。

其二，关于气质类型的研究。在《试论大学生的气质类型与教育策略》的研究中，钦建华（2007）运用传统气质类型对学生展开实践教育，他认为系统地掌握大学生的气质类型和气质特征，对选拔和培育优秀的大学生人才具有重要意义。在对大学生的气质类型开展的调查研究中，谭雪晴（2014）发现多血质学生拥有更多的快乐，抑郁质学生快乐感最低。杜旭（2014）在《气质类型因素对大学生道德接受的影响研究》中也提及希波克拉底把气质类型划分为胆汁质、多血质、黏液质、抑郁质四种类型，是迄今为止学术界普遍认可的分类方式。

总之，我国对大学生气质类型的研究呈现出多元性，包括胆汁质、多血质、黏液质和抑郁质等不同类型。

第三节　新时代大学生主动性人格

一、主动性人格的概念

主体间的差异性决定了人格倾向的差异性，这种人格倾向的差异性代表就是主动性人格。由于当下积极心理学领域不断取得丰硕成果，人们对主动性人格的关注也日益增多。在此之前，组织行为学的研究领域多集中在员工处理消极问题的能力上。之后，学者们日益关注主动性人格对个人和组织的影响。针对主动性人格的概念界定，国外学者率先做出回应，Bateman 和 Crant（1993）指出当个体主动改变行为或者周边环境时，就会逐渐塑造成稳定的人格倾向，也就是所谓的主动性人格或"前瞻性人格"，即拥有这种人格倾向的个体会超越环境的局限，并积极改变自身。Campbell（2000）在借助前人研究成果上对主动性人格作出了更为详细的界定，他认为个体首先要拥有高贵的品质和人生信仰，其次是较强的人际沟通能力、专业技术能力等，再次还要具有与组织相同的价值观念，最后是敢为人先的自主性、独立性。这是首次对主动性人格作出的详细界定。叶莲花和凌文辁（2007）通过对我国职工人格调查发现，主动性人格的定义与个人进取心、取得成功等有很大的关联性。另外，高倾向性主动性人格的个体更具有坚韧性和主动性等特质，这样的人群更具有创新性，并且善于捕捉机会，更改行为趋势以应对面临的外部挑战。结合上述已有的研究基础，本书将主动性人格界定为：针对事项事务等内容，主体会采取主动性的措施和办法以达到目标，并具有积极改变环境的稳定的人格趋势。

关于主动性人格的表征维度，Campbell 阐述了在工作情景下主动性人格高的个体所体现出的五个层面的基本特征：第一，具备高度的目标导向，对组织成功具有很强的使命感和高度的责任心，具有同所在组织相一致的使命、愿景、价值观；第二，具有强大的人际交往、协调沟通、非职权影响力、领导力，值得被他人信赖和倚重；第三，胜任岗位工作，具有解决实际工作难题的能力以及很强的专业技术水平，体现出较高的绩效水平；第四，具有自我实现的价值追求，诚实守信、正直且有担当；第五，具备积极向上、勇于进取的品质，表现出高水平的工作投入及参与度，在工作中乐于表达自己的观点和想法。

二、主动性人格的类型（维度）及测量

在研究开展初期，主动性人格量表（Proactive Personality Scale，PPS）是由 Bateman 和 Crant 于 1993 年以个体的主动性行为理念为基础，编制了 47 道题的调查问卷，并从中抽取 27 道具有代表性的问题作为主动性人格测量初始问卷进行测量，后经因子分析，组建了单维度，证明了包含 17 道题的量表拥有较高的内部一致性信度。如果测量的分数越高，积极的人格倾向的可能性就越高。Parker 和 Sprigg（1999）使用他们的 17 题项量表中载荷较高的四个维度来测量主动性人格，这四个维度分别是："不管怎么样，只要相信了一件事，我定会成功"，"就算有人不同意，但我会坚持己见"，"只要相信了一种思想，没有什么阻碍能妨碍我实现这种思想"以及"我会比别人更早地找到良好的机遇"。后来，在实际调查研究中，Seibert 等（1999）修改后的 10 题项主动性人格量表在学界受到了普遍的认可。在国内，冯缙（2008）以大学生为调查对

象，针对大学生的主动性特征进一步完善了人格量表。量表主要分为三个向度：完整性趋势、决策趋势和机会识别。陈美君（2009）编制大学生主动性人格问卷，指出变动性、坚强性和亲切性这三个要素是主动性人格重要的构成部分。黎青（2009）在研究中，在原有的 17 项主动性人格量表的基础上，通过跨文化适用性检验，去掉了 5 个不合格的题项，并对剩下的 12 个题项做出进一步的分析和验证，删除在公因子上负荷小于 0.3 的题项，最后组建了由一个单维度的 10 题项建构的主动性人格量表，并验证了新主动性人格量表具有更好的稳定性和区分度。

商佳音和甘怡群（2009）以大学毕业生为调查对象，采用探索性因素分析、项目分析和题总相关分析，将 Bateman 和 Crant（1993）主动性人格量表修订为中文版，并去掉了几个不符合要求的题项，保留了 11 个题项。为了保证量表的科学性，对修正后的数据量表进行复测，复测结果证明 11 项量表具有良好的信度和辨别效度。此后，该量表得到了国内专家学者的广泛使用。

三、新时代大学生主动性人格

本部分通过对不同性别、年级、学历、专业进行对比研究，对新时代大学生主动性人格及影响主动性人格因素进行对比分析。经分析发现，上述因素对大学生主动性人格的影响存在差异。

1. 性别差异分析

通过独立样本 T 检验对不同性别的主动性人格进行比较，P 值为 0.175，在 0.05 水平上差异并不显著。由表 2-27 可知，男性均值是 3.68，女性均值是 3.65，可以看出主动性人格中男女比例差不多。

表 2-27 不同性别的主动性人格差异分析

性别	频数	均值	标准差	F 统计量	P 值
男	173	3.68	0.81	1.842	0.175
女	395	3.65	0.70		

2. 年级差异分析

通过方差分析对不同年级的主动性人格进行比较，P 值为 0.921，在 0.05 水平上差异并不显著。由表 2-28 可知，均值方面，大一年级是 3.67，大二年级是 3.66，大三年级是 3.61，大四年级是 3.60，可以看出大一年级的学生主动性人格最强，大四年级的学生主动性人格最弱。

表 2-28　不同年级的主动性人格差异分析

年级	频数	均值	标准差	F 统计量	P 值
大一	286	3.67	0.74		
大二	183	3.66	0.79		
大三	63	3.61	0.56	0.163	0.921
大四	36	3.60	0.74		

3.学历差异分析

通过独立样本 T 检验对不同学历的主动性人格进行比较，P 值为 0.013，在 0.05 水平上差异显著。由表 2-29 可知，专科均值是 3.71，本科均值是 3.62，可以看出主动性人格中专科的学生多于本科的学生。

表 2-29　不同学历的主动性人格差异分析

学历	频数	均值	标准差	F 统计量	P 值
专科	222	3.71	0.80		
本科	346	3.62	0.69	6.143	0.013

4. 专业类别差异分析

通过方差分析对不同专业的主动性人格进行比较，P 值为 0.135，在 0.05 水平上差异并不显著。由表 2-30 可知，均值方面，理学是 3.26，工学是 3.47，管理学是 3.63，文学是 3.77，法学是 3.78，艺术学是 3.69，经济学是 3.66，教育学是 4.50，可以看出教育学的学生主动性人格最强，理学的学生主动性人格最弱。

表 2-30　不同专业的主动性人格差异分析

专业	频数	均值	标准差	F 统计量	P 值
理学	13	3.26	0.86		
工学	27	3.47	0.64		
管理学	222	3.63	0.65		
文学	25	3.77	0.80		
法学	57	3.78	0.70	1.592	0.135
艺术学	124	3.69	0.81		
经济学	98	3.66	0.81		
教育学	2	4.50	0.71		

四、主动性人格的研究综述

最先展开主动性人格研究的领域是组织行为学领域，现在已经拓展到工商管理、人员测评等领域。已有的研究发现：拥有强实践力、高创业特质、高创新特质的群体与主动性人格水平呈正相关。主动性人格的作用也有正向和负向之分，且与组织行为的六个绩效指标有显著的内在关联（David，2006）。主动性人格是否能够得到积极有效的发挥，依赖于个体对情境的识别程度。当主体对情景的识别程度低时，个体主动性人格发挥着负向作用，相反则主动性人格起着正向影响作用，这同 Bateman 和 Crant 的前期研究的结论不谋而合。主动性人格在一定程度上能够推测个人的主动行为（Parker et al.，2006），Parker和 Collins（2010）的研究也证明了先前的结论，并构建了主动性人格的层次结构。

通过对团体中个人行为影响的分析发现，团队活动的公平公正氛围与主动性人格高水平个体行为的导向作用呈正相关（Li et al.，2010），且主动性人格在一定程度上能够预测组织公民行为（Anderson et al.，2013）。主动性人格与组织行为有很强的关联度，包括职业策划、协调沟通、政治态度和创业创新等一系列内容。同时主动性人格群体也具有高学业自我效能感的特质（Fuller and Marler，2009）。

Tornau 和 Frese（2013）研究发现主动性人格在组织发展中的积极性效能，主动性人格在提升员工工作绩效、强化组织承诺、提升工作满意度等方面具有重要作用。随着主动性人格研究的不断深化和拓展，主动性人格的研究对象逐渐从企业员工扩展至学生群体。在大学生群体的研究中，研究者往往聚焦于大学生的创业和就业情况，而主动性人格对正向人格品质的建构具有正效能，这为提升高校学生的就业率提供了新范式（解蕴慧等，2013）。除了研究就业和创业的行为以外，也有研究学者将研究的领域拓展到当前的拖延行为中，发现大学生的拖延行为在主动性人格低的大学生群体中十分常见，在主动性人格高的学生群体中很少见。研究认为主动性人格高的大学生具有更高的目标动机，出于对自身负责的考虑，在做事方面会采取更为主动的方式，积极整合内外部资源，克服不良习惯，克服拖延行为（罗杰等，2019）。除此之外，主动性人格作为人格特质的一类表现，在已有的诸多研究中都是作为调节变量使用的。杨春江等（2015）对华北地区数家企业的200余名员工和80余名管理者进行调研，调查结果发现主动性人格与变革型领导对领导成员交换呈正向作用。Christopher 等（2008）在探究个体心理健康时发现，主动性人格在平衡压力和工作满意度之间起着重要作用。此外，关于主动性人格在其他向度的边界条件研究还表现在离职倾向和行为表现的关系中（张凯丽等，2018），以及在经济信心与职业决策自我效能等关系方面（邝磊等，2011）。

第四节　新时代大学生情商

一、情商的概念

　　情商在早期时被认定为"情绪智力"，是除人的智力要素外的非智力因素范畴。国内外专家学者对情商概念开展过大量研究，得到了不同的概念。1990 年，美国心理学家约翰·梅耶和彼得·萨洛维首次界定"情绪智力"为一种正确认识情绪含义及其关系的能力、借用知识推理和解决现实问题的能力以及使用情绪推进感知活动的能力。美国心理学家戈尔曼（Golman）于 1995 年在《情绪智力》（*Emotional Intelligence*）一书中对"情绪智力"的含义进行了系统而全面的论证，但是并未提出一个合适的概念。Bar-On 在 1997 年提出："情绪智力指个体所需的对环境、压力等反应的若干情感、人格和人际能力之和。"郭德俊和赵丽琴在《情绪智力探析》（1988）一文中提出："情绪智力可作为一个概念体系来研究，它涉及对情绪的认识、支配和运用能力。"卢家楣在《对情绪智力概念的探讨》（2005）一文中提出："情绪智力，是个体为完成感情活动而必须具备的个性心理特征。"情商（Emotional Quotient，EQ）是近些年来心理学家们提出的与智商（Intelligence Quotient）相呼应的概念，常常指的是情绪商数，其概念理论雏形发端于哈佛大学心理学家霍华德·加德纳（Howard Gardner）提出的"多元智力的理论"。他将人的智商划分为七个层面：言语智力、节奏智力、数理智力、空间智力、动觉智力、自省智力、交流智力，实际上是人们在情绪、情感、意志和耐受挫折等方面的品质，是指个体对内心情感的理解以及情绪控制的能力，是判断个体学习和事业成就的一个新指标和标准，是映射情绪智力对象定量关系的数据。与此同时，关于情商的归属问题，彭聃龄在《普通心理学》（2012）一书中早有提及：情绪智力是一种能力。而且徐小燕和张进辅在《情绪智力理论的发展综述》（2002）中明确指出："人际智力和内省智力都和情绪智力有关，而且都是情绪智力研究的理论依据之一。"

对于"情商"这一概念的含义，学术界的不同专家和学者均有各自的阐释。迄今为止，人们已对情商有过多种不同的界定，即情商属于高层次智力；情商属于应对情绪时所表现出的智力水平；情商属于社会智力中的亚种；情商属于非智力因素；情商属于基本心智能力集合；情商属于认知因素和非认知因素混合而成；情商属于基本人格特质。情商是一门存在的艺术，对情绪进行合理的调控与表达可以促使个体获得更好的存在与发展；情商又是人内心的升华，它关系到一个人是否能对情绪进行管理，进而建立并保持良好的人际关系；情商更是一种生活智慧，它关系到人生目标是否达成以及幸福感悟能力是否得到提高。

晏凡（2010）认为情商是指人类的情感商数，也可称为情绪智力（Emotional Intelligence，EI），它是近年来心理学家提出来的一个与智力及智商遥相呼应的概念，它主要指个体在情感、情绪、信念和承受挫折时所表现出来的特质，是个体运用理智来控制情绪并操纵自己行为的内在能力。以王姣（2014）为代表，站在他者立场上，情商就是感知他者情绪的能力，也就是识别他者所表现出的各种情绪。

二、情商的类型（维度）及测量

从 Mayer 等学者第一次把"情商智力"概念作为一种社会智力，到后来情商被看作一种能力而不再被归结为社会智力，情商智力理论得到了不断的完善与发展。Mayer 等（1999）将情商智力模型的阐释分为四个层次：第一层次，情感识别和情感知觉，由情感系统认知、识别及输入信息构成；第二层次，情感对思维的生成具有促进作用，由情绪使用反过来又促进对认知的处理构成；第三层次，情感推理和理解，由以解决问题为目的的情感信息处理和情感认知处理构成；第四层次，管理情感既涉及对情感的自我管理，也涉及对他人情感的管理共两方面。他们参照这一理论模型编制出第一个能力型情绪智力量表——MS-CEIT（Maryer—Salovey-Caruso Emotional Intelligence Tests）。通过此量表测试结果显示，高 EI 者能有较强的社会适应能力以及更丰富的情绪调适技巧。

Boyatzis 等将该模型缩减成四个因素共 20 种情商胜任力，并根据绩效理论制定情商胜任力量表 MS-CEIT。

本量表包含六个要素（层面）：第一要素，自我意识由情感的自我感知、适当的自我评估和信心三项能力构成；第二要素，自我管理由自我控制能力、负责任的态度、适应能力、成就动机和主动性五项能力构成；第三要素，社会意识由转移情感、群体情感感知和服务倾向性三项能力构成；第四要素，社交技能由帮助他人成长、影响力和沟通能力构成；第五要素，领导技能由解决冲突和创新能力构成；第六要素，协作技能由合作技能和协调技能构成。

Bar-On 提出情商智力是一个多方面的综合结构，由五个维度 15 个因素构成，他对各结构成分进行了说明，并且依据这个理论模型在 1997 年汇编发布了世界上公认的首个测量情商智力的标准化量表《Bar-On 情商量表》（Bar-On Emotional Quotient Inventory）。量表由五部分组成：第一部分"员工内部"维度，划分为情感自我觉知、自我实现、自我尊重、信心和独立性五个子因素；第二部分"人际"维度，划分为移情、社会责任感和人际关系三个子因素；第三部分"适应性"维度，划分为现实检验、解决问题和灵活度三个子维度；第四部分"压力管理"维度，划分为压力承受和冲动控制两个子维度；第五维度"一般心境"维度，划分为幸福感和乐观主义两个子维度。Bar-On 情商智力研究起步于理论建模至实际应用过程中，其情商智力研究理论与实践价值被高度肯定且影响深远。

我国学者徐小燕（2003）也对管理情商进行过大量研究，其把情商看作一个人学习、生活、工作成败的"非认知心理能力"，把这种能力归结为 5 个因子覆盖 18 个子因子，并以此为理论模型，于 2004 年根据 Bar-On《情商智力调查问卷》编制出"大学生情商智力量表"，对大学生情商智力进行了系统而又严肃的研究。许远理（2004）以信息加工理论为理论基础，创新性地提出情商智力"三维结构"结合理论，指出情商就是对情绪信息进行加工并对情绪性问题进行处理的能力，并提出由对象维度、操作维度和内容维度三个相互独立维度结合而成的建构模型，每一个维度之下都包含子成分并最终形成 $3 \times 3 \times 2$ 共计 18 个情绪能力，这为情商智力测量开辟了道路。

三、新时代大学生的情商

本部分分别对不同性别、年级、学历、专业进行对比研究，对新时代大学生的情商及影响情商因素进行对比分析。经分析发现，上述因素对大学生情商的影响存在差异。

1. 性别差异分析

通过独立样本 T 检验对不同性别的认识自我情绪进行比较，P 值为 0.012，在 0.05 水平上差异显著。由表 2–31 可知，男性均值是 3.72，女性均值是 3.74，可以看出在认识自我情绪方面男女相差不大。

表 2–31　不同性别的认识自我情绪差异分析

性别	频数	均值	标准差	F 统计量	P 值
男	173	3.72	0.87	6.363	0.012
女	395	3.74	0.72		

通过独立样本 T 检验对不同性别的管理自我情绪进行比较，P 值为 0.175，在 0.05 水平上差异并不显著。由表 2–32 可知，男性均值是 3.68，女性均值是 3.65，可以看出在管理自我情绪方面男女相差不大。

表 2–32　不同性别的管理自我情绪差异分析

性别	频数	均值	标准差	F 统计量	P 值
男	173	3.68	0.86	7.351	0.175
女	395	3.65	0.75		

通过独立样本 T 检验对不同性别的识别他人情绪进行比较，P 值为 0.014，在 0.05 水平上差异显著。由表 2–33 可知，男性均值是 3.69，女性均值是 3.66，可以看出在识别他人情绪方面男女相差不大。

表 2–33　不同性别的识别他人情绪差异分析

性别	频数	均值	标准差	F 统计量	P 值
男	173	3.69	0.88	6.140	0.014
女	395	3.66	0.72		

通过独立样本 T 检验对不同性别的人际关系管理进行比较，P 值为 0.044，在 0.05 水平上差异显著。由表 2–34 可知，男性均值是 3.72，女性均值是 3.74，可以看出在人际关系管理方面男女相差不大。

表 2–34　不同性别的人际关系管理差异分析

性别	频数	均值	标准差	F 统计量	P 值
男	173	3.72	0.86	4.085	0.044
女	395	3.74	0.70		

2. 年级差异分析

通过方差分析对不同年级的认识自我情绪进行比较，P 值为 0.919，在 0.05 水平上差异并不显著。由表 2-35 可知，均值方面，大一年级是 3.73，大二年级是 3.76，大三年级是 3.69，大四年级是 3.76，可以看出大二年级和大四年级的学生认识自我情绪最强，大三年级的学生认识自我情绪最弱。

表 2-35　不同年级的认识自我情绪差异分析

年级	频数	均值	标准差	F 统计量	P 值
大一	286	3.73	0.76		
大二	183	3.76	0.80		
大三	63	3.69	0.65	0.167	0.919
大四	36	3.76	0.83		

通过方差分析对不同年级的管理自我情绪进行比较，P 值为 0.921，在 0.05 水平上差异并不显著。由表 2-36 可知，均值方面，大一年级是 3.67，大二年级是 3.66，大三年级是 3.61，大四年级是 3.60，可以看出大一年级的学生管理自我情绪最强，大四年级的学生管理自我情绪最弱。

表 2-36　不同年级的管理自我情绪差异分析

年级	频数	均值	标准差	F 统计量	P 值
大一	286	3.67	0.81		
大二	183	3.66	0.76		
大三	63	3.61	0.64	0.253	0.921
大四	36	3.60	0.61		

通过方差分析对不同年级的识别他人情绪进行比较，P 值为 0.314，在 0.05 水平上差异并不显著。由表 2-37 可知，均值方面，大一年级是 3.72，大二年级是 3.64，大三年级是 3.58，大四年级是 3.51，可以看出大一年级的学生识别他人情绪最强，大四年级的学生识别他人情绪最弱。

表 2-37　不同年级的识别他人情绪差异分析

性别	频数	均值	标准差	F 统计量	P 值
大一	286	3.72	0.76		
大二	183	3.64	0.81		
大三	63	3.58	0.74	1.188	0.314
大四	36	3.51	0.77		

通过方差分析对不同年级的人际关系管理进行比较，P 值为 0.903，在 0.05 水平上差异并不显著。由表 2-38 可知，均值方面，大一年级是 3.75，大二年级是 3.73，大三年级是 3.67，大四年级是 3.73，可以看出大一年级的学生人际关系管理最强，大三年级的学生人际关系管理最弱。

表 2-38 不同年级的人际关系管理差异分析

年级	频数	均值	标准差	F 统计量	P 值
大一	286	3.75	0.76		
大二	183	3.73	0.80	0.190	0.903
大三	63	3.67	0.63		
大四	36	3.73	0.76		

3. 学历差异分析

通过独立样本 T 检验对不同学历的认识自我情绪进行比较，P 值为 0.194，在 0.05 水平上差异并不显著。由表 2-39 可知，专科均值是 3.76，本科均值是 3.72，可以看出在认识自我情绪方面专科的学生略好于本科的学生。

表 2-39 不同学历的认识自我情绪差异分析

学历	频数	均值	标准差	F 统计量	P 值
专科	222	3.76	0.82	1.693	0.194
本科	346	3.72	0.73		

通过独立样本 T 检验对不同学历的管理自我情绪进行比较，P 值为 0.175，在 0.05 水平上差异并不显著。由表 2-40 可知，专科均值是 3.68，本科均值是 3.65，可以看出在管理自我情绪方面专科的学生略好于本科的学生。

表 2-40 不同学历的管理自我情绪差异分析

学历	频数	均值	标准差	F 统计量	P 值
专科	222	3.68	0.85	0.256	0.175
本科	346	3.65	0.77		

通过独立样本 T 检验对不同学历的识别他人情绪进行比较，P 值为 0.427，在 0.05 水平上差异并不显著。由表 2-41 可知，专科均值是 3.70，本科均值是 3.64，可以看出在识别他人情绪方面专科的学生略好于本科的学生。

表 2-41　不同学历的识别他人情绪差异分析

学历	频数	均值	标准差	F 统计量	P 值
专科	222	3.70	0.80	0.631	0.427
本科	346	3.65	0.75		

通过独立样本 T 检验对不同学历的人际关系管理进行比较，P 值为 0.131，在 0.05 水平上差异并不显著。由表 2-42 可知，专科均值是 3.76，本科均值是 3.72，可以看出在人际关系管理方面专科的学生略好于本科的学生。

表 2-42　不同学历的人际关系管理差异分析

学历	频数	均值	标准差	F 统计量	P 值
专科	222	3.76	0.80	2.289	0.131
本科	346	3.72	0.73		

4. 专业类别差异分析

通过方差分析对不同专业的认识自我情绪进行比较，P 值为 0.064，在 0.05 水平上差异并不显著。由表 2-43 可知，均值方面，理学是 3.23，工学是 3.59，管理学是 3.73，文学是 3.85，法学是 3.86，艺术学是 3.81，经济学是 3.64，教育学是 4.50，可以看出教育学的学生认识自我情绪最强，理学的学生认识自我情绪最弱。

表 2-43　不同专业的认识自我情绪差异分析

专业	频数	均值	标准差	F 统计量	P 值
理学	13	3.23	0.83		
工学	27	3.59	0.63		
管理学	222	3.73	0.70		
文学	25	3.85	0.79		
法学	57	3.86	0.78	1.919	0.064
艺术学	124	3.81	0.82		
经济学	98	3.64	0.82		
教育学	2	4.50	0.71		

通过方差分析对不同专业的管理自我情绪进行比较，P 值为 0.921，在 0.05 水平上差异并不显著。由表 2-44 可知，均值方面，理学是 3.67，工学是 3.66，管理学是 3.61，文学是 3.60，法学是 3.62，艺术学是 3.63，经济学是 3.64，教育学是 3.65，可以看出理学的学生管理自我情绪最强，文学的学生管理自我情绪最弱。

表 2-44　不同专业的管理自我情绪差异分析

专业	频数	均值	标准差	F 统计量	P 值
理学	13	3.67	0.74		
工学	27	3.66	0.86		
管理学	222	3.61	0.82		
文学	25	3.60	0.75	0.857	0.921
法学	57	3.62	0.84		
艺术学	124	3.63	0.72		
经济学	98	3.64	0.68		
教育学	2	3.65	0.77		

通过方差分析对不同专业的识别他人情绪进行比较，P 值为 0.175，在 0.05 水平上差异并不显著。由表 2-45 可知，均值方面，理学是 3.21，工学是 3.50，管理学是 3.64，文学是 3.80，法学是 3.76，艺术学是 3.70，经济学是 3.69，教育学是 4.50，可以看出教育学的学生识别他人情绪最强，理学的学生识别他人情绪最弱。

表 2-45　不同专业的识别他人情绪差异分析

专业	频数	均值	标准差	F 统计量	P 值
理学	13	3.21	0.80		
工学	27	3.50	0.61		
管理学	222	3.64	0.69		
文学	25	3.80	0.79	1.472	0.175
法学	57	3.76	0.76		
艺术学	124	3.70	0.87		
经济学	98	3.69	0.83		
教育学	2	4.50	0.71		

通过方差分析对不同专业的人际关系管理进行比较，P 值为 0.057，在 0.05 水平上差异并不显著。由表 2-46 可知，均值方面，理学是 3.15，工学是 3.56，管理学是 3.73，文学是 3.89，法学是 3.84，艺术学是 3.77，经济学是 3.71，教育学是 4.50，可以看出教育学的学生人际关系管理最强，理学的学生人际关系管理最弱。

表 2-46　不同专业的人际关系管理差异分析

专业	频数	均值	标准差	F 统计量	P 值
理学	13	3.15	0.77	1.973	0.057
工学	27	3.56	0.61		

续表

专业	频数	均值	标准差	F 统计量	P 值
管理学	222	3.73	0.69		
文学	25	3.89	0.77		
法学	57	3.84	0.73	1.973	0.057
艺术学	124	3.77	0.83		
经济学	98	3.71	0.82		
教育学	2	4.50	0.71		

四、情商的研究综述

（一）国外相关研究现状

美国心理学家亚历山大在 20 世纪 30 年代公开发表《具体智力与抽象智力》一文，其中阐述了一个新概念——"非智力因素"。1940 年，美国心理学家大卫·韦克斯勒开始了深入研究，历经 10 年理论与实践探索后，他于 1950 年出版《认识的、先天的和非智力智慧》一书，其中进一步解释了"非智力因素"概念，对非智力因素含义进行全新总结。自 20 世纪 90 年代以来，西方国家关于情商方面的研究逐渐兴起和发展起来。1990 年，著名心理学家彼得·萨洛维和约翰·梅耶首次提出"情绪智力"这个概念。1995 年，美国哈佛大学心理学学者丹尼尔·戈尔曼的专著《情商：为什么情商比智商更重要》，突破了"智商至上"这一传统教育观念，使"情商教育"逐渐成为一种新的教育思潮。戈尔曼在这本书里提出，一个人之所以能取得成就，智商占两成，情商占八成，即一个人成功的关键要素是他的情商。戈尔曼将情商归结为识别情绪、管理情绪、自我激励、感知别人情绪、处理人际关系五个层面。以色列心理学家巴昂于 2000 年在进行了深入研究后发现，情绪智力是一种影响人们对环境以及环境改变做出积极反应的社会性与情绪性认知与能力的合成，也是个体能否取得成功的一个主要决定因素。在情商培育方面，伴随着欧美国家迅速发展，美国中小学生情商培养也逐渐兴起。例如，道尔顿学校所坚持的"自由与合作"教育理念认为自由意味着给予学生更多的空闲时间，使其可以灵活地支配闲暇时间，选择合适的学科与学习方式，而合作则意味着使其在小组内学习与共处，以发展其小组意识与小组协作能力并提升其个人交际水平。

此外，美国一些大学还采用了开设课程与学科渗透相结合的方式，来促进大学生情商的提高。例如，美国北卡罗来纳州立大学的《人际关系处理》课程，加利福尼亚州大学斯坦尼斯洛斯分校的《情商教育》课程等，奎尼匹克大学商学院的《管理学》课程和斯坦福大学医学院的《心理学》课程中也都融入了情商教育。

（二）国内相关研究现状

近年来，有关情商概念、内涵和作用等方面研究的各类文献层出不穷，更为重要的是情商培养研究越来越受到人们的关注。董宇艳（2011）从德育的角度提出了将情商培养融入学校教育体系的观点。李晓艳（2012）建议高校可通过转变教育观念、转变教育内容、转变教育资源、转变教育方法和转变教育情境来探索大学生情商的培养途径。刘爱香（2013）在思想政治教育的视角下，提出了情商培养的具体途径，包括家庭的支撑作用和学校的直接影响。李超（2018）对情商培养课程在基本理念、内容设置、实时策略、资源保障、评价及完善五个方面做了系统、全面的策划。穆瑾（2017）提出了大学生情商教育对策，主要包括构建良好社会氛围、强化高校情商教育、完善家庭环境和大学生自我教育四个方面。2018年，陈彩芬和罗长田基于大数据的大环境，在教师层面、以学生为中心、实践活动、家庭教育以及网络资源五个方面提出了情商培养的举措。国内学者郑春雨（2016）也从个体体验的角度对个体情商培养进行了分析，并明确指出要将个体置于班团交流活动之中，使其通过观察、体悟，了解自己、讨论自己并接受自己，进而调整与完善人际互动关系，塑造全新的心态与行为，并最终促进其情商水平的提升。

第五节　新时代大学生动机

一、动机的概念

"动机"的概念由美国著名心理学家伍德沃斯于1918年首先运用于心理

学，动机是激发和保持有机体的行动，并将使行动倾向某一目标的心理倾向或内在驱动力。英国心理学家威廉·麦独孤明确指出动机从心理现象上讲是一种心理状态，它涉及行为的发端、指向、力度与持续性。动机常被称为"刺激"，组织行为学上的刺激主要指刺激人们产生动力的一种心理活动。通过激发动机使人产生内在的驱动力，从而向预期目标迈进的过程就是为了达到某种目标。动机是一个人内部心理活动的过程，而行为则是这一内部过程的外化。

动机是一种激发和保持生命体活动并使活动指向一定对象的心理性偏向，即内部驱力。Murray（1938）指出，动机是由驱动力（激发主体行为的内在过程）和目标（实现目标并终止活动）两部分构成。Heckhausen（1991）指出，动机的研究发展经历了目标导向的动机倾向、意图形成和行为产生三个动力过程。Pintrich 和 Schunk（1996）指出，动机是由目的或对象所引导，激发和维持个体活动的内在心理活动过程或内心驱动力。Ryan 和 Deci（2017）认为，在实质上动机是以某种方式引向行动的一种内在心理活动过程。而国内学者张大均（2015）通过研究发现，动机是激励个体从事某种活动并促使主体行为朝着既定目标努力的内部动力。动机在个体的行为中起正效应，它决定人做事的兴衰成败。徐燕刚（2021）指出，动机是以个体的目标为导向的内在驱动过程，它催生个体去选择自己偏好行为的内在动力，并激励个体完成自身目标。为了进一步规范动机的研究概念，动机研究者们对动机的概念研究达成以下共识：第一，动机是过程，而不是产品。它不是独立于一种独特的行为之外，而是内蕴于一系列指向性目标的行动中。第二，动机具有目的性，它需要持续推进和引导主体行为目标的建构，尽管主体目标的精确性大不相同，但是目标的导向作用是动机的核心。第三，动机是一个正向的过程，个体借助身体和心理的活动积极达到自身的目标。身体活动包括毅力、努力和其他明显的行为等要素，而心理活动则指计划和解决问题的诸类认知活动。

二、动机的类型（维度）及测量

（一）根据动力来源划分

根据动力的不同来源，动机可划分为内部动机和外部动机两个方面。

（1）内部动机，即个人本身所激发出来的、处于活动范围内而不是活动范围以外的动机的满足。活动本身能使人们产生兴趣并成为活动者所推崇的目标。在内部动机上的成功或利益比在外部动机上的纯粹金钱或物质利益在经济上更有积极意义。

（2）外部动机，即由外在因素的诱因而引起的激励。一般情况下，外部动机驱动力小于内部动机驱动力，且保持时间不长，一旦刺激的外在行为不复存在，受刺激的外在动机就更难以保持。

（二）根据动机来源的远近和发挥作用的限度划分

根据动机来源的远近和发挥作用的限度，动机分为直接的近景性动机和间接的远景性动机。

（1）直接的近景性动机。直接的近景性动机与知识和学习活动具有严密的内在关联性，此类动机是具体的，而非抽象的，与学习活动有密切的联系，实际效能明显，易受到突发因素的制约，随环境的改变而改变。

（2）间接的远景性动机。间接的远景性动机与人类对活动的社会意义的认识紧密关联在一起，它是社会要求在人类活动中的具体显现，是理想世界观在现实活动的真实映射。

（三）根据动机起作用的范围划分

根据动机起作用的范围，动机可分为一般动机和具体动机。

（1）一般动机。一般动机表现为若干学习活动，一般比较稳定，不断获得知识经验。以学习者自身为主，与学习者的价值观念、性格特征等有关，又称性格动机，稳定性较强。

（2）具体动机。具体动机就是某一类实际学习活动所反映出来的主要受到外界环境情境因素的冲击，因而也称为情境动机，其表现是暂时的、不稳定的。

（四）判定行为动机的方法

判定行为动机的方法分为观察测量法、自陈测量法、投射测量法。

（1）观察测量法。也就是通过对现实活动中员工行为特征的细致观察而对员工动机结构进行判断。要做到这一点，领导者必须多接触员工，知道察言观色的道理，并坚持长期观察以探明被观察者的需要及动机结构。

（2）自陈测量法。人的动机有时候单靠从外在观察很难有一个完整的认识，而需要靠自己的自我表述来理解。这类方法可借调查问卷形式，要求被试者记下事先设计好问题的答案。

（3）投射测量法。它是利用不使被测试者知道测试目的，利用看图，再凭借个人想象编织故事来检验被测试者动机的一种方法。因为受测者编织故事时会无意识地将心理状态根据思维习惯或者欲望投射出来，所以通过对其故事内容的剖析，可以测得其真正的动机。

三、新时代大学生的动机

本部分分别对不同性别、年级、学历、专业进行对比研究，对新时代大学生的动机及影响动机因素进行对比分析。经分析发现，上述因素对大学生动机的影响存在差异。

1. 性别差异分析

通过独立样本 T 检验对不同性别的内在调节进行比较，P 值为 0.068，在 0.05 水平上差异并不显著。由表 2-47 可知，男性均值是 3.75，女性均值是 3.73，可以看出在内在调节方面男女相差不大。

表 2-47　不同性别的内在调节差异分析

性别	频数	均值	标准差	F 统计量	P 值
男	173	3.75	0.85	3.335	0.068
女	395	3.73	0.71		

通过独立样本 T 检验对不同性别的整合调节进行比较，P 值为 0.064，在 0.05 水平上差异并不显著。由表 2-48 可知，男性均值是 3.67，女性均值是 3.54，可以看出在整合调节方面男性略好于女性。

表 2-48　不同性别的整合调节差异分析

性别	频数	均值	标准差	F 统计量	P 值
男	173	3.67	0.81	3.448	0.064
女	395	3.54	0.68		

通过独立样本 T 检验对不同性别的认同调节进行比较，P 值为 0.029，在 0.05 水平上差异显著。由表 2-49 可知，男性均值是 3.65，女性均值是 3.58，可以看出在认同调节方面男性略好于女性。

表 2-49　不同性别的认同调节差异分析

性别	频数	均值	标准差	F 统计量	P 值
男	173	3.65	0.84	4.774	0.029
女	395	3.58	0.68		

通过独立样本 T 检验对不同性别的投射调节进行比较，P 值为 0.008，在 0.05 水平上差异显著。由表 2-50 可知，男性均值是 3.63，女性均值是 3.53，可以看出在投射调节方面男性略好于女性。

表 2-50　不同性别的投射调节差异分析

性别	频数	均值	标准差	F 统计量	P 值
男	173	3.63	0.82	6.989	0.008
女	395	3.53	0.68		

通过独立样本 T 检验对不同性别的外部调节进行比较，P 值为 0.000102，在 0.05 水平上差异显著。从表 2-51 可知，男性均值是 3.54，女性均值是 3.31，可以看出在外部调节方面男性略好于女性。

表 2-51　不同性别的外部调节差异分析

性别	频数	均值	标准差	F 统计量	P 值
男	173	3.54	0.92	15.308	0.000102
女	395	3.31	0.73		

通过独立样本 T 检验对不同性别的缺乏动机进行比较，P 值为 0.008，在 0.05 水平上差异显著。从表 2-52 可知，男性均值是 3.67，女性均值是 3.55，可以看出在缺乏动机方面男性略高于女性。

表 2-52　不同性别的缺乏动机差异分析

性别	频数	均值	标准差	F 统计量	P 值
男	173	3.67	0.87	7.043	0.008
女	395	3.55	0.70		

2. 年级差异分析

通过方差分析对不同年级的内在调节进行比较，P 值为 0.999，在 0.05 水平上差异并不显著。由表 2-53 可知，均值方面，大一年级是 3.74，大二年级是 3.74，大三年级是 3.72，大四年级是 3.74，可以看出大三年级的学生内在调节最弱。

表 2-53 不同年级的内在调节差异分析

年级	频数	均值	标准差	F 统计量	P 值
大一	286	3.74	0.77		
大二	183	3.74	0.76	0.009	0.999
大三	63	3.72	0.63		
大四	36	3.74	0.79		

通过方差分析对不同年级的整合调节进行比较，P 值为 0.642，在 0.05 水平上差异并不显著。由表 2-54 可知，均值方面，大一年级是 3.61，大二年级是 3.55，大三年级是 3.50，大四年级是 3.61，可以看出大一年级和大四年级的学生整合调节较强，大三年级的学生整合调节最弱。

表 2-54 不同年级的整合调节差异分析

年级	频数	均值	标准差	F 统计量	P 值
大一	286	3.61	0.73		
大二	183	3.55	0.78	0.559	0.642
大三	63	3.50	0.51		
大四	36	3.61	0.76		

通过方差分析对不同年级的认同调节进行比较，P 值为 0.961，在 0.05 水平上差异并不显著。由表 2-55 可知，均值方面，大一年级是 3.61，大二年级是 3.58，大三年级是 3.59，大四年级是 3.58，可以看出大一年级的学生认同调节最强，大二年级和大四年级的学生认同调节较弱。

表 2-55 不同年级的认同调节差异分析

年级	频数	均值	标准差	F 统计量	P 值
大一	286	3.61	0.73		
大二	183	3.58	0.77	0.097	0.961
大三	63	3.59	0.62		
大四	36	3.58	0.77		

通过方差分析对不同年级的投射进行比较，P 值为 0.247，在 0.05 水平上差异并不显著。由表 2-56 可知，均值方面，大一年级是 3.60，大二年级是 3.54，大三年级是 3.40，大四年级是 3.58，可以看出大一年级的学生投射最强，大三年级的学生投射最弱。

表 2-56　不同年级的投射差异分析

年级	频数	均值	标准差	F 统计量	P 值
大一	286	3.60	0.72		
大二	183	3.54	0.75	1.383	0.247
大三	63	3.40	0.60		
大四	36	3.58	0.79		

通过方差分析对不同年级的外部调节进行比较，P 值为 0.218，在 0.05 水平上差异并不显著。由表 2-57 可知，均值方面，大一年级是 3.43，大二年级是 3.38，大三年级是 3.21，大四年级是 3.30，可以看出大一年级的学生外部调节最强，大三年级的学生外部调节最弱。

表 2-57　不同年级的外部调节差异分析

年级	频数	均值	标准差	F 统计量	P 值
大一	286	3.43	0.80		
大二	183	3.38	0.84	1.485	0.218
大三	63	3.21	0.62		
大四	36	3.30	0.89		

通过方差分析对不同年级的缺乏动机进行比较，P 值为 0.800，在 0.05 水平上差异并不显著。由表 2-58 可知，均值方面，大一年级是 3.61，大二年级是 3.54，大三年级是 3.61，大四年级是 3.58，可以看出大一年级和大三年级的学生缺乏动机较强，大二年级的学生缺乏动机最弱。

表 2-58　不同年级的缺乏动机差异分析

年级	频数	均值	标准差	F 统计量	P 值
大一	286	3.61	0.74		
大二	183	3.54	0.82	0.335	0.800
大三	63	3.61	0.61		
大四	36	3.58	0.81		

3. 学历差异分析

通过独立样本 T 检验对不同学历的内在调节进行比较，P 值为 0.011，在 0.05 水平上差异显著。由表 2-59 可知，专科均值是 3.74，本科均值是 3.73，可以看出在内在调节方面本科和专科相差不大。

表 2-59　不同学历的内在调节差异分析

学历	频数	均值	标准差	F 统计量	P 值
专科	222	3.74	0.82	6.534	0.011
本科	346	3.73	0.71		

　　通过独立样本 T 检验对不同学历的整合调节进行比较，P 值为 0.040，在 0.05 水平上差异显著。由表 2-60 可知，专科均值是 3.59，本科均值是 3.57，可以看出在整合调节方面专科的学生略好于本科的学生。

表 2-60　不同学历的整合调节差异分析

学历	频数	均值	标准差	F 统计量	P 值
专科	222	3.59	0.79	4.229	0.040
本科	346	3.57	0.69		

　　通过独立样本 T 检验对不同学历的认识自我情绪进行比较，P 值为 0.130，在 0.05 水平上差异并不显著。由表 2-61 可知，专科均值是 3.62，本科均值是 3.58，可以看出在认同调节方面专科的学生略好于本科的学生。

表 2-61　不同学历的认同调节差异分析

学历	频数	均值	标准差	F 统计量	P 值
专科	222	3.62	0.77	2.294	0.130
本科	346	3.58	0.70		

　　通过独立样本 T 检验对不同学历的投射调节进行比较，P 值为 0.054，在 0.05 水平上差异并不显著。从表 2-62 可知，专科均值是 3.57，本科均值是 3.55，可以看出在投射调节方面专科的学生略好于本科的学生。

表 2-62　不同学历的投射调节差异分析

学历	频数	均值	标准差	F 统计量	P 值
专科	222	3.57	0.78	3.740	0.054
本科	346	3.55	0.69		

　　通过独立样本 T 检验对不同学历的外部调节进行比较，P 值为 0.024，在 0.05 水平上差异显著。由表 2-63 可知，专科均值是 3.39，本科均值是 3.37，可以看出在外部调节方面专科的学生略好于本科的学生。

表 2-63 不同学历的外部调节差异分析

学历	频数	均值	标准差	F 统计量	P 值
专科	222	3.39	0.87	5.086	0.024
本科	346	3.37	0.75		

通过独立样本 T 检验对不同学历的缺乏动机进行比较，P 值为 0.052，在 0.05 水平上差异并不显著。由表 2-64 可知，专科均值是 3.60，本科均值是 3.58，可以看出在缺乏动机方面专科的学生略好于本科的学生。

表 2-64 不同学历的缺乏动机差异分析

学历	频数	均值	标准差	F 统计量	P 值
专科	222	3.60	0.83	3.787	0.052
本科	346	3.58	0.71		

4. 专业类别差异分析

通过方差分析对不同专业的内在调节进行比较，P 值为 0.013，在 0.05 水平上差异显著。由表 2-65 可知，均值方面，理学是 3.08，工学是 3.56，管理学是 3.76，文学是 3.83，法学是 3.85，艺术学是 3.79，经济学是 3.64，教育学是 4.50，可以看出教育学的学生内在调节最强，理学的学生内在调节最弱。

表 2-65 不同专业的内在调节差异分析

专业	频数	均值	标准差	F 统计量	P 值
理学	13	3.08	0.76	2.563	0.013
工学	27	3.56	0.63		
管理学	222	3.76	0.69		
文学	25	3.83	0.73		
法学	57	3.85	0.71		
艺术学	124	3.79	0.79		
经济学	98	3.64	0.87		
教育学	2	4.50	0.71		

通过方差分析对不同专业的整合调节进行比较，P 值为 0.157，在 0.05 水平上差异并不显著。由表 2-66 可知，均值方面，理学是 3.15，工学是 3.48，管理学是 3.56，文学是 3.52，法学是 3.70，艺术学是 3.63，经济学是 3.56，教育学是 4.50，可以看出教育学的学生整合调节最强，理学的学生整合调节最弱。

表 2-66　不同专业的整合调节差异分析

专业	频数	均值	标准差	F 统计量	P 值
理学	13	3.15	0.80		
工学	27	3.48	0.68		
管理学	222	3.56	0.62		
文学	25	3.52	0.82		
法学	57	3.70	0.67	1.522	0.157
艺术学	124	3.63	0.81		
经济学	98	3.56	0.82		
教育学	2	4.50	0.71		

通过方差分析对不同专业的认同调节进行比较，P 值为 0.229，在 0.05 水平上差异并不显著。由表 2-67 可知，均值方面，理学是 3.15，工学是 3.52，管理学是 3.59，文学是 3.69，法学是 3.63，艺术学是 3.64，经济学是 3.57，教育学是 4.50，可以看出教育学的学生认同调节最强，理学的学生认同调节最弱。

表 2-67　不同专业的认同调节差异分析

专业	频数	均值	标准差	F 统计量	P 值
理学	13	3.15	0.78		
工学	27	3.52	0.62		
管理学	222	3.59	0.65		
文学	25	3.69	0.76		
法学	57	3.63	0.68	1.341	0.229
艺术学	124	3.64	0.81		
经济学	98	3.57	0.82		
教育学	2	4.50	0.71		

通过方差分析对不同专业的投射进行比较，P 值为 0.066，在 0.05 水平上差异并不显著。由表 2-68 可知，均值方面，理学是 3.08，工学是 3.47，管理学是 3.51，文学是 3.64，法学是 3.60，艺术学是 3.66，经济学是 3.56，教育学是 4.50，可以看出教育学的学生投射最强，理学的学生投射最弱。

表2-68 不同专业的投射差异分析

专业	频数	均值	标准差	F统计量	P值
理学	13	3.08	0.76		
工学	27	3.47	0.70		
管理学	222	3.51	0.66		
文学	25	3.64	0.83	1.907	0.066
法学	57	3.60	0.71		
艺术学	124	3.66	0.74		
经济学	98	3.56	0.80		
教育学	2	4.50	0.71		

通过方差分析对不同专业的外部调节进行比较，P值为0.127，在0.05水平上差异并不显著。由表2-69可知，均值方面，理学是2.97，工学是3.46，管理学是3.32，文学是3.41，法学是3.43，艺术学是3.48，经济学是3.37，教育学是4.50，可以看出教育学的学生外部调节最强，理学的学生外部调节最弱。

表2-69 不同专业的外部调节差异分析

专业	频数	均值	标准差	F统计量	P值
理学	13	2.97	0.98		
工学	27	3.46	0.64		
管理学	222	3.32	0.70		
文学	25	3.41	0.92	1.620	0.127
法学	57	3.43	0.78		
艺术学	124	3.48	0.86		
经济学	98	3.37	0.90		
教育学	2	4.50	0.71		

通过方差分析对不同专业的缺乏动机进行比较，P值为0.040，在0.05水平上差异显著。由表2-70可知，均值方面，理学是2.97，工学是3.43，管理学是3.59，文学是3.67，法学是3.66，艺术学是3.65，经济学是3.54，教育学是4.50，可以看出教育学的学生缺乏动机最强，理学的学生缺乏动机最弱。

表 2-70　不同专业的缺乏动机差异分析

专业	频数	均值	标准差	F 统计量	P 值
理学	13	2.97	0.78		
工学	27	3.43	0.73		
管理学	222	3.59	0.65		
文学	25	3.67	0.91	2.120	0.040
法学	57	3.66	0.71		
艺术学	124	3.65	0.83		
经济学	98	3.54	0.84		
教育学	2	4.50	0.71		

四、动机的研究综述

（一）国内相关研究现状

自 2012 年以来，学术界有关大学生创业成就动机的研究呈现出不断增长的态势，到 2016 年达到了顶峰。当前，中国政府正在为优化创业环境、激发创业热情积极制定相关政策，激励大学生创业成就的动机，努力缓解因人口老龄化和地区经济不平衡而引发的双重压力。但是，地区间创业环境的发展却是很糟糕，它严重限制了大学生创业成就动机的培养，限制了创业活动的开展。有效利用环境感矢极要素的行为影响，用科学合理的方法加以规避或者改善其中的负向因素，这对培养大学生的创业意识、成就大学生强烈的创业动机具有十分重要的意义。从总体上看，我国高校创新创业教育的教学改革和实践效果在理论研究和实践教学等方面还有长足的进步空间，仍然处于发展阶段，但是对于创业成果动机的研究成果十分丰富。程淑华等（2017）研究发现，创造性人格和成就动机都与创业动机存在显著的正相关关系。此外，创造性人格与成就动机之间的内在联系在统计学意义上也具有一定的解释力。赵振华（2020）用"大五"人格和成就动机理论来探究主体的就业倾向，发现主体的就业动机越强、创业的倾向性也就越强。吴宏刚（2021）在江苏四所高校发放 1000 余份调查问卷，通过对调查问卷深入分析之后发现，大学生成就动机在其前瞻性人格的完美倾向性维度和创业学习之间起到完全中介作用，在其前瞻性人格中的机遇识别力、意志坚定性两个向度和创业学习之间起到部分中介作用。根据以上的研究可以看出，成就动机多被看作中间变量。成就动机被看作创业活动的动力源泉，其强弱也潜移默化地影响着创业活动进展。

（二）国外相关研究现状

国外学者也对创业教育展开了详细的研究。如 Fatoki（2010）所述，正是这样的心态反映了一个人辨别机会并寻求机会以提供现代尊重或经济来源的刺激能力（Harris and Gibson，2008）。创业意愿并不是成为企业家的唯一条件。缺乏资金支持等现实挑战通常被看作创业的主要阻碍，因为它们限制了付诸实践的行动。尽管小微企业可以通过多元渠道获取融资，例如小额信贷机构（MFI）。如果说创业精神是社会经济转型的重要组成部分，由此可以理解，与拥有较少创业者特征的社会相比，拥有更多具有创业者特征的个人，进而拥有更多创业活动的社会更容易在经济上取得发展。实现这一想法的基础是建立大量的创造性和创新性人力资本存量，通过这种教育能够赋能年轻人能力和态度，以便使他们能够有效应对弥漫在当代社会和经济环境中的不确定因素（Owusu and Poku，2012）。2018 年，津巴布韦是一个经济收入水平十分低下的国家，政府通过大力发展高等教育来重新定位该国的高等教育体系，教授学生必要的创业技能和态度，从而遏制青年人的失业率（Ndofirepi，2006）。这一措施的实施和构想是基于将强制性创业教育体系纳入国家高等教育机构（学位和非学位授权）提供多元的学习课程。另外，津巴布韦的教育部门还在六所州立大学建立创业中心和科技园区，以此作为国家现代化和工业化愿景培养新生学生企业家和创业者的努力的重要组成部分（Chitumba，2018）。在 2018 年津巴布韦教育部门的国家预算中，有 3.8 亿美元用于支持研究和创新（Phiri，2019）。虽然津巴布韦做出了很多努力，但创业教育计划以及其他提及的干预措施能否达到他们的预期目的仍是一个未解之谜。一言以蔽之，与津巴布韦创业教育影响相关的研究同世界上其他地区一样，都需要进一步深入进行，增强"证据基础"（Pittaway and Cope，2007）。Lorz 等（2013）也同意这一见解，他们指出，只有教育工作者理解创业培训的含义，才能持续改进创业教育。

在借助已有学者研究的基础上，结合标准化量表，结合基础理论对影响大学生创业成就动机强弱的变量进行分析和探究，试图构建大学生创业成就动机的理论模型，从而使"双创"教育的指导意义更具实际意义。

第三章　新时代大学生职业价值观与决策

第一节　新时代大学生职业价值观

一、职业价值观的概念

　　"职业"在《辞海》里的释义是："人从事并靠以谋生的劳动的本质、内容与方式。"它全面而综合地体现了人们的生活方式、经济状况、文化水平、行为模式和思想情操等各个方面，同时又体现了个人的权利、责任与义务，概括地表征了个人的社会地位。不同研究领域对"价值"一词有不同认识，哲学范畴内的价值是主体以实践为基础所构成的主客体间的意义联系，是主体需求和客体功能相适应的具体联系，价值具有客观实在性，它不随人们意志的改变而改变。哲学中的"价值观"就是指主体对于人生价值的理解与基本态度，它是人生观中不可缺少的一部分，具有行为取向的功能，是实践中主体所产生的对于价值与价值之间关系的基本看法，外显于主体为人处世中所体现的立场、看法与态度。从整体上看是人们对价值的基本认识。价值观可以决定主体意识活动和个人行为走向，并体现为对日常学习生活的价值引领，以及对主体学习、生活与劳动的价值引导。

　　职业价值观（work value）即工作价值观，属于价值观范畴，是价值观在工作中的反映。当前国内外众多学者尽管在职业价值观方面研究量大面广，且不同学者提出的观点也不尽相同，但尚未形成一个统一的职业价值观概念与架构。职业价值观是以与职业有关的要素为具体研究对象的价值观，它包含了不同学者关于职业价值观概念的阐释、维度的划分等。而本书所阐述的"职业价值观"，也存在部分学者将其称为"职业观"这类等同含义的专业术语，对职业价值观没有一个完全统一的定义的情况。在这里引用我国心理学家黄希庭之前阐述的定义："职业价值观是一个人衡量社会某一职业优劣与重要程度的内在尺度，是主体对该职业所表现出来的意愿，为主体选择职业，争取达到工作目标提供了充足的依据。"

二、职业价值观类型（维度）及测量

国内外很多学者在对价值观进行研究时，最常采用的是问卷调查法。其价值观研究结果有：Alport 等学者的"价值观调查表"，Morris 的"生活方式问卷"，Rokeach 的"价值调查问卷"，Super 的"职业价值观问卷"。职业价值观是一个颇难掌控的变量，当前学术界常用的研究方法为测量法。国外对职业价值观测量的量表很多，但得到学者们普遍认同和应用的是 Super 开发的"职业价值观量表（WVI）"、Manhardt 开发的"工作价值观调查表"和明尼苏达开发的"职业兴趣量表"。由于国外研究较早，我国学者对职业价值观测量也多偏向于对国外学者问卷进行翻译与修改，例如，宁维卫的研究量表是以 Super 量表为基础进行修改，余华与黄希庭也对 Super 量表进行了修改。当然，还有一些中国学者开发出适合中国本土国情的职业价值观测量问卷，如王垒等（2003）开发出中国化工作价值观测量问卷；方俐洛等（1996）开发出 Holland 式中国职业兴趣测量问卷等。在职业价值观结构研究方面，国外以往职业价值观结构研究中具有代表性的视角主要包括二维度和三维度。Herzberg 的创新性是把职业价值观划分为内在价值与外在价值两大维度，Super 提出的职业价值观可划分为三大结构，其中包括内在价值、外在价值与外在报酬。

近年来，国内关于职业价值观研究被学术界广泛接受的是凌文辁等（1999）基于 Holland 职业兴趣理论对大学生职业价值观内在构成探究，将"容易成名"等九项内容作为第一主项，将拥有"依赖的劳保"和"医疗保险"等六项内容作为第二主项，并将"自身爱好"等七项内容作为第三主项，发现中国大学生职业价值观可以划分为保健因素、自我实现所需因素以及声望地位因素三部分。赵喜顺（1984）将不同范畴的职业价值观简单地划分为社会利益型、兴趣爱好型、经济观点型、追求声望与舒适型四类。金盛华和李雪（2004）采用开放式与封闭式问卷相结合的方法把职业价值观划分为目的性和手段性两种类型。在本书中采用的研究工具是由 Super 编制、宁维卫修订的"职业价值观问卷"。修订后的"职业价值观问卷"展现了 11 种价值维度（见表 3–1）。

表 3–1　11 种价值维度表格

维度	内容
智力激发	持续进行智力操作，擅长于动脑思考学习或探寻新鲜事物，解决新问题
利他主义	直接为公众的利益和满足出一份力
变动性	期待能时常变动工作内容，使生活和工作多姿多彩，不乏味

续表

维度	内容
独立性	能按自身的方式或想法来做事，充分发扬自主性，不受旁人干预
声誉	从事的工作在大家看来有较高的社会地位，从而使自己得到别人的尊敬与重视
经济报酬	获得大量的经济报酬，使生活过得较为富足
美感	能持续追求美的事物，在工作中能获得美感的享受
同事关系	期待大部分一起共事的伙伴人品较好，相处时感到自然而愉悦
安全性	无论自己能力如何，期待工作中形势稳固，不因酬劳奖金、工作调动或领导训诫等时常胆战心惊
生活方式	工作之余可自由支配自己的时间
监督关系	能有一个公正、可信任、关怀下属的领导

三、新时代大学生职业价值观分析

本部分分别对不同性别、年级、学历、专业与新时代大学生职业价值观及影响职业价值观因素进行对比分析。经分析发现，上述因素对大学生职业价值观的影响存在差异。

1. 性别差异分析

通过独立样本 T 检验对不同性别的生活方式进行比较，P 值为 0.068，在 0.05 水平上差异并不显著。由表 3-2 可知，男性均值是 3.76，女性均值是 3.76，可以看出在生活方式方面男女几乎无差异。

表 3-2 不同性别的生活方式差异分析

性别	频数	均值	标准差	F 统计量	P 值
男	173	3.76	0.90	3.332	0.068
女	395	3.76	0.77		

通过独立样本 T 检验对不同性别的智力激发进行比较，P 值为 0.037，在 0.05 水平上差异显著。由表 3-3 可知，男性均值是 3.80，女性均值是 3.87，可以看出在智力激发方面女性略高于男性。

表 3-3 不同性别的智力激发差异分析

性别	频数	均值	标准差	F 统计量	P 值
男	173	3.80	0.89	4.372	0.037
女	395	3.87	0.76		

通过独立样本 T 检验对不同性别的创造性进行比较，P 值为 0.024，在 0.05 水平上差异显著。由表 3-4 可知，男性均值是 3.79，女性均值是 3.86，可以看出在创造性方面女性略高于男性。

表 3-4 不同性别的创造性差异分析

性别	频数	均值	标准差	F 统计量	P 值
男	173	3.79	0.90	5.118	0.024
女	395	3.86	0.75		

通过独立样本 T 检验对不同性别的利他主义进行比较，P 值为 0.002，在 0.05 水平上差异显著。由表 3-5 可知，男性均值是 3.77，女性均值是 3.88，可以看出在利他主义方面女性略高于男性。

表 3-5 不同性别的利他主义差异分析

性别	频数	均值	标准差	F 统计量	P 值
男	173	3.77	0.93	9.358	0.002
女	395	3.88	0.75		

通过独立样本 T 检验对不同性别的成就感进行比较，P 值为 0.014，在 0.05 水平上差异显著。由表 3-6 可知，男性均值是 3.79，女性均值是 3.89，可以看出在成就感方面女性略高于男性。

表 3-6 不同性别的成就感差异分析

性别	频数	均值	标准差	F 统计量	P 值
男	173	3.79	0.88	6.095	0.014
女	395	3.89	0.75		

通过独立样本 T 检验对不同性别的工作报酬进行比较，P 值为 0.018，在 0.05 水平上差异显著。由表 3-7 可知，男性均值是 3.83，女性均值是 3.90，可以看出在工作报酬方面女性略高于男性。

表 3-7　不同性别的工作报酬差异分析

性别	频数	均值	标准差	F 统计量	P 值
男	173	3.83	0.88	5.624	0.018
女	395	3.90	0.74		

通过独立样本 T 检验对不同性别的安全性进行比较，P 值为 0.081，在 0.05 水平上差异并不显著。由表 3-8 可知，男性均值是 3.80，女性均值是 3.92，可以看出在安全性方面女性略高于男性。

表 3-8　不同性别的安全性差异分析

性别	频数	均值	标准差	F 统计量	P 值
男	173	3.80	0.86	3.050	0.081
女	395	3.92	0.77		

通过独立样本 T 检验对不同性别的变动性进行比较，P 值为 0.016，在 0.05 水平上差异显著。由表 3-9 可知，男性均值是 3.83，女性均值是 3.93，可以看出在变动性方面女性略高于男性。

表 3-9　不同性别的变动性差异分析

性别	频数	均值	标准差	F 统计量	P 值
男	173	3.83	0.87	5.857	0.016
女	395	3.93	0.76		

通过独立样本 T 检验对不同性别的独立性进行比较，P 值为 0.073，在 0.05 水平上差异并不显著。由表 3-10 可知，男性均值是 3.84，女性均值是 3.89，可以看出在独立性方面女性略高于男性。

表 3-10　不同性别的独立性差异分析

性别	频数	均值	标准差	F 统计量	P 值
男	173	3.84	0.85	3.234	0.073
女	395	3.89	0.75		

通过独立样本 T 检验对不同性别的声誉进行比较，P 值为 0.040，在 0.05 水平上差异显著。由表 3-11 可知，男性均值是 3.85，女性均值是 3.92，可以看出在声誉方面女性略高于男性。

表 3-11 不同性别的声誉差异分析

性别	频数	均值	标准差	F 统计量	P 值
男	173	3.85	0.88	4.259	0.040
女	395	3.92	0.77		

通过独立样本 T 检验对不同性别的同事关系进行比较，P 值为 0.015，在 0.05 水平上差异显著。由表 3-12 可知，男性均值是 3.84，女性均值是 3.91，可以看出在同事关系方面女性略高于男性。

表 3-12 不同性别的同事关系差异分析

性别	频数	均值	标准差	F 统计量	P 值
男	173	3.84	0.89	5.954	0.015
女	395	3.91	0.77		

2. 年级差异分析

通过方差分析对不同年级的生活方式进行比较，P 值为 0.745，在 0.05 水平上差异并不显著。由表 3-13 可知，均值方面，大一年级是 3.78，大二年级是 3.75，大三年级是 3.74，大四年级是 3.63，可以看出大一年级的学生生活方式最强，大四年级的学生生活方式最弱。

表 3-13 不同年级的生活方式差异分析

年级	频数	均值	标准差	F 统计量	P 值
大一	286	3.78	0.84	0.411	0.745
大二	183	3.75	0.83		
大三	63	3.74	0.59		
大四	36	3.63	0.86		

通过方差分析对不同年级的智力激发进行比较，P 值为 0.892，在 0.05 水平上差异并不显著。由表 3-14 可知，均值方面，大一年级是 3.83，大二年级是 3.88，大三年级是 3.88，大四年级是 3.84，可以看出大二年级和大三年级的学生智力激发较强，大一年级的学生智力激发最弱。

表 3-14 不同年级的智力激发差异分析

年级	频数	均值	标准差	F 统计量	P 值
大一	286	3.83	0.81	0.207	0.892

年级	频数	均值	标准差	F 统计量	P 值
大二	183	3.88	0.81		
大三	63	3.88	0.65	0.207	0.892
大四	36	3.84	0.88		

通过方差分析对不同年级的创造性进行比较，P 值为 0.972，在 0.05 水平上差异并不显著。由表 3-15 可知，均值方面，大一年级是 3.83，大二年级是 3.85，大三年级是 3.87，大四年级是 3.82，可以看出大三年级的学生创造性最强，大四年级的学生创造性最弱。

表 3-15　不同年级的创造性差异分析

年级	频数	均值	标准差	F 统计量	P 值
大一	286	3.83	0.81		
大二	183	3.85	0.82		
大三	63	3.87	0.64	0.078	0.972
大四	36	3.82	0.89		

通过方差分析对不同年级的利他主义进行比较，P 值为 0.725，在 0.05 水平上差异并不显著。由表 3-16 可知，均值方面，大一年级是 3.82，大二年级是 3.89，大三年级是 3.86，大四年级是 3.77，可以看出大二年级的学生利他主义最强，大四年级的学生利他主义最弱。

表 3-16　不同年级的利他主义差异分析

年级	频数	均值	标准差	F 统计量	P 值
大一	286	3.82	0.84		
大二	183	3.89	0.80		
大三	63	3.86	0.64	0.439	0.725
大四	36	3.77	0.89		

通过方差分析对不同年级的成就感进行比较，P 值为 0.574，在 0.05 水平上差异并不显著。由表 3-17 可知，均值方面，大一年级是 3.83，大二年级是 3.92，大三年级是 3.88，大四年级是 3.78，可以看出大二年级的学生成就感最强，大四年级的学生成就感最弱。

表 3-17　不同年级的成就感差异分析

年级	频数	均值	标准差	F 统计量	P 值
大一	286	3.83	0.82		
大二	183	3.92	0.80		
大三	63	3.88	0.61	0.665	0.574
大四	36	3.78	0.80		

通过方差分析对不同年级的工作报酬进行比较，P 值为 0.911，在 0.05 水平上差异并不显著。由表 3-18 可知，均值方面，大一年级是 3.87，大二年级是 3.91，大三年级是 3.91，大四年级是 3.84，可以看出大二年级和大三年级的学生工作报酬较强，大四年级的学生工作报酬最弱。

表 3-18　不同年级的工作报酬差异分析

年级	频数	均值	标准差	F 统计量	P 值
大一	286	3.87	0.80		
大二	183	3.91	0.79		
大三	63	3.91	0.65	0.178	0.911
大四	36	3.84	0.86		

通过方差分析对不同年级的安全性进行比较，P 值为 0.895，在 0.05 水平上差异并不显著。由表 3-19 可知，均值方面，大一年级是 3.87，大二年级是 3.89，大三年级是 3.95，大四年级是 3.87，可以看出大三年级的学生安全性最强，大一年级和大四年级的学生安全性较弱。

表 3-19　不同年级的安全性差异分析

年级	频数	均值	标准差	F 统计量	P 值
大一	286	3.87	0.83		
大二	183	3.89	0.78		
大三	63	3.95	0.65	0.202	0.895
大四	36	3.87	0.88		

通过方差分析对不同年级的变动性进行比较，P 值为 0.861，在 0.05 水平上差异并不显著。由表 3-20 可知，均值方面，大一年级是 3.88，大二年级是 3.91，大三年级是 3.96，大四年级是 3.85，可以看出大三年级的学生变动性最强，大四年级的学生变动性最弱。

表 3-20　不同年级的变动性差异分析

年级	频数	均值	标准差	F 统计量	P 值
大一	286	3.88	0.83		
大二	183	3.91	0.77	0.251	0.861
大三	63	3.96	0.67		
大四	36	3.85	0.88		

通过方差分析对不同年级的独立性进行比较，P 值为 0.941，在 0.05 水平上差异并不显著。由表 3-21 可知，均值方面，大一年级是 3.89，大二年级是 3.87，大三年级是 3.86，大四年级是 3.81，可以看出大一年级的学生独立性最强，大四年级的学生独立性最弱。

表 3-21　不同年级的独立性差异分析

年级	频数	均值	标准差	F 统计量	P 值
大一	286	3.89	0.81		
大二	183	3.87	0.77	0.132	0.941
大三	63	3.86	0.65		
大四	36	3.81	0.90		

通过方差分析对不同年级的声誉进行比较，P 值为 0.870，在 0.05 水平上差异并不显著。由表 3-22 可知，均值方面，大一年级是 3.87，大二年级是 3.94，大三年级是 3.92，大四年级是 3.91，可以看出大二年级的学生声誉最强，大一年级的学生声誉最弱。

表 3-22　不同年级的声誉差异分析

年级	频数	均值	标准差	F 统计量	P 值
大一	286	3.87	0.83		
大二	183	3.94	0.78	0.238	0.870
大三	63	3.92	0.65		
大四	36	3.91	0.92		

通过方差分析对不同年级的同事关系进行比较，P 值为 0.919，在 0.05 水平上差异并不显著。由表 3-23 可知，均值方面，大一年级是 3.87，大二年级是 3.90，大三年级是 3.93，大四年级是 3.91，可以看出大三年级的学生同事关系最强，大一年级的学生同事关系最弱。

表 3-23　不同年级的同事关系差异分析

年级	频数	均值	标准差	F 统计量	P 值
大一	286	3.87	0.84		
大二	183	3.90	0.79		
大三	63	3.93	0.66	0.167	0.919
大四	36	3.91	0.93		

3. 学历差异分析

通过独立样本 T 检验对不同学历的生活方式进行比较，P 值为 0.015，在 0.05 水平上差异显著。由表 3-24 可知，专科均值是 3.76，本科均值是 3.75，可以看出在生活方式方面专科和本科相差不大。

表 3-24　不同学历的生活方式差异分析

学历	频数	均值	标准差	F 统计量	P 值
专科	222	3.76	0.90		
本科	346	3.75	0.75	5.953	0.015

通过独立样本 T 检验对不同学历的智力激发进行比较，P 值为 0.035，在 0.05 水平上差异显著。由表 3-25 可知，专科均值是 3.87，本科均值是 3.84，可以看出在智力激发方面专科的学生略好于本科学生。

表 3-25　不同学历的智力激发差异分析

学历	频数	均值	标准差	F 统计量	P 值
专科	222	3.87	0.87		
本科	346	3.84	0.75	4.482	0.035

通过独立样本 T 检验对不同学历的创造性进行比较，P 值为 0.024，在 0.05 水平上差异显著。由表 3-26 可知，专科均值是 3.85，本科均值是 3.84，可以看出在创造性方面专科和本科相差不大。

表 3-26　不同学历的创造性差异分析

学历	频数	均值	标准差	F 统计量	P 值
专科	222	3.85	0.88		
本科	346	3.84	0.75	5.087	0.024

通过独立样本 T 检验对不同学历的利他主义进行比较，P 值为 0.019，在

0.05 水平上差异显著。由表 3-27 可知，专科均值是 3.85，本科均值是 3.84，可以看出在利他主义方面专科和本科相差不大。

表 3-27　不同学历的利他主义差异分析

学历	频数	均值	标准差	F 统计量	P 值
专科	222	3.85	0.90	5.524	0.019
本科	346	3.84	0.75		

通过独立样本 T 检验对不同学历的成就感进行比较，P 值为 0.050，在 0.05 水平上差异并不显著。由表 3-28 可知，专科均值是 3.86，本科均值是 3.87，可以看出在成就感方面专科和本科相差不大。

表 3-28　不同学历的成就感差异分析

学历	频数	均值	标准差	F 统计量	P 值
专科	222	3.86	0.87	3.873	0.050
本科	346	3.87	0.74		

通过独立样本 T 检验对不同学历的工作报酬进行比较，P 值为 0.013，在 0.05 水平上差异显著。由表 3-29 可知，专科均值是 3.86，本科均值是 3.90，可以看出在工作报酬方面本科学生略高于专科学生。

表 3-29　不同学历的工作报酬差异分析

学历	频数	均值	标准差	F 统计量	P 值
专科	222	3.86	0.87	6.173	0.013
本科	346	3.90	0.73		

通过独立样本 T 检验对不同学历的安全性进行比较，P 值为 0.027，在 0.05 水平上差异显著。由表 3-30 可知，专科均值是 3.86，本科均值是 3.90，可以看出在安全性方面本科学生略高于专科学生。

表 3-30　不同学历的安全性差异分析

学历	频数	均值	标准差	F 统计量	P 值
专科	222	3.86	0.88	4.937	0.027
本科	346	3.90	0.74		

通过独立样本 T 检验对不同学历的变动性进行比较，P 值为 0.013，在 0.05 水平上差异显著。由表 3-31 可知，专科均值是 3.88，本科均值是 3.90，可以

看出在变动性方面本科学生略高于专科学生。

表 3-31　不同学历的变动性差异分析

学历	频数	均值	标准差	F 统计量	P 值
专科	222	3.88	0.88	6.172	0.013
本科	346	3.90	0.74		

　　通过独立样本 T 检验对不同学历的独立性进行比较，P 值为 0.021，在 0.05 水平上差异并不显著。由表 3-32 可知，专科均值是 3.87，本科均值是 3.87，可以看出在独立性方面专科和本科无差异。

表 3-32　不同学历的独立性差异分析

学历	频数	均值	标准差	F 统计量	P 值
专科	222	3.87	0.87	5.321	0.021
本科	346	3.87	0.72		

　　通过独立样本 T 检验对不同学历的声誉进行比较，P 值为 0.066，在 0.05 水平上差异并不显著。由表 3-33 可知，专科均值是 3.90，本科均值是 3.90，可以看出在声誉方面专科和本科无差异。

表 3-33　不同学历的声誉差异分析

学历	频数	均值	标准差	F 统计量	P 值
专科	222	3.90	0.87	3.396	0.066
本科	346	3.90	0.75		

　　通过独立样本 T 检验对不同学历的同事关系进行比较，P 值为 0.313，在 0.05 水平上差异并不显著。由表 3-34 可知，专科均值是 3.88，本科均值是 3.89，可以看出在同事关系方面专科和本科相差不大。

表 3-34　不同学历的同事关系差异分析

学历	频数	均值	标准差	F 统计量	P 值
专科	222	3.88	0.87	1.019	0.313
本科	346	3.89	0.77		

4. 专业类别差异分析

　　通过方差分析对不同专业的生活方式进行比较，P 值为 0.152，在 0.05 水平上差异并不显著。由表 3-35 可知，均值方面，理学是 3.20，工学是 3.56，管理学是 3.77，文学是 3.86，法学是 3.82，艺术学是 3.80，经济学是 3.72，教育学是 4.50，可以看出教育学的学生生活方式最强，理学的学生生活方式最弱。

表 3-35　不同专业的生活方式差异分析

专业	频数	均值	标准差	F 统计量	P 值
理学	13	3.20	0.97		
工学	27	3.56	0.64		
管理学	222	3.77	0.67		
文学	25	3.86	0.97		
法学	57	3.82	0.91	1.537	0.152
艺术学	124	3.80	0.87		
经济学	98	3.72	0.93		
教育学	2	4.50	0.71		

通过方差分析对不同专业的智力激发进行比较，P 值为 0.112，在 0.05 水平上差异并不显著。由表 3-36 可知，均值方面，理学是 3.31，工学是 3.63，管理学是 3.89，文学是 3.90，法学是 3.94，艺术学是 3.88，经济学是 3.78，教育学是 4.50，可以看出教育学的学生智力激发较强，理学的学生智力激发最弱。

表 3-36　不同专业的智力激发差异分析

专业	频数	均值	标准差	F 统计量	P 值
理学	13	3.31	1.04		
工学	27	3.63	0.62		
管理学	222	3.89	0.70		
文学	25	3.90	0.84		
法学	57	3.94	0.73	1.675	0.112
艺术学	124	3.88	0.88		
经济学	98	3.78	0.91		
教育学	2	4.50	0.71		

通过方差分析对不同专业的创造性进行比较，P 值为 0.214，在 0.05 水平上差异并不显著。由表 3-37 可知，均值方面，理学是 3.32，工学是 3.65，管理学是 3.88，文学是 3.85，法学是 3.91，艺术学是 3.87，经济学是 3.79，教育学是 4.50，可以看出教育学的学生创造性最强，理学的学生创造性最弱。

表 3-37　不同专业的创造性差异分析

专业	频数	均值	标准差	F 统计量	P 值
理学	13	3.32	0.97		
工学	27	3.65	0.60		
管理学	222	3.88	0.71		
文学	25	3.85	0.85		
法学	57	3.91	0.71	1.373	0.214
艺术学	124	3.87	0.89		
经济学	98	3.79	0.93		
教育学	2	4.50	0.71		

　　通过方差分析对不同专业的利他主义进行比较，P 值为 0.030，在 0.05 水平上差异显著。由表 3-38 可知，均值方面，理学是 3.20，工学是 3.63，管理学是 3.87，文学是 3.88，法学是 3.99，艺术学是 3.90，经济学是 3.75，教育学是 4.50，可以看出教育学的学生利他主义最强，理学的学生利他主义最弱。

表 3-38　不同专业的利他主义差异分析

专业	频数	均值	标准差	F 统计量	P 值
理学	13	3.20	0.90		
工学	27	3.63	0.62		
管理学	222	3.87	0.71		
文学	25	3.88	0.88		
法学	57	3.99	0.73	2.241	0.030
艺术学	124	3.90	0.87		
经济学	98	3.75	0.96		
教育学	2	4.50	0.71		

　　通过方差分析对不同专业的成就感进行比较，P 值为 0.059，在 0.05 水平上差异并不显著。由表 3-39 可知，均值方面，理学是 3.31，工学是 3.61，管理学是 3.90，文学是 3.79，法学是 3.98，艺术学是 3.92，经济学是 3.80，教育学是 4.50，可以看出教育学的学生成就感最强，理学的学生成就感最弱。

表 3-39　不同专业的成就感差异分析

专业	频数	均值	标准差	F 统计量	P 值
理学	13	3.31	0.92		
工学	27	3.61	0.64		
管理学	222	3.90	0.71		
文学	25	3.79	0.91	1.956	0.059
法学	57	3.98	0.70		
艺术学	124	3.92	0.85		
经济学	98	3.80	0.90		
教育学	2	4.50	0.71		

通过方差分析对不同专业的工作报酬进行比较，P 值为 0.042，在 0.05 水平上差异显著。由表 3-40 可知，均值方面，理学是 3.35，工学是 3.64，管理学是 3.94，文学是 3.86，法学是 3.99，艺术学是 3.93，经济学是 3.77，教育学是 4.50，可以看出教育学的学生工作报酬最强，理学的学生工作报酬最弱。

表 3-40　不同专业的工作报酬差异分析

专业	频数	均值	标准差	F 统计量	P 值
理学	13	3.35	0.93		
工学	27	3.64	0.61		
管理学	222	3.94	0.69		
文学	25	3.86	0.82	2.096	0.042
法学	57	3.99	0.73		
艺术学	124	3.93	0.84		
经济学	98	3.77	0.93		
教育学	2	4.50	0.71		

通过方差分析对不同专业的安全性进行比较，P 值为 0.007，在 0.05 水平上差异显著。由表 3-41 可知，均值方面，理学是 3.25，工学是 3.56，管理学是 3.96，文学是 3.89，法学是 3.99，艺术学是 3.91，经济学是 3.77，教育学是 4.50，可以看出教育学的学生安全性最强，理学的学生安全性最弱。

表 3–41 不同专业的安全性差异分析

专业	频数	均值	标准差	F 统计量	P 值
理学	13	3.25	1.00		
工学	27	3.56	0.64		
管理学	222	3.96	0.71		
文学	25	3.89	0.79	2.786	0.007
法学	57	3.99	0.73		
艺术学	124	3.91	0.81		
经济学	98	3.77	0.96		
教育学	2	4.50	0.71		

通过方差分析对不同专业的变动性进行比较，P 值为 0.021，在 0.05 水平上差异显著。由表 3–42 可知，均值方面，理学是 3.28，工学是 3.61，管理学是 3.95，文学是 3.90，法学是 4.02，艺术学是 3.94，经济学是 3.81，教育学是4.50，可以看出教育学的学生变动性最强，理学的学生变动性最弱。

表 3–42 不同专业的变动性差异分析

专业	频数	均值	标准差	F 统计量	P 值
理学	13	3.28	0.99		
工学	27	3.61	0.62		
管理学	222	3.95	0.71		
文学	25	3.90	0.80	2.380	0.021
法学	57	4.02	0.73		
艺术学	124	3.94	0.82		
经济学	98	3.81	0.95		
教育学	2	4.50	0.71		

通过方差分析对不同专业的独立性进行比较，P 值为 0.011，在 0.05 水平上差异并不显著。由表 3–43 可知，均值方面，理学是 3.26，工学是 3.59，管理学是 3.92，文学是 3.86，法学是 4.05，艺术学是 3.90，经济学是 3.78，教育学是 4.50，可以看出教育学的学生独立性最强，理学的学生独立性最弱。

表 3-43　不同专业的独立性差异分析

专业	频数	均值	标准差	F 统计量	P 值
理学	13	3.26	0.96		
工学	27	3.59	0.66		
管理学	222	3.92	0.68		
文学	25	3.86	0.79		
法学	57	4.05	0.71	2.634	0.011
艺术学	124	3.90	0.82		
经济学	98	3.78	0.94		
教育学	2	4.50	0.71		

通过方差分析对不同专业的声誉进行比较，P 值为 0.015，在 0.05 水平上差异显著。由表 3-44 可知，均值方面，理学是 3.26，工学是 3.66，管理学是 3.96，文学是 3.88，法学是 4.05，艺术学是 3.94，经济学是 3.79，教育学是 4.50，可以看出教育学的学生声誉最强，理学的学生声誉最弱。

表 3-44　不同专业的声誉差异分析

专业	频数	均值	标准差	F 统计量	P 值
理学	13	3.26	0.97		
工学	27	3.66	0.63		
管理学	222	3.96	0.72		
文学	25	3.88	0.80		
法学	57	4.05	0.72	2.514	0.015
艺术学	124	3.94	0.82		
经济学	98	3.79	0.96		
教育学	2	4.50	0.71		

通过方差分析对不同专业的同事关系进行比较，P 值为 0.011，在 0.05 水平上差异显著。由表 3-45 可知，均值方面，理学是 3.20，工学是 3.61，管理学是 3.94，文学是 3.90，法学是 4.02，艺术学是 3.92，经济学是 3.79，教育学是 4.50，可以看出教育学的学生同事关系最强，理学的学生同事关系最弱。

表 3-45　不同专业的同事关系差异分析

专业	频数	均值	标准差	F 统计量	P 值
理学	13	3.20	0.89		
工学	27	3.61	0.61		
管理学	222	3.94	0.73		
文学	25	3.90	0.79	2.629	0.011
法学	57	4.02	0.71		
艺术学	124	3.92	0.84		
经济学	98	3.79	0.98		
教育学	2	4.50	0.71		

四、职业价值观的研究综述

（一）国外学者对职业价值观的定义

20 世纪 70 年代，国外学者 Super（1970）最先提出了"职业价值观"的概念，并将职业价值观解释为：个体期望与工作给予期望的一种内在需求，同时是从事工作时希望得到的工作特质或属性。本节从不同的视角对国外学者的职业价值观的概念进行了整理（见表 3-46）。

表 3-46　国外学者对职业价值观的定义

作者	定义
Super（1970）	个体追求与工作相关目标的一种潜在需求，同时是从事工作时期待获得的工作特质或属性
Kalleberg（1977）	个人希望应该在工作过程中得到的某种事物
Elizur（1984）	属于一种影响个体行为的内心思想体系，是个体对某种工作结果重要性程度的价值判断
Knoop（1991）	个体对工作中体现的价值所拥有的期望程度
Ros 等（1999）	个体价值观在工作领域中的现实表现，强调个体利用工作得到物质回报或达到个人目标
Baillie 和 Brown（2002）	个体的价值系统的一部分，包含对工作产生的满足个体获得满足感的一系列认知

（二）国内学者对职业价值观的定义

我国学者对职业价值观进行了本土研究，可供参阅的最早论文为1990年秦金环等的《中学生学习和职业价值观的调查研究》。这是我国第一篇职业价值观研究论文，之后我国职业价值观研究逐步蓬勃开展。国内大量学者也从不同的视角对职业价值观阐发了各自的态度和看法。笔者对部分内容进行了整理（见表3-47）。

表3-47　国内学者对职业价值观的定义

作者	定义
宁维卫（1991）	个体度量各种职业优劣、意义、重要程度的内心量尺
黄希庭等（1994）	是个人价值观的一个方面，人们利用它判断社会职业需要
凌文铨等（1999）	个体对职业的信念和态度，或是人们在职业过程中表现出的职业价值取向，是个体价值观在职业选择上的表现
余华、黄希庭（2000）	个人对待工作的某种信念，判定某个职业重要性的内心尺度，并将其作为职业选择、努力实现工作目的的依据和标准
金盛华、李雪（2004）	个体对职业评价选择的一种衡量尺度
窦运来、黄希庭（2012）	个体衡量工作行为与结果好坏及其重要性的内心尺度，是个体对待工作的信念反应，映射着个体的内心真实需要与偏好，对个体工作的态度倾向、行为准则和目标追求起着导向作用

总之，无论是国外学者还是国内学者对"职业价值观"这一概念都有着较为丰富的研究，而不同的学者从不同角度来定义职业价值观，其定义范畴较为复杂，外延扩展较为广泛。

最后本节对国内外职业价值观的分类进行了简要归类整理（见表3-48）。

表3-48　关于职业价值观的分类

观点	代表人物	分类
两维度观点	Herzberg 等（1959）	内在价值、外在价值
三维度观点	Super（1970）	内在价值、外在报酬以及工作价值
	Alderfer（1972）	内在价值、外在价值以及社会价值
	黄希庭等（1994）	职业评价、目标以及实现职业价值的手段
	凌文铨等（1999）	发展、保健、声望地位
四维度观点	赵喜顺（1984）	社会利益型、声望舒适型、兴趣爱好型、经济型

续表

观点	代表人物	分类
六维度观点	Holland（1977）	研究类、艺术类、现实类、社会类、企业类和传统类
	王立新和廖冰（2003）	人际社会关系、家庭、声誉、物质、奉献和自我

当然，学者对职业价值观划分也有其他看法，这里不再一一赘述。本书以国内学者赵喜顺观点为依据，将职业价值观的结构分为社会利益型、声望舒适型、兴趣爱好型和经济型四种类型，这是我国学者首次对职业价值观做四维度的划分。选择这位学者的观点一方面是因为其较好地总结了之前学者对于职业价值观的界定，而且比第二维度和第三维度的划分更加具体化，已经不是抽象的内外在价值之分，比第五维度和第六维度的划分更加简洁明了；另一方面，基于 CFPS 的数据特征，我们可以从问卷中寻找到四种不同职业价值观类型的恰当代理变量以适应本书研究的需要。

第二节　新时代大学生职业决策自我效能感

一、职业决策自我效能感的概念

伴随着自我效能感研究的深入，职业决策"自我效能感"这一概念得到了进一步的深入与发展。起初，Hackett 和 Betz（1981）将职业决策自我效能感界定为："个体对于自己能否成功完成与其职业相关任务所持有的一种信念。"之后，他们把职业决策自我效能感界定为"包含了个体对于与职业抉择、职业调整等有关行为效能判断在内的统称"。Betz 和 Hackett（1997）把它界定为："个人对于从事与专业有关的活动，并对于这些活动有一种坚持的意愿。"本书使用 Taylor 和 Betz（1983）提出的概念定义，即认为职业决策自我效能感就是决策者在做出职业决策时，对于自己完成各种任务所需的能力产生的一种自我评估或者自信。

二、职业决策类型（维度）及测量

在对职业决策自我效能感进行测量的基础上，国内外许多专家学者进行了诸多研究，并相应地编制了"职业决策自我效能调查问卷"。下面介绍目前应用较多的几个主要代表：

Taylor 和 Betz 合作完成的"职业决策自我效能调查问卷（CDMSE）"，是当前国内外最具代表性的职业决策自我效能感测试问卷。他们在总结前人研究成果和实际调查基础上总结出了职业决策中的五个重要环节。按此五个部分设置 5 个项目的调查部分，每项调查又分为 10 小项，共形成调查表 50 项，并把每项调查按一定标准分为对应级别，每级别均有对应值。最后，根据调查问卷评分对其职业决策自我效能感水平进行了评判，评分越高，证明职业决策自我效能感越强。此调查表于 1966 年依照实际回馈之结果对调查项目做出相应删减，现在广泛使用的职业决策自我效能问卷就是此版。

郑日昌和张彬彬（2002）根据中国当代国情和大学生现状编制出"大学生择业效能感专用量表"，并设定差异的四个不同维度，分别是学绩效能感、社会支持效能感、自我了解效能感和职业技能及信息效能感，每一个维度同时被划分为若干不同项目来评分。

以胡艳梅和刘霞（2003）为代表的学者借鉴国外"职业决策自我效能调查问卷"同时收集国内大学生若干特征并分为六个不同部分进行问卷调查，其内部一致性信度可达到约 0.78。

根据彭永新和龙立荣（2001）等专家学者的研究成果编制出的一份较为适合中国高校大学生职业决策自我效能感的调查问卷，分为自我评价、收集信息、选择职业、规划设计及解决措施等部分，共 39 道题，每道题的评分方法不一样，最终进行统计评分。此为目前国内最为流行的职业决策自我效能感测评问卷（李佳根，2019）。

三、新时代大学生职业决策自我效能感分析

本部分分别对不同性别、年级、学历、专业进行对比研究，对新时代大学生职业决策自我效能感及影响职业决策自我效能感因素进行对比分析。经分析发现，上述因素对大学生职业决策自我效能感的影响存在差异。

1.性别差异分析

通过独立样本 T 检验对不同性别的自我评价进行比较，P 值为 0.569，在 0.05 水平上差异并不显著。由表 3-49 可知，男性均值是 3.86，女性均值是 3.65，可以看出在自我评价方面男性远优于女性。

表 3-49　不同性别的自我评价差异分析

性别	频数	均值	标准差	F 统计量	P 值
男	173	3.86	0.84	0.325	0.569
女	395	3.65	0.80		

通过独立样本 T 检验对不同性别的收集信息进行比较，P 值为 0.355，在 0.05 水平上差异并不显著。由表 3-50 可知，男性均值是 3.83，女性均值是 3.62，可以看出在收集信息方面男性远优于女性。

表 3-50　不同性别的收集信息差异分析

性别	频数	均值	标准差	F 统计量	P 值
男	173	3.83	0.81	0.856	0.355
女	395	3.62	0.81		

通过独立样本 T 检验对不同性别的选择目标进行比较，P 值为 0.752，在 0.05 水平上差异并不显著。由表 3-51 可知，男性均值是 3.83，女性均值是 3.60，可以看出在选择目标方面男性远优于女性。

表 3-51　不同性别的选择目标差异分析

性别	频数	均值	标准差	F 统计量	P 值
男	173	3.83	0.83	0.100	0.752
女	395	3.60	0.80		

通过独立样本 T 检验对不同性别的制定规划进行比较，P 值为 0.818，在 0.05 水平上差异并不显著。由表 3-52 可知，男性均值是 3.86，女性均值是 3.62，可以看出在制定规划方面男性远优于女性。

表 3-52　不同性别的制定规划差异分析

性别	频数	均值	标准差	F 统计量	P 值
男	173	3.86	0.83	0.053	0.818
女	395	3.62	0.80		

通过独立样本 T 检验对不同性别的问题解决进行比较，P 值为 0.533，在 0.05 水平上差异并不显著。由表 3-53 可知，男性均值是 3.82，女性均值是 3.60，可以看出在问题解决方面男性远优于女性。

表 3-53　不同性别的问题解决差异分析

性别	频数	均值	标准差	F 统计量	P 值
男	173	3.82	0.84	0.388	0.533
女	395	3.60	0.78		

2. 年级差异分析

通过方差分析对不同年级的自我评价进行比较，P 值为 0.256，在 0.05 水平上差异并不显著。由表 3-54 可知，均值方面，大一年级是 3.77，大二年级是 3.72，大三年级是 3.56，大四年级是 3.60，可以看出大一年级的学生自我评价最强，大三年级的学生自我评价最弱。

表 3-54　不同年级的自我评价差异分析

年级	频数	均值	标准差	F 统计量	P 值
大一	286	3.77	0.77	1.355	0.256
大二	183	3.72	0.83		
大三	63	3.56	0.78		
大四	36	3.60	1.08		

通过方差分析对不同年级的收集信息进行比较，P 值为 0.182，在 0.05 水平上差异并不显著。由表 3-55 可知，均值方面，大一年级是 3.74，大二年级是 3.67，大三年级是 3.54，大四年级是 3.52，可以看出大一年级的学生收集信息最强，大三年级的学生收集信息最弱。

表 3-55　不同年级的收集信息差异分析

年级	频数	均值	标准差	F 统计量	P 值
大一	286	3.74	0.79	1.625	0.182
大二	183	3.67	0.83		
大三	63	3.54	0.78		
大四	36	3.52	0.98		

通过方差分析对不同年级的选择目标进行比较，P 值为 0.180，在 0.05 水平上差异并不显著。由表 3-56 可知，均值方面，大一年级是 3.73，大二年级

是 3.67，大三年级是 3.52，大四年级是 3.52，可以看出大一年级的学生选择目标最强，大四年级的学生选择目标最弱。

表 3-56 不同年级的选择目标差异分析

年级	频数	均值	标准差	F 统计量	P 值
大一	286	3.73	0.79		
大二	183	3.67	0.84	1.634	0.180
大三	63	3.52	0.80		
大四	36	3.52	0.95		

通过方差分析对不同年级的制定规划进行比较，P 值为 0.109，在 0.05 水平上差异并不显著。由表 3-57 可知，均值方面，大一年级是 3.76，大二年级是 3.67，大三年级是 3.50，大四年级是 3.60，可以看出大一年级的学生制定规划最强，大三年级的学生制定规划最弱。

表 3-57 不同年级的制定规划差异分析

年级	频数	均值	标准差	F 统计量	P 值
大一	286	3.76	0.79		
大二	183	3.67	0.82	2.030	0.109
大三	63	3.50	0.76		
大四	36	3.60	1.06		

通过方差分析对不同年级的问题解决进行比较，P 值为 0.138，在 0.05 水平上差异并不显著。由表 3-58 可知，均值方面，大一年级是 3.73，大二年级是 3.64，大三年级是 3.51，大四年级是 3.52，可以看出大一年级的学生问题解决最强，大三年级的学生问题解决最弱。

表 3-58 不同年级的问题解决差异分析

年级	频数	均值	标准差	F 统计量	P 值
大一	286	3.73	0.78		
大二	183	3.64	0.79	1.845	0.138
大三	63	3.51	0.78		
大四	36	3.52	1.05		

3.学历差异分析

通过独立样本 T 检验对不同学历的自我评价进行比较，P 值为 0.246，在

0.05 水平上差异并不显著。由表 3-59 可知，专科均值是 3.73，本科均值是 3.71，可以看出在自我评价方面专科的学生略高于本科的学生。

表 3-59 不同学历的自我评价差异分析

学历	频数	均值	标准差	F 统计量	P 值
专科	222	3.73	0.85	1.348	0.246
本科	346	3.71	0.79		

通过独立样本 T 检验对不同学历的收集信息进行比较，P 值为 0.057，在 0.05 水平上差异并不显著。由表 3-60 可知，专科均值是 3.70，本科均值是 3.67，可以看出在收集信息方面专科的学生略优于本科的学生。

表 3-60 不同学历的收集信息差异分析

学历	频数	均值	标准差	F 统计量	P 值
专科	222	3.70	0.86	3.639	0.057
本科	346	3.67	0.79		

通过独立样本 T 检验对不同学历的选择目标进行比较，P 值为 0.051，在 0.05 水平上差异并不显著。由表 3-61 可知，专科均值是 3.69，本科均值是 3.67，可以看出在选择目标方面专科的学生略优于本科的学生。

表 3-61 不同学历的选择目标差异分析

学历	频数	均值	标准差	F 统计量	P 值
专科	222	3.69	0.88	3.812	0.051
本科	346	3.67	0.78		

通过独立样本 T 检验对不同学历的制定规划进行比较，P 值为 0.415，在 0.05 水平上差异并不显著。由表 3-62 可知，专科均值是 3.71，本科均值是 3.69，可以看出在制定规划方面专科的学生略优于本科的学生。

表 3-62 不同学历的制定规划差异分析

学历	频数	均值	标准差	F 统计量	P 值
专科	222	3.71	0.84	0.666	0.415
本科	346	3.69	0.80		

通过独立样本 T 检验对不同学历的问题解决进行比较，P 值为 0.910，在 0.05 水平上差异并不显著。由表 3-63 可知，专科均值是 3.67，本科均值是

3.66，可以看出在问题解决方面专科和本科相差不大。

表 3-63　不同学历的问题解决差异分析

学历	频数	均值	标准差	F 统计量	P 值
专科	222	3.67	0.82	0.013	0.910
本科	346	3.66	0.79		

4. 专业类别差异分析

通过方差分析对不同专业的自我评价进行比较，P 值为 0.116，在 0.05 水平上差异并不显著。由表 3-64 可知，均值方面，理学是 3.21，工学是 3.62，管理学是 3.69，文学是 3.86，法学是 3.87，艺术学是 3.77，经济学是 3.66，教育学是 4.50，可以看出教育学的学生自我评价最强，理学的学生自我评价最弱。

表 3-64　不同专业的自我评价差异分析

专业	频数	均值	标准差	F 统计量	P 值
理学	13	3.21	0.88		
工学	27	3.62	0.62		
管理学	222	3.69	0.77		
文学	25	3.86	0.81		
法学	57	3.87	0.85	1.660	0.116
艺术学	124	3.77	0.81		
经济学	98	3.66	0.91		
教育学	2	4.50	0.71		

通过方差分析对不同专业的收集信息进行比较，P 值为 0.162，在 0.05 水平上差异并不显著。从表 3-65 可知，均值方面，理学是 3.28，工学是 3.54，管理学是 3.64，文学是 3.80，法学是 3.87，艺术学是 3.72，经济学是 3.65，教育学是 4.50，可以看出教育学的学生收集信息最强，理学的学生收集信息最弱。

表 3-65　不同专业的收集信息差异分析

专业	频数	均值	标准差	F 统计量	P 值
理学	13	3.28	0.83		
工学	27	3.54	0.65	1.508	0.162
管理学	222	3.64	0.76		

续表

专业	频数	均值	标准差	F 统计量	P 值
文学	25	3.80	0.83		
法学	57	3.87	0.84		
艺术学	124	3.72	0.84	1.508	0.162
经济学	98	3.65	0.91		
教育学	2	4.50	0.71		

通过方差分析对不同专业的选择目标进行比较，P 值为 0.192，在 0.05 水平上差异并不显著。由表 3-66 可知，均值方面，理学是 3.32，工学是 3.52，管理学是 3.62，文学是 3.75，法学是 3.85，艺术学是 3.75，经济学是 3.66，教育学是 4.50，可以看出教育学的学生选择目标最强，理学的学生选择目标最弱。

表 3-66　不同专业的选择目标差异分析

专业	频数	均值	标准差	F 统计量	P 值
理学	13	3.32	0.83		
工学	27	3.52	0.64		
管理学	222	3.62	0.77		
文学	25	3.75	0.87		
法学	57	3.85	0.90	1.425	0.192
艺术学	124	3.75	0.81		
经济学	98	3.66	0.90		
教育学	2	4.50	0.71		

通过方差分析对不同专业的制定规划进行比较，P 值为 0.086，在 0.05 水平上差异并不显著。由表 3-67 可知，均值方面，理学是 3.24，工学是 3.54，管理学是 3.64，文学是 3.80，法学是 3.87，艺术学是 3.78，经济学是 3.68，教育学是 4.50，可以看出教育学的学生制定规划最强，理学的学生制定规划最弱。

表 3-67　不同专业的制定规划差异分析

专业	频数	均值	标准差	F 统计量	P 值
理学	13	3.24	0.81	1.792	0.086

专业	频数	均值	标准差	F 统计量	P 值
工学	27	3.54	0.68		
管理学	222	3.64	0.78		
文学	25	3.80	0.82		
法学	57	3.87	0.88	1.792	0.086
艺术学	124	3.78	0.80		
经济学	98	3.68	0.88		
教育学	2	4.50	0.71		

通过方差分析对不同专业的问题解决进行比较，P 值为 0.116，在 0.05 水平上差异并不显著。由表 3-68 可知，均值方面，理学是 3.20，工学是 3.56，管理学是 3.62，文学是 3.77，法学是 3.83，艺术学是 3.73，经济学是 3.64，教育学是 4.50，可以看出教育学的学生问题解决最强，理学的学生问题解决最弱。

表 3-68　不同专业的问题解决差异分析

专业	频数	均值	标准差	F 统计量	P 值
理学	13	3.20	0.81		
工学	27	3.56	0.65		
管理学	222	3.62	0.77		
文学	25	3.77	0.72		
法学	57	3.83	0.83	1.660	0.116
艺术学	124	3.73	0.80		
经济学	98	3.64	0.91		
教育学	2	4.50	0.71		

四、职业决策自我效能感的研究综述

（一）国内外职业决策自我效能感的概念

职业决策自我效能感是在 Crites 关于职业选择过程中较为成熟的理论，在职业决策过程中具有重要意义。为使人们对它的概念有一个较全面的认识，本部分拟对这两方面的问题做出辨析。

首先是职业自我效能感。1977年，班杜拉把自我效能感理论运用到职业生涯领域时，职业自我效能感理论便开始广泛受到关注。班杜拉理解的自我效能感理论是个体对于完成某方面任务的能力会有一种主观的自我评价。美国心理学家哈克特（Hackett）和贝茨（Betz）最早把职业自我效能感运用于职业心理学咨询中，并且把"职业自我效能感"定义为：一个主体在从事某种工作时所产生的关于自己所能胜任的一种信念。有鉴于此，Hackett和Betz（1981）重新界定这一概念为个体对于与工作有关的行为、教育背景与职业抉择的信念及执行情况。

其次是职业决策自我效能感。Taylor和Betz（1983）对职业决策自我效能感做出了一个正式的阐释，它是指一个人在从事职业决策过程中，对于自己能否胜任各项工作任务的一种自评或自信。而国内学者彭永新和龙立荣（2001）则认为职业决策自我效能感这一概念是指一个人从事职业决策后，对于自己顺利完成各项工作任务的能力所具有的一种自评或者自信的状态。

（二）国内外有关职业决策自我效能感的影响因素研究

从当前国外已有的研究成果来看，职业决策自我效能感的因变量由外部因素与个体因素两大部分构成，其中职业成熟度和职业决策困难等为结果变量。在本书的研究中将重点探讨其影响因素。

其一，年龄或年级。Peterson（1993）在研究中发现个体的年龄、所在年级与职业决策自我效能感具有显性相关关系，且个体的年龄和年级越大，效能感越强。反之，Luzzo（1993）指出，年龄与职业决策自我效能感没有直接的关联性。张华（2007）研究发现，硕士一年级的学生职业决策自我效能感水平最高，硕士二年级的学生自我效能感水平最低，硕士三年级的学生自我效能感再次上升。蔡红霞（2010）发现，硕士一年级的学生在职业决策自我效能感上得分比硕士二年级高，硕士二年级比硕士三年级高，也就是说硕士研究生职业决策自我效能整体上呈现逐年下降的态势。万生彩（2011）发现，大一学生职业决策效能感水平最高，大三的学生职业决策效能水平最低，大四的学生职业决策效能感略低于大一的学生；也就是说大一年级、大二年级和大三年级没有线性关系。

其二，性别。Taylor和Betz（1983）、Chung（2002）、Lam和Santos（2018）赞同职业决策自我效能感同个体性别之间不存在显著相关关系，但考虑到东西方特有的人文环境以及生长环境不同，国内存在诸多见解。许存（2008）与冉红琼（2012）认为国内职业决策自我效能感在各维度上男性均高于女性。

其三，是不是独生子女。张华（2007）从硕士研究生所受的社会支持、自身人格特质和成就动机等因素与其职业决策自我效能感及其关联进行解剖，得出结论：主体是否为独生子女不影响个人职业决策自我效能。彭永新和龙立荣（2001）以大学生为被测者，提出职业决策自我效能感总分中独生子女和非独生子女之间并没有显著的关系，而信息收集能力各维度中非独生子女的效能感远低于独生子女。

其四，城乡差异。城乡间的差异决定了个体受教育水平及其他因素也必然存在差异性，进而影响个体的自我效能感。林志红和朱峰（2007）的调查结果发现：城市大学生职业发展自信心高于农村大学生，农村户籍大学生自我分析评价能力、解决问题能力较城市户籍大学生低。

其五，是否有工作经历。赵冯香（2005）指出，大学生的自我效能感和工作经历呈正相关。张华（2007）指出，有过全职工作经验的大学生效能感通常比没有工作经历的要高。因为有过工作经验的大学生对自身的工作水平有更客观的认识，这会使他们的职业决策目标更明确，选择更现实，进而有更高的效能感。同时，这种自我效能感还同个体的内在因素和外部因素有关系。首先，个体内在因素。Di Fabio 和 Saklofske（2014）提出，若学生性格较外向且做事踏实认真，则倾向于职业决策自信心较高，因此个人大五人格对职业决策自我效能感具有显著相关。詹启生和李秒（2019）发现，心理资本高的个体在完成职业决策任务过程中会过高评估自身的能力。其次，外部因素。第一，主体职业生涯的发展受家庭因素影响较大。研究认为，生活于和谐家庭环境的大学生在面临职业决策任务时会随着任务难度的增加自信心逐渐增强，但学术界对于家庭状况是否影响效能感并无一致看法，以往研究证实如果父母受教育程度较高，则孩子效能感更强，研究生的父母受教育程度与其效能感之间并无显著关联。第二，身边群众的拥护。根据 Gushue 和 Whitson（2006）的研究结果，教师若能在学生上学期间给予足够的学业支持，则职业决策中学生效能感将比较高，而陈成文等（2014）则发现个人亲属社会经济地位能够给予个人更多的就业机会，而对于个人未来职业收入并没有显著影响。

第三节　新时代大学生职业焦虑

一、职业焦虑的概念

"职业焦虑（就业焦虑）"这一概念是从中国的特殊国情出发而提出的。我国大学自 1999 年开始实施扩招政策以来，大学生数量不断增加。随着就业形势严峻、职业价值观不当等问题的出现，更有一部分毕业生在面对就业时产生了焦虑、茫然等情绪，继而发展成为职业焦虑。就目前而言，我国对职业焦虑还没有形成一个统一的认识，有学者使用"职业焦虑"这一表述大学生在面临就业时所产生的忧虑，也有学者使用"择业焦虑"这个表述具有相近或者相似的意义。在任化娟（2010）和陈浩（2015）的调查中得出"就业焦虑"与"择业焦虑"并没有本质区别，均以"就业焦虑"表述，同时本书同意这两位学者的观点，把择业焦虑看作就业焦虑。

国内专家学者基于各自的看法与研究需求，对"职业焦虑"这一概念提出各自的见解。笔者对这些看法进行了整理，发现大体上可分为两种：

第一种，职业焦虑属于状态焦虑的范畴。张弛和刘鹏（2002）将大学生作为被测量对象，采用"特质—状态焦虑调查问卷（QS-SAS）"对其进行实测，检验其在就业过程中是否存在焦虑。研究结果显示：大学生遭遇择业情况状态的焦虑水平较择业前高，而特质焦虑水平择业前后变化不大。张艺玲和黄子杰（2007）还提出就业焦虑属于状态性焦虑的一类，它会随外部条件变化而变化，就业问题凸显后，焦虑水平上升，就业问题得到解决后，随之而来的就业焦虑状况随之消失。潘鸣和陆亦佳（2006）的观点和他们不谋而合，倡导就业焦虑就是大学生在择业过程中由于种种原因可能无法达到初衷而对于很可能面临就业失败这一事实时的一种情感感受。

第二种，就业焦虑既是状态焦虑，又是生理变化。张晓琴（2005）将就业焦虑定义为主体面对就业所表现出的担忧、不安等一系列消极情绪以及由此而导致的认知、心理或者行为改变。张玉柱和陈中永（2008）选择了"择业焦虑"这一术语，他们指出择业焦虑表现为主体（尤其是刚刚参加工作的大学生）面临毕业职业选择时所产生的一种如坐针毡的消极状态，从而导致主体生理和心理的改变。任化娟（2010）提出，就业焦虑表现为大学毕业生面临择业和就业情境时所表现出的一种很难达到当初预定的就业目标甚至不能就业而感到不安、紧张和恐惧等烦躁的消极心理情绪以及由此导致的认知和生理及行为方面的负面改变。该研究还选取了大学毕业生作为被试，赞同将就业焦虑视为一种状态焦虑，与此同时，职业焦虑还导致了认知、生理和行为上的改变。

二、职业焦虑类型（维度）及测量

焦虑测量从临床心理治疗对焦虑症状研究开始，测量最经典、最有效的工具有"汉密尔顿焦虑量表（HAMA）"和"焦虑自评量表（SAS）"。汉密尔顿焦虑量表于 1959 年编制而成，一般用于确定患者焦虑状况轻重，含有 14 项小因子，可分为躯体性与精神性两类。量表得分越高，测试者焦虑水平也越高。根据测试标准，总分大于 29 分则可以视为严重焦虑，大于 21 分则可以视为轻度或者中度焦虑，如果低于 7 分则可以视为没有焦虑症状。焦虑自评量表是 Zung 于 1971 年制定的，其中正向评分 15 个问题，反向评分 5 个问题，共计 20 个问题，每个问题分为四级，得分需要对比常模或者对照组来分析，其主要目的是评估焦虑患者的主观感受，其得分规则及标准同汉密尔顿焦虑量表相近。

在焦虑研究不断深入和细化的背景下，焦虑现象越来越引起学者的关注。通过梳理已有文献可知，焦虑的测量方法得到了不断的发展和改进，测量方法主要分为以下几类：

首先使用状态—特质焦虑问卷进行调查。"状态—特质焦虑问卷（STAI）"由 Charles Spielberger 编著，是用来评估焦虑情绪与焦虑倾向的一种测量工具，有助于医学专家、行为学家等开展实证研究（王孟成等，2010）。该问卷于 1988 年译成中文并在国内开始应用。问卷由指导语和子量表两部分组成，两部分共包含 40 个题目。其中状态焦虑量表（S-AI）为 1~20 题，以 10 个问题分别表达情绪正性和负性，以测量特定情境中受测者最近或立即产生的恐惧、担忧及神经质等主观感觉。特质焦虑量表（T-AI）共 21~40 个题目，其中 9 个题目描述了正性情绪，11 个题目描述了负性情绪，以评判被试经常发生的情感体验。整份问卷所有正性情绪题目均以反向计分法进行评分，评分标准为四级。问卷现行国内常模总分为 80，若被试总分高于常模总分即视为被试焦虑，若高于 100 分即视为被试严重焦虑。

其次是焦虑自评量表的使用。Zung 于 1971 年自编焦虑自评量表（Self-Rating Anxiety Scale，SAS），共 20 题，采用四级计分标准对被测者自我测评后计算总分值，并依据总分值确定被测者有无焦虑倾向。当总分为 35~40 分时，认为被测者有中等焦虑程度；当总分为 40~80 分时，认为被测者焦虑程度较严重。对于有焦虑倾向的被试者来说，本问卷能准确、快速地反映被试的主观情绪，适用性和实用性较广泛，在不同人群中都可通用，个人可直接使用这一工具自我测评。

最后采用自编就业焦虑问卷进行调查。因为还没有一个完全适合不同层次群体的就业焦虑测评工具，所以一些研究者依据各自的研究取向，有针对性地编制出针对具体群体的就业焦虑量表。如张玉柱和陈中永（2006）共同编制了"高校毕业生择业焦虑调查问卷"，它包括四个子问卷，即就业竞争压力大、就业支持不到位、自信心不强、就业前景堪忧等。张晓琴（2005）自编了"高校毕业生就业焦虑诊断问卷"，它由就业恐惧、就业不安、面试焦虑、工作焦虑四部分组成。任化娟（2010）自编了大学生就业焦虑问卷，该问卷由就业焦虑生理行为与就业焦虑主观感受两个部分组成。上述问卷信效度都较好。不管是国内外已有量表还是研究人员自编问卷，在就业焦虑测量方面都不可能具有普适性。

三、新时代大学生职业焦虑分析

本部分分别对不同性别、年级、学历、专业进行对比研究，对新时代大学生职业焦虑及影响职业焦虑因素进行对比分析。经分析发现，上述因素对大学生职业焦虑的影响存在差异。

1. 性别差异分析

通过独立样本 T 检验对不同性别的生理行为进行比较，P 值为 0.002，在 0.05 水平上差异显著。由表 3-69 可知，男性均值是 3.21，女性均值是 2.99，可以看出在生理行为方面男性远比女性要焦虑。

表 3-69 不同性别的生理行为差异分析

性别	频数	均值	标准差	F 统计量	P 值
男	173	3.21	1.07	9.705	0.002
女	395	2.99	0.95		

通过独立样本 T 检验对不同性别的主观感受进行比较，P 值为 0.027，在 0.05 水平上差异显著。由表 3-70 可知，男性均值是 3.16，女性均值是 2.93，可以看出在主观感受方面男性远比女性要焦虑。

表 3-70　不同性别的主观感受差异分析

性别	频数	均值	标准差	F 统计量	P 值
男	173	3.16	1.07	4.920	0.027
女	395	2.93	0.97		

通过独立样本 T 检验对不同性别的个体因素进行比较，P 值为 0.005，在 0.05 水平上差异显著。由表 3-71 可知，男性均值是 3.21，女性均值是 3.01，可以看出男性比女性更容易在个体因素方面感到焦虑。

表 3-71　不同性别的个体因素差异分析

性别	频数	均值	标准差	F 统计量	P 值
男	173	3.21	1.00	7.854	0.005
女	395	3.01	0.90		

通过独立样本 T 检验对不同性别的环境因素进行比较，P 值为 0.003，在 0.05 水平上差异显著。由表 3-72 可知，男性均值是 3.20，女性均值是 3.07，可以看出男性比女性更容易在环境因素方面感到焦虑。

表 3-72　不同性别的环境因素差异分析

性别	频数	均值	标准差	F 统计量	P 值
男	173	3.20	1.01	9.120	0.003
女	395	3.07	0.86		

2. 年级差异分析

通过方差分析对不同年级的生理行为进行比较，P 值为 0.436，在 0.05 水平上差异并不显著。由表 3-73 可知，均值方面，大一年级是 3.08，大二年级是 3.09，大三年级是 2.97，大四年级是 2.83，可以看出大二年级的学生生理行为最强，大四年级的学生生理行为最弱。

表 3-73 不同年级的生理行为差异分析

年级	频数	均值	标准差	F 统计量	P 值
大一	286	3.08	0.99		
大二	183	3.09	0.94		
大三	63	2.97	1.00	0.910	0.436
大四	36	2.83	1.24		

通过方差分析对不同年级的主观感受进行比较，P 值为 0.151，在 0.05 水平上差异并不显著。由表 3-74 可知，均值方面，大一年级是 3.06，大二年级是 3.01，大三年级是 2.84，大四年级是 2.73，可以看出大一年级的学生主观感受最强，大四年级的学生主观感受最弱。

表 3-74 不同年级的主观感受差异分析

年级	频数	均值	标准差	F 统计量	P 值
大一	286	3.06	0.99		
大二	183	3.01	0.95		
大三	63	2.84	1.01	1.776	0.151
大四	36	2.73	1.29		

通过方差分析对不同年级的个体因素进行比较，P 值为 0.749，在 0.05 水平上差异并不显著。由表 3-75 可知，均值方面，大一年级是 3.08，大二年级是 3.04，大三年级是 3.17，大四年级是 2.98，可以看出大三年级的学生个体因素最强，大四年级的学生个体因素最弱。

表 3-75 不同年级的个体因素差异分析

年级	频数	均值	标准差	F 统计量	P 值
大一	286	3.08	0.95		
大二	183	3.04	0.92		
大三	63	3.17	0.81	0.406	0.749
大四	36	2.98	1.12		

通过方差分析对不同年级的环境因素进行比较，P 值为 0.730，在 0.05 水平上差异并不显著。由表 3-76 可知，均值方面，大一年级是 3.15，大二年级是 3.06，大三年级是 3.13，大四年级是 3.03，可以看出大一年级的学生环境因素最强，大四年级的学生环境因素最弱。

表 3-76　不同年级的环境因素差异分析

年级	频数	均值	标准差	F 统计量	P 值
大一	286	3.15	0.93		
大二	183	3.06	0.88		
大三	63	3.13	0.78	0.432	0.730
大四	36	3.03	1.12		

3. 学历差异分析

通过独立样本 T 检验对不同学历的生理行为进行比较，P 值为 0.779，在 0.05 水平上差异并不显著。由表 3-77 可知，专科均值是 3.06，本科均值是 3.05，可以看出在生理行为方面专科和本科相差不大。

表 3-77　不同学历的生理行为差异分析

学历	频数	均值	标准差	F 统计量	P 值
专科	222	3.06	1.00		
本科	346	3.05	0.99	0.079	0.779

通过独立样本 T 检验对不同学历的主观感受进行比较，P 值为 0.901，在 0.05 水平上差异并不显著。由表 3-78 可知，专科均值是 3.01，本科均值是 2.99，可以看出在主观感受方面专科的学生比本科的学生要焦虑。

表 3-78　不同学历的主观感受差异分析

学历	频数	均值	标准差	F 统计量	P 值
专科	222	3.01	1.02		
本科	346	2.99	1.00	0.015	0.901

通过独立样本 T 检验对不同学历的个体因素进行比较，P 值为 0.768，在 0.05 水平上差异并不显著。由表 3-79 可知，专科均值是 3.06，本科均值是 3.08，可以看出本科的学生比专科的学生更易在个体因素方面感到焦虑。

表 3-79　不同学历的个体因素差异分析

学历	频数	均值	标准差	F 统计量	P 值
专科	222	3.06	0.97		
本科	346	3.08	0.92	0.087	0.768

通过独立样本 T 检验对不同学历的环境因素进行比较，P 值为 0.697，在

0.05 水平上差异并不显著。由表 3-80 可知，专科均值是 3.08，本科均值是 3.13，可以看出本科的学生比专科的学生更易在环境因素方面感到焦虑。

表 3-80　不同学历的环境因素差异分析

学历	频数	均值	标准差	F 统计量	P 值
专科	222	3.08	0.91	0.151	0.697
本科	346	3.13	0.91		

4. 专业类别差异分析

通过方差分析对不同专业的生理行为进行比较，P 值为 0.198，在 0.05 水平上差异并不显著。由表 3-81 可知，均值方面，理学是 3.13，工学是 3.10，管理学是 2.95，文学是 3.02，法学是 2.96，艺术学是 3.18，经济学是 3.13，教育学是 4.50，可以看出教育学的学生生理行为最强，管理学的学生生理行为最弱。

表 3-81　不同专业的生理行为差异分析

专业	频数	均值	标准差	F 统计量	P 值
理学	13	3.13	0.77	1.412	0.198
工学	27	3.10	0.73		
管理学	222	2.95	0.98		
文学	25	3.02	0.90		
法学	57	2.96	1.10		
艺术学	124	3.18	0.95		
经济学	98	3.13	1.08		
教育学	2	4.50	0.71		

通过方差分析对不同专业的主观感受进行比较，P 值为 0.105，在 0.05 水平上差异并不显著。由表 3-82 可知，均值方面，理学是 3.09，工学是 3.05，管理学是 2.88，文学是 3.11，法学是 2.90，艺术学是 3.14，经济学是 3.08，教育学是 4.50，可以看出教育学的学生主观感受最强，管理学的学生主观感受最弱。

表 3-82　不同专业的主观感受差异分析

专业	频数	均值	标准差	F 统计量	P 值
理学	13	3.09	0.74	1.704	0.105
工学	27	3.05	0.72		
管理学	222	2.88	1.01		

续表

专业	频数	均值	标准差	F 统计量	P 值
文学	25	3.11	0.92		
法学	57	2.90	1.14		
艺术学	124	3.14	0.94	1.704	0.105
经济学	98	3.08	1.07		
教育学	2	4.50	0.71		

通过方差分析对不同专业的个体因素进行比较，P 值为 0.420，在 0.05 水平上差异并不显著。由表 3-83 可知，均值方面，理学是 3.11，工学是 3.07，管理学是 3.00，文学是 3.17，法学是 3.06，艺术学是 3.13，经济学是 3.12，教育学是 4.50，可以看出教育学的学生个体因素最强，管理学的学生个体因素最弱。

表 3-83　不同专业的个体因素差异分析

专业	频数	均值	标准差	F 统计量	P 值
理学	13	3.11	0.75		
工学	27	3.07	0.72		
管理学	222	3.00	0.92		
文学	25	3.17	0.76		
法学	57	3.06	1.06	1.014	0.420
艺术学	124	3.13	0.93		
经济学	98	3.12	1.02		
教育学	2	4.50	0.71		

通过方差分析对不同专业的环境因素进行比较，P 值为 0.621，在 0.05 水平上差异并不显著。由表 3-84 可知，均值方面，理学是 3.15，工学是 3.08，管理学是 3.09，文学是 3.21，法学是 3.09，艺术学是 3.14，经济学是 3.10，教育学是 4.50，可以看出教育学的学生环境因素最强，工学的学生环境因素最弱。

表 3-84　不同专业的环境因素差异分析

专业	频数	均值	标准差	F 统计量	P 值
理学	13	3.15	0.75		
工学	27	3.08	0.71		
管理学	222	3.09	0.88	0.760	0.621
文学	25	3.21	0.69		

续表

专业	频数	均值	标准差	F 统计量	P 值
法学	57	3.09	1.04		
艺术学	124	3.14	0.94	0.760	0.621
经济学	98	3.10	0.97		
教育学	2	4.50	0.71		

四、职业焦虑的研究综述

（一）国外相关研究综述

针对学术界有关职业焦虑的研究，国外专业学者大多是从心理学的视域展开对焦虑的研究。著名心理学家弗洛伊德曾指出，焦虑是主体在遇到某种危险或创伤情境时所做出的一系列不高兴的情绪反应。焦虑有动机的含义，既是一种感觉，也是一种体验，更是一种不高兴的消极情绪。有研究者曾将焦虑划分为双重表现形态，即状态焦虑和特质焦虑。国外学者的研究起点早于国内学者。国外学者拥有更加系统和完备的研究范式，在比较成熟的研究中采用了很多调查问卷与量表，以加强自身研究的科学性。其中美国心理学家斯皮尔伯格等编纂的"状态—特质焦虑量表（STAI）"受到了学界的普遍认可，该量表的作用是判别短期的状态焦虑与稳定的人格特质焦虑倾向评估之间的差异性。著名教育学家菲利普·库姆斯（Phillip H. Coombs）指出，就业市场中人才供需不平衡是大学生就业焦虑的主要原因，经济发展水平作为衡量就业市场是否饱和的主要指标，经济发展健康程度与市场的就业吸纳能力呈现显著的正相关关系。哈佛大学前校长德里克·博克（Derek Bok）从学校教育的视域展开对大学生就业焦虑现状的研究，博克指出，当代大学必须要充分做好就业的准备，勇担社会责任。著名学者戴尔·莫滕森（Dale T. Mortensen）创新性地提出了工作搜寻理论，该理论解释了大学生为什么会产生就业焦虑，劳动者为了得到满意的薪资待遇，就会在就业市场中搜索合适自己的工作。在寻找工作的过程中，劳动者需要付出时间成本、生活成本及其他隐性的就业机会，如果劳动者找工作时间越长，其获得满意工作的可能性就会越大，但是劳动者的边际成本也会随之增加，当劳动者满意工作的期望收益大于边际成本时，就会持续找工作，反之则会停止找工作（王爱琳，2020）。

（二）国内相关研究综述

虽然国内关于就业焦虑的研究起步于 20 世纪 90 年代，但也取得了一系列丰硕的研究成果。国内对就业焦虑的研究多集中在大学生身上。21 世纪初期，国内学界对该理论的关注逐渐升温，逐渐从理论探讨过渡到实证研究，并取得了一定成果。

当前，国内研究者主要通过问卷、量表对就业焦虑的现状进行分析，主要包括三大类：第一类是运用现有的问卷和量表进行研究，最具代表性的量表和问卷有"焦虑自评量表""症状自评量表""状态—特质焦虑问卷"；第二类是依据不同的研究对象编制的问卷；第三类是采用别人编制的问卷对自己特定的研究对象进行调查。不论使用哪种调查问卷，其主要内容大致分为两方面：

第一，毕业生就业焦虑的发展特点研究。已有研究结果发现大学生在面临就业情境时普遍存在就业焦虑现象，焦虑程度有轻有重，少部分会出现重度就业焦虑，绝大部分学生处于一般焦虑状态。在探究其焦虑规律时，主要探讨了就业焦虑在性别、是否独生子女、所学专业、城乡等维度的差异性，但由于测量工具不同，其研究结论也必然不同。例如，在性别维度上，朱晓娣（2008）认为，高校男生的就业焦虑程度高于女生，而林洁（2010）的研究则恰恰相反。此外，康文艳（2006）指出，就业焦虑与性别没有内在的关联性。在不同专业维度，张丽荣（2011）选取体育学校不同专业的学生进行研究，结果显示不同专业大学生的就业焦虑水平不存在差异水平。也有研究者选取师范生进行调查时发现，师范类的文科生就业焦虑程度远远高于理科生。在独生子女维度，代凤（2013）研究指出，独生子女个体就业焦虑水平高于非独生子女，这是由于非独生子女受到成长环境的影响，具有较强的适应能力，在遇到事情时能够做到系统性的思考；然而也有研究者认为就业焦虑程度与是否独生不存在关系。关于城乡间存在的差异维度，刘娜娜（2012）认为无论学生来自城市或农村，都不是导致他们就业焦虑程度出现显著差异的主导因素，来自农村的学生就业焦虑的程度要高于来自城市的学生就业焦虑的程度，之所以农村的学生比城市的学生就业焦虑程度高，可能是由地域和生长环境的限制造成的，生活在农村的孩子见闻比不上城市的孩子，父母的关注也比较少，致使生活在农村中的孩子不够自信、性格内向等。选取研究对象的差异性、测量工具的差异性，就必然导致对就业焦虑的研究结果也存在差异性，这是以后研究需要特别关注的问题。

第二，就业焦虑与其他变量因素的相关研究。部分专家学者采用自编调查问卷得出影响就业焦虑的不同因素，并对不同的影响因素进行研究。例如，蒋芸（2008）在研究艺术生就业焦虑时发现，性因素、自信心、就业前景、就业压力和社会支持五个因子是影响就业焦虑的主要因素。也有专家学者对影响就业焦虑的因素进行分析，归结影响就业焦虑的因素主要分为内部因素和外部因素两部分，其中内部因素主要包括个体自身方面存在的问题，外部因素则主要包括家庭、学校和社会方面等外部环境。从已有的研究看，也有部分学者选择其他变量来研究就业焦虑的影响因素。例如，张本钰等（2012）研究师范毕业生的就业焦虑时发现，心理弹性和自我和谐高的大学生，就业焦虑就会低，即两者与就业焦虑呈负相关关系；但是心理弹性不能对就业焦虑做出判断，而通过自我和谐却能够作出判断。吴佳（2016）在研究高职院校大学生就业焦虑时指出，就业焦虑与社会支持呈现负相关关系。因此，缓解高职院校大学生的就业焦虑，就需要进一步完善社会支持系统。对已有的研究成果的梳理可知，关于就业焦虑的研究虽然成果丰厚，但也存在一定的不足。

首先，当前已有的研究对中职生院校的大学生缺乏关注。目前就业焦虑研究中多侧重高等院校的大学生或研究生群体，缺乏有关中职生就业焦虑的研究。近年来随着国家对专业技能型人才需求增加，中职院校的招生规模也在逐年扩大，其毕业生也日益增多。因此在进行相关就业焦虑研究时必须给予中职院校的毕业生关照。

其次，已有的研究结果存在的差异性大，尚没有达成统一的认识。造成这种差异性的原因主要集中在两个方面：一是测量工具的不一致性，二是选取样本的差异性。在现有研究结果中，还需要进行更全面更科学的研讨，例如在性别、独生子女、生源地等方面的差异研究性结果在学界尚未形成统一的认识。在今后，我们更应关注好此类问题。

最后，量表编制的普适性强，缺乏针对性。现有量表和问卷都是在借鉴以后研究的基础上，选择普适性比较强的问卷，从而没有针对性地编制调查问卷。比如在中职生的调查量表中，大部分是采用高校毕业生设计的，并没有专门针对中职生对象制定的测量工具。同时在设置问卷题项时，应针对性地对相关变量进行设计，进而贴近中职生的实际，以便得出科学的有价值的调查数据。针对缺乏中职生专门调查量表的现状，马丽芳（2018）阅读了大量文献，在参考前者研究基础上，结合中职生实际，编制了专属于中职生的就业焦虑问卷。用问卷调查对中职生就业焦虑的产生的结构和内在规律进行了系统剖析，分析了中职生就业焦虑与心理弹性、社会支持三者之间的内在关联，有助于帮助中职生缓解就业压力，克服对就业的恐慌和消极影响，保持良好的态度去面对就业。

第四章 新时代大学生的就业创业

第一节　新时代大学生的就业意向

一、就业意向的概念

明确"就业意向"这一概念前，必须先明确"就业"这一概念。《现代汉语词典》（第7版）中是这样解释的：就业是指"得到职业；参加工作"。从经济学角度分析，就业是指有劳动能力，能利用生产资料进行社会劳动，并能从中取得报酬或者经营收入等经济活动的主体。国际劳工组织认为，就业就是人们为了获得报酬或者利润而在正当年龄界限之内进行的工作。当前对就业较为权威的界定是"有劳动权利和活动能力的就业意愿的处于法定劳动年龄的公民从事法律许可的劳动并取得相应劳动报酬或者经营收入"。对于"就业意向"这一概念，国内外学术界有不同的阐释。国外学者Lent等（1994）把就业意向定义为职业目标。宋子斌等（2006）指出就业意向是指主体选择某一职业与否的意图度，它预示着一种选择行为。一些学者认为就业意向是指学生打算从事某一职业或从事某一职业的愿望程度以及对这一职业发展前景的肯定。就业意向这一概念现在被专家学者们普遍接受的界定为：求职者在进行择业时，基于对其专业能力的理解以及对其将来从事专业的预期。在进行择业时所呈现出来的各种水平的择业趋向，是随现实就业人才市场而改变的动态需要，因而存在着一定程度的不稳定性，但它又强化了其原有的就业需要，并最终影响其就业抉择。在本书中，笔者认为就业意向指就业主体对于某一特定就业指标所持有的知觉与态度，也指他们对于即将从事的专业所持有的一种心理预期。

二、就业意向类型（维度）及测量

1. 就业意向的结构维度

以就业意向为因变量，根据研究目的与依从基准，各研究者所给出的就业意向的结构维度也并非完全一致。李钰（2019）将毕业时的去向选择、就业区域选择、就业单位类型和收入底线作为就业意向测度维度。蒋传和等（2002）把就业意向表达为八个维度：毕业后的预期、完成工作的途径、专业对口的程度、预期工作的职业类型、可能工作的场所、可接受的月收入、单次工作的持续时间、最终工作的结果。徐向飞（2005）从毕业时的选择倾向、毕业时首选的企业、在偏远地区与欠发达地区的就业情况、首次就业可接受的待遇、出国留学国家五个维度，对浙江省大学生就业意向做了实证调研。孙颖（2011）选择了毕业时就业区域、就业单位种类、目标就业月份起薪、专业对口程度、毕业时去向抉择作为就业意向测量维度。综合而言，学者们将毕业时预期、就业区域选择、就业职业类型、就业起薪预期、就业单位类型以及专业对口程度作为就业意向测评维度存在一致性看法。

很多学者都是从更宽泛的意义上认识就业意向。以就业意向为研究对象，因变量结构维度包括就业认知、就业期望和就业结果三个部分。就业认知呈现的是毕业生对于就业这一现象的整体判断与态度，反映出毕业生主体潜在的需求；就业期望体现出毕业生对于自己未来事业的趋向与期盼；就业结果体现出毕业生对于就业认知与预期的现实考验，以确保正确的就业意向。就业预期包括如毕业后预期、就业地区选择、就业职业类型、就业起薪预期、就业单位类型，以及专业度和就业通道、就业方式和职业理想等。就业认知这一维度被用来测量毕业生积极构建就业行为的意识与能力，其中所含维度存在于研究对象就业形势的识别、对就业政策的反应和对相关要素的感知三个方面。就业期望这一维度是用来测量毕业生在职业选择上的具体位置，它的组成指标主要有就业地区期待、薪资水平期待、就业方向期待、职业方向期待和返乡就业意愿。就业结果这一维度被用于毕业生就业意向对比研究与验证研究中，在识别控制变量之后，将已经顺利就业与未顺利就业毕业生人群进行就业意向对比，从而识别就业意向误区。该研究通过能否顺利就业、就业协议的单位层次、就业的实际影响因素和就业得益因素四个指标对该维度进行识别。为方便读者对就业意向的结构维度有清晰的认知，特制定图4-1。

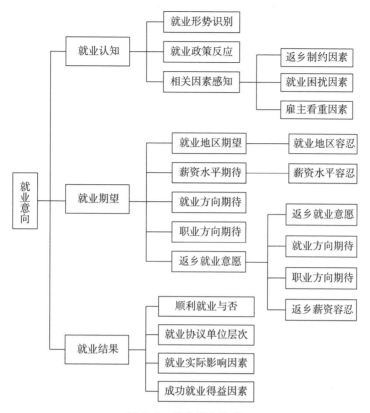

图 4-1　就业意向构成

2. 就业意向的影响维度

在就业意向的影响因素确认上，陈岩松（2004）采用问卷调查法，发现目前对大学生就业产生干扰的条件有政府、高校、就业市场、用人单位以及毕业生本人等诸多因素。杨娇华（2009）认为高等教育大众化导致大学生就业困难，其核心影响因素在于大学生就业结构性矛盾突出。齐昕和刘家树（2011）采用 Logit 模型进行实证验证，证实了大学生性别特征、英语水平、社会实践和兼职经验对就业机会比率有相对较大影响，说明在大学生就业过程中存在显著的性别与经验歧视现象。一些专家和学者从供应链的视角剖析了大学生就业影响因素并进行了实证分析，研究结果发现：供、购等不同节点对于大学生就业需求的反应具有差异性，但总体上就业需求反应将沿高等教育供应链的处理路径渐增。具体而言，供应和采购节点都对大学生就业需求反应相对较弱，每个节点上的大学生分链自我构建能力直接作用于就业需求，而教育机构分链则需要借助大学生专业爱好因素；环境因素对于大学生就业需求有显著积极作用，家庭因素、个人因素以及社会因素对于大学生就业需求之间的相关程度依次提高。张承平等（2008）采用职场研究专家 Bill Caplin 理论，通过调查问卷量表多次量化归纳出 29 个大学生就业影响因素（见表 4-1），其中 23 个就业影响因素中用人单位与大学生两者间具有显著重要度的感知差异。

表 4-1　大学生就业影响因素

主观因素					客观因素
日常成绩	健康状态	自信	领导能力	个人形象	性别
专业知识	城市率直	主动性	组织能力	举止得体	家庭背景
外语水平	责任心	合作精神	分析能力	公民意识	毕业院校知名度
计算机能力	吃苦耐劳	学习能力	创新能力	工作经验	国家就业政策
学历层次	职业道德	人际能力	适应能力	—	就业信息的获得

喻名峰等（2012）对 2001~2011 年关于大学生就业问题的文献进行了综述，从学术研究层面来说，涉及大学生就业有五大要素，即社会资本、人力资本、择业观念、就业储备和就业政策。综合概括来看，学者比较一致地将影响大学生就业的因素主要集中在四个方面：能力、理念、资本和政策（体制），以大学生就业意向为对象进行研究也会得出这样的结论。陈勇（2012）将大学生就业能力分为专业能力、通用能力、个人品质和职业规划能力四个层面，并创建大学生就业能力影响因素模型来深入剖析大学生就业行为之间的复杂联系。杨四海和陈玉君（2006）则从文化学视角剖析了大学生择业观念特点，包括功利思想强、逐权意识强、偏好城市及其他发达地区、自主创业意识不足等，这些都是当前大学生择业观念上的严重偏差。而在就业意向的影响因素研究方面则较少有学者从人力资本与社会资本视角切入。

高耀等（2010）特别从人力资本与社会资本的角度分析了它们对大学生就业行为所产生的影响。结果显示：若人力资本越丰富，家庭资本越充足，则高校大学生就越有可能前往热门企业、沿海发达城市工作，与之相对应的是他们对工作所产生的薪资期望也就越高。另外本书研究发现，人力资本、家庭资本显著影响高校学生自主创业的意愿，特别是显著影响他们前往西部、基层及艰苦地区工作的意愿，"高校毕业生所在学校类型、学校层次、专业类型、学历层次及政治面貌"，"人力资本"，"家庭资本"，"社会资本"，"个人人力资本"，"个人平均月收入"，"单位人力资本"，各因素之间都有显著差异。

也有专家和学者从制度环境角度出发对大学生就业意向进行了解剖，得出了大学生选择以劳动力市场为主进行择业的主要原因在于劳动力市场的制度性分割而不是大学生理念滞后。赵玮（2008）关于大学生择业意向研究的文献综述也从以上几方面展开了文献回顾：以劳动力市场制度性分割为主要因素，以家庭背景与环境为次要因素，以文化为更深层要素。基于上述文献分析研究，本书将高校毕业生就业意向影响维度简化为四个基本维度——能力、观念、资本、政策，符合前人所作的理论基础分析，也就是分别对应就业能力理论、职业价值观理论、人力资本理论及社会资本理论，支持联盟框架理论。从实证的根本要求出发，本书所称"能力"更多地指向高校毕业生知识、技能和职业储备等方面。

　　综合就业能力理论已有研究成果，研究中将就业能力分为个人基础能力与职业面向能力两个一级指标。个人基础能力体现了个人毕业选择职业时所已具备的知识与技术，以及主体完成的实践训练能力。这个一级指标不仅用于标志主体所学到的实际技能，而且还标志着主体本身具有的学习理念与积极态度，其下设二级要素，即知识能力、技术能力与实践能力。职业面向能力映射了被测者直接面向就业的储备与培训，它分为被试未来职业规划认知与所做的切实实践。该一级指标下有两个二级测评指标：职业规划意识和职业专项训练。本书认为，"能力"这一维度既没有关注如创新能力、分析能力、组织能力、协作能力以及适应能力这类主体所固有的特质层面上的技能，又没有关注如诚实、正直、负责以及自制力这类常规层面上的品质。究其原因，这几方面能力难以量化，这将加大研究的不确定性。此外，将许多就业能力结构理论所确定的价值观、动机和其他因素从"能力"维度上剔除，而放在"理念"这一层面上加以对待。胜任力模型下产生的个人特质在本次研究中不加关注，将其动机（需求）和自我概念统一纳入"概念"维度。能力维度的构成如图 4-2 所示。

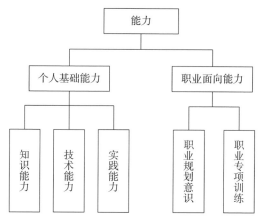

图 4-2　就业意向影响因素之能力维度构成

本书认为，"观念"这一就业意向影响因素维度就是指主体对于职业生涯与就业行为所持有的基本意识、判断与评价，它体现了主体具体的价值与行为倾向。无独有偶，本书也将所谓"理念"与"价值观念"等同起来，这一理念由就业行为倾向与职业价值倾向两大一级指标构成。就业行为倾向则主要体现在主体选择职业过程中对于某一具体因素重要性的评判，反映了高校毕业大学生对于职业外部价值与外部报酬的认知与评判，也体现了毕业生就业之时短期的就业期望。

在借用美国心理学家舒伯所编制的职业价值观量表的基础上，本书的研究采用工作环境、安全性、职业声誉、经济报酬、生活方式五个二级指标来进行测量，同时将毕业时行为选择看作参考指标。职业价值倾向主要是指主体对其职业生涯结果的期盼和职业生涯中看作最重要的东西和最不能放弃的东西的判定，这是主体形成的人生价值观的职业生涯反映，深刻影响了其终极职业方向与目标。综合前文引用的众多职业价值观结构模型后，本书将职业价值倾向这个一级指标分解为四个二级指标：内在价值（能力提高、兴趣爱好发展），外在价值（个人才干施展空间、转换岗位机会、占有自由时间、人际关系扩展、工作压力），经济收益（经济收益提高），威望收益（升迁机会、权力大小）。此外，本书还以最后的职业成果和职业阶段安排为参考指标。内在价值本意是衡量个人本身智力激发和成就的需要；外在价值本意是衡量一个人选择专业的工作环境条件（包括工作自由度、工作压力和人际关系）；经济收益衡量一个人对所选专业所能产生的经济收益是否看重；威望收益侧重于衡量一个人权力上的需要。观念维度的构成如图 4-3 所示。

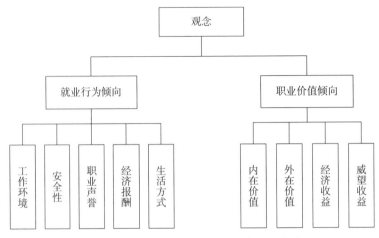

图 4-3　就业意向影响因素之观念维度构成

　　"资本"这一就业意向影响要素维度，主要维度指主体现实中占有的有助于主体做出职业抉择的各类外部资源。本书将"资本"维度划分为人力资本与社会资本两大一级指标。人力资本是被实际获得的教育、培训、健康保健及技能等个体可以转化的存量。在本书的研究中采用四个二级指标对其进行测度：被试毕业院校、学科类别、政治资本和在校教育投资。院校学科是用来衡量教育学习存量差异性的学科，而总投入则是用来衡量在受教育期间所花费的成本。通常在人力资本构成的诸要素中，机会成本和健康因素并不属于本书的研究范畴。社会资本作为主体拥有的外在助益条件被划分为家庭资本和人际资本两个二级指标。家庭资本由家庭给予多种帮助，人际资本则看重主体从家庭以外获得的多种帮助，社会资本对高校毕业生就业行为的选择具有社会支持系统作用，它既包括正式社会支持系统（如高校和政府），也包括非正式社会支持系统（如家庭和私人关系）。资本维度构成如图4-4所示。

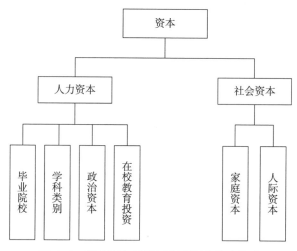

图4-4　就业意向影响因素之资本维度构成

　　本书认为，"政策"主要指为能帮助高校毕业生实现就业，国家出台的一系列相应政策，政策的研究对象是选取国家出台的针对基层及西部地区的就业政策。以影响因素为重点研究高校毕业生面向基层、面向西部的就业政策感知。以四个一级指标对该维度进行测量，即基层就业政策、西部就业政策、中小企业吸纳政策和自主创业政策。其中，将基层就业政策划分为大学生村官政策、"三支一扶"政策和农村特岗教师计划三个二级指标。国家宏观就业调控的政策仅是对机制的分析及对策建议的重视，而不是量化分析。政策维度构成如图4-5所示。

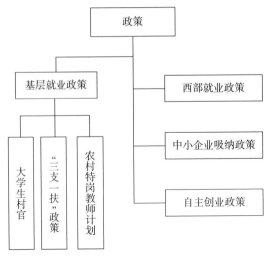

图 4-5　就业意向影响因素之政策维度构成

三、新时代大学生的就业意向分析

本部分分别对不同性别、年级、学历、专业进行对比研究，对新时代大学生就业意向及影响就业意向因素进行对比分析。经分析发现，上述因素对大学生就业意向的影响存在差异。

1. 性别差异分析

通过独立样本 T 检验对不同性别的职业价值观系统进行比较，P 值为0.000134，在 0.05 水平上差异显著。由表 4-2 可知，男性均值是 3.51，女性均值是 3.38，可以看出在职业价值观系统方面男性略高于女性。

表 4-2　不同性别的职业价值观系统差异分析

性别	频数	均值	标准差	F 统计量	P 值
男	173	3.51	0.86	14.793	0.000134
女	395	3.38	0.68		

通过独立样本 T 检验对不同性别的就业期待系统进行比较，P 值为 0.014，在 0.05 水平上差异显著。由表 4-3 可知，男性均值是 3.55，女性均值是 3.49，可以看出在就业期待系统方面男性略高于女性。

表4-3 不同性别的就业期待系统差异分析

性别	频数	均值	标准差	F 统计量	P 值
男	173	3.55	0.83	6.114	0.014
女	395	3.49	0.70		

通过独立样本 T 检验对不同性别的就业准备系统进行比较，P 值为 0.001，在 0.05 水平上差异显著。由表 4-4 可知，男性均值是 3.55，女性均值是 3.40，可以看出在就业准备系统方面男性略高于女性。

表4-4 不同性别的就业准备系统差异分析

性别	频数	均值	标准差	F 统计量	P 值
男	173	3.55	0.83	10.737	0.001
女	395	3.40	0.69		

2. 年级差异分析

通过方差分析对不同年级的职业价值观系统进行比较，P 值为 0.205，在 0.05 水平上差异并不显著。由表 4-5 可知，均值方面，大一年级是 3.48，大二年级是 3.36，大三年级是 3.32，大四年级是 3.39，可以看出大一年级的学生职业价值观系统最强，大三年级的学生职业价值观系统最弱。

表4-5 不同年级的职业价值观系统差异分析

年级	频数	均值	标准差	F 统计量	P 值
大一	286	3.48	0.75	1.532	0.205
大二	183	3.36	0.75		
大三	63	3.32	0.64		
大四	36	3.39	0.81		

通过方差分析对不同年级的就业期待系统进行比较，P 值为 0.393，在 0.05 水平上差异并不显著。由表 4-6 可知，均值方面，大一年级是 3.55，大二年级是 3.46，大三年级是 3.41，大四年级是 3.58，可以看出大四年级的学生就业期待系统最强，大三年级的学生就业期待系统最弱。

表 4-6　不同年级的就业期待系统差异分析

年级	频数	均值	标准差	F 统计量	P 值
大一	286	3.55	0.75		
大二	183	3.46	0.75	0.999	0.393
大三	63	3.41	0.64		
大四	36	3.58	0.81		

通过方差分析对不同年级的就业准备系统进行比较,P 值为 0.250,在 0.05 水平上差异并不显著。由表 4-7 可知,均值方面,大一年级是 3.49,大二年级是 3.40,大三年级是 3.33,大四年级是 3.55,可以看出大四年级的学生就业准备系统最强,大三年级的学生就业准备系统最弱。

表 4-7　不同年级的就业准备系统差异分析

年级	频数	均值	标准差	F 统计量	P 值
大一	286	3.49	0.73		
大二	183	3.40	0.76	1.373	0.250
大三	63	3.33	0.61		
大四	36	3.55	0.87		

3. 学历差异分析

通过独立样本 T 检验对不同学历的职业价值观系统进行比较,P 值为 0.302,在 0.05 水平上差异并不显著。由表 4-8 可知,专科均值是 3.43,本科均值是 3.41,可以看出在职业价值观系统方面专科和本科相差不大。

表 4-8　不同学历的职业价值观系统差异分析

学历	频数	均值	标准差	F 统计量	P 值
专科	222	3.43	0.77	1.067	0.302
本科	346	3.41	0.73		

通过独立样本 T 检验对不同学历的就业期待观系统进行比较,P 值为 0.362,在 0.05 水平上差异并不显著。由表 4-9 可知,专科均值是 3.53,本科均值是 3.49,可以看出在就业期待观系统方面专科的学生略高于本科的学生。

表 4-9　不同学历的就业期待系统差异分析

学历	频数	均值	标准差	F 统计量	P 值
专科	222	3.53	0.76	0.833	0.362
本科	346	3.49	0.73		

通过独立样本 T 检验对不同学历的就业准备系统进行比较，P 值为 0.398，在 0.05 水平上差异并不显著。由表 4-10 可知，专科均值是 3.49，本科均值是 3.42，可以看出在就业准备系统方面专科的学生略高于本科的学生。

表 4-10　不同学历的就业准备系统差异分析

学历	频数	均值	标准差	F 统计量	P 值
专科	222	3.49	0.76	0.717	0.398
本科	346	3.42	0.72		

4. 专业类别差异分析

通过方差分析对不同专业的职业价值观系统进行比较，P 值为 0.166，在 0.05 水平上差异并不显著。由表 4-11 可知，均值方面，理学是 3.13，工学是 3.33，管理学是 3.36，文学是 3.56，法学是 3.50，艺术学是 3.48，经济学是 3.43，教育学是 4.50，可以看出教育学的学生职业价值观系统最强，理学的学生职业价值观系统最弱。

表 4-11　不同专业的职业价值观系统差异分析

专业	频数	均值	标准差	F 统计量	P 值
理学	13	3.13	0.77	1.497	0.166
工学	27	3.33	0.51		
管理学	222	3.36	0.70		
文学	25	3.56	0.55		
法学	57	3.50	0.82		
艺术学	124	3.48	0.78		
经济学	98	3.43	0.82		
教育学	2	4.50	0.71		

通过方差分析对不同专业的就业期待系统进行比较，P 值为 0.164，在 0.05 水平上差异并不显著。由表 4-12 可知，均值方面，理学是 3.12，工学是 3.31，

管理学是 3.49，文学是 3.59，法学是 3.60，艺术学是 3.53，经济学是 3.52，教育学是 4.50，可以看出教育学的学生就业期待系统最强，理学的学生就业期待系统最弱。

表 4-12　不同专业的就业期待系统差异分析

专业	频数	均值	标准差	F 统计量	P 值
理学	13	3.12	0.75		
工学	27	3.31	0.51		
管理学	222	3.49	0.71		
文学	25	3.59	0.60		
法学	57	3.60	0.78	1.500	0.164
艺术学	124	3.53	0.79		
经济学	98	3.52	0.80		
教育学	2	4.50	0.71		

通过方差分析对不同专业的就业准备系统进行比较，P 值为 0.104，在 0.05 水平上差异并不显著。由表 4-13 可知，均值方面，理学是 3.12，工学是 3.22，管理学是 3.41，文学是 3.53，法学是 3.55，艺术学是 3.50，经济学是 3.45，教育学是 4.50，可以看出教育学的学生就业准备系统最强，理学的学生就业准备系统最弱。

表 4-13　不同专业的就业准备系统差异分析

专业	频数	均值	标准差	F 统计量	P 值
理学	13	3.12	0.76		
工学	27	3.22	0.48		
管理学	222	3.41	0.68		
文学	25	3.53	0.57		
法学	57	3.55	0.82	1.710	0.104
艺术学	124	3.50	0.79		
经济学	98	3.45	0.81		
教育学	2	4.50	0.71		

四、就业意向的研究综述

（一）国内相关研究现状

虽然国内有关大学生就业意向的研究起步较晚，但近几年来经过持续不断的努力，也取得了丰厚的成果。目前学术界对大学生就业意向的研究有三个层面，分别是就业意向的现状、影响因素和解决问题的建议，前两个层面具体内容如下：

首先，关于就业意向现状的研究。当前专家学者关于就业意向的研究，大多是从就业前景态度、就业地区选择、意向单位选择、月薪要求、毕业时选择去向以及择业标准六个维度展开分析，既取得了共识，又在一定程度上存在着差异。从就业前景态度而言，岩磊等（2006）针对医学专业本科学生择业心理所做的调查结果显示，约有部分学生对于毕业时期望之就业前景不满，大部分大学生对就业前景没有持乐观的态度，仅有 2% 的学生认为未来的就业环境十分乐观。在关于就业地域选择上，赖德胜和吉利（2003）的调查发现，有 41.5%的大学生有想去西部工作的倾向。伴随我国西部大开发战略规划的实施和西部地区基础设施的完善，越来越多的大学生愿意前往西部地区就业。在大学生理想就业地域选择的一项调查中显示，大多数的大学生更想在沿海开放城市工作，只有少数毕业生毕业后能够接受去三四线城市和西部以及农村偏远地区工作。

其次，关于就业意向影响因素的研究。迄今为止，国内对于影响高校毕业生就业意向的因素尚未形成一个系统完备的研究框架，大多数研究仍处于零散状态，缺乏系统性的研究。当前大多数专家学者都是从社会学或心理学的角度对就业意向的影响因素展开分析，但也有部分专家学者从经济学的角度进行实证分析。对于影响高学历毕业生就业意向因素的研究，一些学者认为这与一定社会制度有关。而另一些专家学者则认为我国古代传统文化影响大学生的就业倾向，还有一些学者则认为高校毕业生的就业意向受到专业选择和课程设置的影响。主要的研究有以下内容：赖德胜（2001）利用劳动力市场分割理论对大学生择业取向成因的分析表明：大学生择业取向是受我国当前制度环境的影响而形成的，中国劳动力市场具有制度性分割特征，大致划分为主、次两级劳动力市场。这两个市场具有一定差异性，既表现为求职的概率，工资和社会保障都有很大差别，又表现为这种高度制度性流动成本导致大学生不愿进入次要劳动力市场而千方百计地滞留于主要劳动力市场。

（二）国外相关研究现状

国外对就业意向的研究明显早于国内，在管理学与心理学视角下进行研究的早期理论有帕森斯的因素理论，该理论把主体选择职业类型归因于三方面：理解工作性质与工作环境、理解自己的爱好与才能，以及以上两者的权衡与契合。当我们清楚认识到自己的主观因素以及社会工作所需要的条件之后，再将两者加以比较分析，并找出与其相匹配的专业，这一理论又被称为"人－职匹配论"。著名心理学专家约翰·霍兰德（John Holland）提出的职业兴趣理论是当前国内外就业意向研究中最具有权威性的学说。他指出，主体的兴趣爱好、性格类型与其职业的选择三者之间存在着密切的联系，个人的职业选择受到其兴趣爱好和性格的深刻影响。约翰·霍兰德把人的性格分为六个特殊的种类，分别是实际型、艺术型、钻研型、社交型、企业型和历史型，每种性格的人都会对对应的职位的劳作中产生动力。

还有一个比较著名的理论是金斯伯格提出的职业发展理论。他将职业的选择和进化视为一种稳定的、相互关联的运作过程，并将个体的职业发展时间划分为幻想期、尝试期和发展期，并且不同的阶段都对应着独有的特征和对职业的要求，阶段性的变化是否能够完成将会对未来的职业进化产生深远的影响。随后这一理论得到休普和萨帕的进一步完善和发展，把职业发展时间划分为幻想、试验、尝试、维持、衰退五个阶段。此后美国心理学家鲍丁和施加提出了著名的心理动力理论，指出职业是来满足主体需要的，主体的内在驱动力和心理需求在职业抉择的过程中有决定性的作用，主体会主动挑选满足自身需求和喜好的职业。与心理动力论的观点不同的是罗伊认为个人对职业的选择受到家庭教育等外在环境的影响，从而提出了自己的见解，建构了心理需求理论。

第二节　新时代大学生创业意愿

一、创业意愿的概念

在社会心理学的研究视域下，意愿作为一种客观的行为预测指标受到关注。为进一步阐释创业行为并对创业活动进行预测，创业领域的研究重心开始逐步转向创业意愿。1988年，"创业意愿"首次被提出，对于主体创业行为有较强的预测作用，它是一种引导创业者为实现某一目标付出大量时间、精力与行为的心理状态。

创业意愿是创业行为发生的前提，它是主体因素和社会因素共同作用于创业行为的中介变量以及创业主体关于创业意愿的主观态度趋向。创业行为是否被执行，取决于创业意愿。整体上创业意愿越强，主体越倾向于参与创业活动。

不论是区域试图谋求发展或组织竭力革新，他们都必须首先有创业意愿才会从事创业活动，亦即意愿为行动先导。从这一点上来看，对主体创业意愿的研究更具有理论意义与现实意义。

创业意愿被更进一步理解为潜在创业者关于是否可以参与创业活动的主观认知，它是对主体所具有的与创业者特质相似程度及主体在创业过程中所表现出来的态度与能力的常规性说明，可以更好地预测创业行为。

通过对前人研究观点进行概括总结，本书建议应该把有创业意愿的研究对象和只具有创业特质的研究对象分开。有创业意愿主体应该同时满足两方面的条件：一是有创建新企业的潜力，二是并不会拒绝这一潜力。

因此，创业意愿就是主体计划成立企业并在未来某一刻有意识地主动实施。基于上述专家、学者的看法，本书对创业意愿这一概念的定义，包括创业者对于自己能否进行创业活动所持有的主观心态，是主体与创业者特质相似度，以及创业态度和创业能力等因素的总体反映。

二、创业意愿类型（维度）及测量

创业意愿分为两个维度：一个是创业者意愿，即内部控制点，另一个是其他利益相关者，如外部控制点。2002 年，创业意愿被提出包含三个子维度——前瞻性、革新和风险承担，并详细分析了创业环境在三个子维度中的作用。另外，我国专家学者还就创业维度建构问题展开了研究和分析。如范巍和王重鸣在 2005 年建构了一个适用于中国情境的个人创业意向测量模型，该模型由创新导向、成就导向、个人控制、自我尊重和责任意识五个维度组成。

创业意愿既是主体在创业活动中的一种地位，又是一种期待，更是一种主要的内在驱动力。因此，创业意愿是评价主体在参与创业活动中所付出努力的一个重要客观指标。下面将重点对国外和国内有关创业意愿测量方法进行梳理分析。

（1）单维度测量方法。在创业意愿单维度测量中，Chen 等（2009）采用五个题项单维度量表对创业意愿进行了测量，量表信度较好，达到 0.92。以"未来五年至十年创业兴趣度""进入未开发领域及在此领域建立有发展潜力企业之兴趣度""以收购方式让企业取得发展优势之兴趣度"为研究对象，利用单维度以两个不同时点来衡量创业意愿之信度系数分布于 0.85~0.88。在结合此研究结果基础上，编制出跨文化背景创业意愿六个题项的量表，从个体层面衡量创业认知对于创业意愿方面的影响程度，其内部一致性系数达到 0.953。Thompson（2009）依据 Chen 等（2009）的研究成果，开发出一套含六个题项的创业意愿问卷，并利用李克特六级量表针对"将来准备开办企业""为了创业攒钱""会求时间学创业""未规划开设企业""永远不会寻求创业机会""永远不会读有关如何开设企业之书"等题项赋值得分，此问卷经检定与分析后，发现具有不错的信度与效度。Lee 等（2011）使用两个题项单维度考察创业意愿的影响因素，其中两个题项分为"我一直都想要创业""只要有机会我就会开创属于我的事业"两个维度，实证表明此量表的信度较好。

国内专家和学者对于单维度衡量创业意向也做过不少研究，其研究内容如下：莫寰（2009）通过对中国情境下大学生创业意向路径分析与研究，使用单一维度衡量大学生创业意向，量表信度达到 0.606，依据"看很多人都创业了，而且我还非常愿意创业""如果有选择权的话，我就会更加愿意创业""预计五年内会创业"这三个问题答案衡量创业意向强度。李海翔（2012）采用 Lifitan 和 Chen（2009）的研究并将量表运用到大学生样本测量中，解剖了大学生创业心理资本和创业意向两者间的联系，从各方面了解了个体创业行为背后的心理状况，测量结果具有较好的信度与效度。

参考 Shepherd 等（2021）的创业意愿研究方法，并使用李克特五点量表，从"毕业即刻创业概率是多少""毕业五年内创业概率是多少？""毕业 5~10 年内创业概率是多少？"三个方面衡量大学生的创业意愿。解蕴慧等（2013）通过探讨我国大学生样本特点，依据 Armitage 和 Conner（2001）编制出四个题项单维度的大学生创业意愿的量表，采用李克特五级量表进行分析，经实证分析证明其信度达到 0.95 且内部一致性较好。胡晓龙和徐步文（2015）对创业素质、创业文化、创业意愿进行了相关分析，并结合研究特点对 Thompson（2009）原来量表的扰题项进行了删减，最终编制了六题项量表。郗浩（2015）以单一维度来衡量创业意愿，依据"你有没有未来建立新企业之意图"等一系列问题的解答来判断被测者有无创业意愿，蔡颖和李永杰（2015）以大学生对"你对于创业之向往度"等一系列问题的回答赋分，发现创业意愿越高，回答的得分就越高。孟新和胡汉辉（2016）借鉴李海垒等在 2011 年和 Krueger

（2000）对于创业意愿的研究结果，以"我要做创业者"和"有了资本之后我必定要创业"四个题目之单维度来衡量个人创业意愿之高低。

（2）多维度测量方法。多维度测量方法是从多个层面分析个体的创业意愿，广受国外学者的欢迎。笔者整理了国外创业意愿维度的划分，如表4-14所示。

表4-14　国外关于创业意愿维度划分

作者	维度
Shapero 和 Sokol（1982）	感知期望、感知可行性、行为偏向
Katz 和 Gartner（1988）	理性意愿、直觉意愿
Bird（1988）	理性、直觉
Robinson 和 Haynes（1991）	成就需求、个体控制、创新性、自我尊重
Lumpkin（1996）	自主、革新、风险、积极、竞争进取
Lechner 和 Dowling（2003）	风险承受性、内控点、外部感知、创业态度等
Westlund 和 Bolton（2003）	创新性、先动性、自主性
Baughn 等（2006）	创业自我效能、支持要素等
Van Gelderen 等（2006）	兴趣、考虑、自由职业倾向、受限制时的职业倾向、行为期望
Levenburg 和 Schwarz（2008）	创新性、自我尊重、风险倾向、创新性、控制焦点
Rauch 等（2009）	自主性、竞争性、创新性、先动性、风险倾向性

在国内多维度衡量创业意愿中，使用的调查问卷主要以范巍和王重鸣（2005）编制创业意愿调查问卷为主，该问卷由创业需求性与创业可行性两部分组成，采用李克特五级量表，并已证明具有良好的信度。贺丹（2006）分别从创业可能与创业准备双重维度来衡量它们对于大学生创业意向的影响效应，借助于 TPB 模型分析大学生创业意向影响因素。李永强等（2022）对创业意愿进行兴趣、思考、自由专业偏好、受限制情况下专业偏好及行为期望五重向度的测量，而毛雨（2022）对创业意愿影响因素进行分析研究时也是使用李永强（2008）的划分标准，对创业意愿进行衡量，并由之前的兴趣计划、喜好计划及受限制情况下专业喜好及行为期望编制出大学生创业意向量表来避免大学生创业意向主观判断，从而得出较为权威的结论。后来汤明等（2017）以强度、方向和持续性三个维度对创业意愿进行衡量，并对未来选择建立企业概率大小、创业区域、企业选址和持续经营概率进行分析，同时对创业风险与难度

和对创业成功向往进行分析。李海垒等（2011）提出创业意愿可以在目标和实施两个维度上衡量，编制了适合大学生群体的量表。齐昕和刘家树（2011）在参考李永强（2008）和郭洪等（2009）研究成果的基础上，运用多维度测量方法对大学生创业意愿进行测量，并从责任承担与无责任承担两个维度共四个题项对个体创业意愿进行了评估。陈文娟等（2012）采用基于 Van Gelderen（2006）提出的多变量测量法对兴趣、自由职业爱好和行为期望三个维度共 21条子项进行创业意愿综合测量。刘万利等（2011）在已有研究的基础上提出创业意愿兼具理性与直觉两大特点，使用李克特七级量表对创业意愿进行了衡量，包括是否频繁考虑过创业、是否产生过创业想法以及近期创业概率三个维度。姚晓莲（2014）主要参考了李海垒等（2011）的调查，并在目标意愿角度下通过六个题项对创业意愿进行衡量。张玲（2014）对创业意愿的衡量，从近期创业意愿与远期创业意愿两个层面编制创业意愿量表，在远程教育学生预调研基础上修订问卷，最后形成两个维度六个题项，并用此量表剖析创业学习影响创业意愿的机理。在 Lumpkin（1996）、Rauch 等（2009）关于个体创业意愿阐释基础上，王杰民（2015）在预调研基础上设计创业学习影响大学生创业意愿问卷，在风险性、创新性和先动性三个维度上重复修订与调整每个题项，共编制九份大学生群体创业意愿测量问卷。

总之，本章通过对国内外有关创业意愿测量方法进行总结，发现对个体创业意愿进行测量并不只是单纯的创业与否，还涉及个体的创业倾向水平。基于自身创业意愿进行单一主观判断，忽视了创业意愿在主体行为中的响应，并且测度结果易受到主体主观想法限制，对于个体实际意愿认知精度较低。

三、新时代大学生创业意愿分析

本部分分别对不同性别、年级、学历、专业进行对比研究，对新时代大学生创业意愿及影响创业意愿因素进行对比分析。经分析发现，上述因素对大学生创业意愿的影响存在差异。

1. 性别差异分析

通过独立样本 T 检验对不同性别的创业意愿进行比较，P 值为 0.000016，在 0.05 水平上差异显著。由表 4-15 可知，男性均值是 3.47，女性均值是 3.27，可以看出男性的创业意愿略高于女性。

表 4-15　不同性别的创业意愿差异分析

性别	频数	均值	标准差	F 统计量	P 值
男	173	3.47	0.89	18.911	0.000016
女	395	3.27	0.71		

2. 年级差异分析

通过方差分析对不同年级的创业意愿进行比较，P 值为 0.061，在 0.05 水平上差异并不显著。由表 4-16 可知，均值方面，大一年级是 3.38，大二年级是 3.34，大三年级是 3.09，大四年级是 3.28，可以看出大一年级的学生创业意愿最强，大三年级的学生创业意愿最弱。

表 4-16　不同年级的创业意愿差异分析

年级	频数	均值	标准差	F 统计量	P 值
大一	286	3.38	0.77	2.471	0.061
大二	183	3.34	0.78		
大三	63	3.09	0.68		
大四	36	3.28	0.92		

3. 学历差异分析

通过独立样本 T 检验对不同学历的创业意愿进行比较，P 值为 0.240，在 0.05 水平上差异并不显著。由表 4-17 可知，专科均值是 3.36，本科均值是 3.31，可以看出专科学生的创业意愿略高于本科学生。

表 4-17　不同学历的创业意愿差异分析

学历	频数	均值	标准差	F 统计量	P 值
专科	222	3.36	0.81	1.383	0.240
本科	346	3.31	0.75		

4. 专业类别差异分析

通过方差分析对不同专业的创业意愿进行比较，P 值为 0.054，在 0.05 水平上差异并不显著。由表 4-18 可知，均值方面，理学是 3.12，工学是 3.21，管理学是 3.24，文学是 3.48，法学是 3.42，艺术学是 3.45，经济学是 3.32，教育学是 4.50，可以看出教育学的学生创业意愿最强，理学的学生创业意愿最弱。

表 4-18 不同专业的创业意愿差异分析

专业	频数	均值	标准差	F 统计量	P 值
理学	13	3.12	0.78		
工学	27	3.21	0.39		
管理学	222	3.24	0.72		
文学	25	3.48	0.61		
法学	57	3.42	0.87	1.996	0.054
艺术学	124	3.45	0.78		
经济学	98	3.32	0.91		
教育学	2	4.50	0.71		

四、创业意愿的研究综述

（一）国内相关研究现状

当前，一些变量对于创业意向的作用机理还没有被完全验证，以大学生群体为研究对象对其创业意向的研究尚有不足。因此，有必要进一步加深有关我国大学生群体创业意愿的研究，深入研究大学创新能力和创业认知对创业意向的影响机制是非常有必要的。张云川等（2011）在《大学生创业意向影响因素研究》一文中写到当前大学生创业意向状况特征，提出：已创业大学生和非创业大学生创业意向总水平及两个维度（创业意向的可能性与行为倾向）均具有显著差异性，男大学生创业意向及两个维度均显著高于女大学生，大二年级大学生创业意向及两个维度显著高于其他年级大学生，理工类大学生创业意向及两个维度显著优于文科类大学生，家长是企业家、私营主或者个体户者创业意向及两个维度均显著优于家长在行政事业单位（机关单位、教育单位）工作。

（二）国外相关研究现状

丁明磊和丁素文（2011）提到 Krueger 和 Brazeal（1994）指出自我效能感是影响创业意向诸多前因变量中的最为重要的关键变量，它能比较好地预测大学生的创业意向。当代大学生从主观能力经验、客观社会资源及外在宏观环境等方面将个体主观能动性视为创业成功的主要影响因素。Krueger等（1994）认为，个人在从事创业之前必须首先形成创业意识，而只有那些有相当程度创业意图的潜在创业者才能真正从事创业。Bird（1988）给"创业意向"下的定义是带领创业者去追求某一目标的同时投注了大量的时间、精力与行为的心理状态。他指出个体或社会因素必然会通过意向的形成对主体创业行为产生作用。Bird也认为，创业意向是最关键的决策思维之一，它充当着观察关系、观察资源、观察变革的入口，是理性分析思维（以目标为导向的行为）和直观整体思维（以远景为导向）这两大思维方式共同决定的，创业主体对于这两大思维方式的运用受认知结构与认知风格等多种因素的限制。

第三节　新时代大学生创业激情

一、创业激情的概念

Baum等（2001）把创业激情视为创业者所具有的特征，并认为创业激情作为成功创业领导者所具有的特征以及创业者所具有的普遍而稳定的生存特征，能够促使创业者应对不确定性与资源困乏的困境。但在现实创业中，伴随着新创企业不断壮大，个人创业激情也会随时间推移减弱甚至消失，创业激情即主体对于创业活动的喜爱程度。创业研究领域对于情绪影响的相关研究也越来越多，情绪对于个人参与创业活动具有重要意义。创业激情这一重要情绪因素是推动创业活动进行的关键变量，对于创业激情的认识角度也从特质观点逐步演变为情绪观点。Cardon（2008）着重指出创业激情是指个体在创业活动中所能获得的一种积极情绪体验，它与角色认同有关，尤其是对创业者自我认同具有重要意义。定义包含两层意思：一是创业激情所涉及的是一种正面和强烈的感情感受，热情是持久的、非短暂的；二是热情感受为了达到创业目标。认同对于创业者来说具有重大意义，热情包含了创业者与其他重要角色之间一种深层次的身份关系——角色认同。创业激情是一种强烈而正面的情绪，它并非创业者与生俱来，是驱动创业者从事某些认同非常重要任务的要素，例如创新者认同、创建者认同、发展者认同等都是创业激情在个人身上的重要表现。同时，创业激情分为创新激情、创造激情、发展激情，其中创新激情指个体对于辨别和探索机会及其他相关活动的热情，创造激情指个体对于参与机会利用及参与新企业建立活动的热情，而发展激情则指个体对于初创企业及企业成长的热情。基于三种创业激情，根据情绪感染理论分析创业激情对于员工产生的作用，认为职员创业激情源于员工与管理者之间的目标与价值分享，创业激情认知能够提升员工对于目标清晰度与情感承诺的能力。Chen 等（2009）从创业激情激发创业活动这一动机视角出发，将创业激情视为创业者强烈的外在情感表现，伴随认知和观念的产生而产生，能够激励潜在创业者将创业思想内化为行为意愿并参与到创业实践中。

国内对于创业激情研究有待进一步深化和发展。谢雅萍等（2020）对于国外创业激情相关研究的梳理与归纳，得出创业激情这一概念应该包含个体、团队和组织三个维度。宋亚辉（2017）把创业激情视为一种企业家激情，认为创业激情是外在工作环境和员工个体因素综合影响下的工作感知评价、正面或负面感知评价以及工作动机内化三方面协同效应的产物。梁祺等（2019）主要参考 Cardon 研究出具有创业激情的个人在不同创业阶段会辨识出环境信息、创意或线路，并能够持之以恒地投入到创业活动中，而具有创业自信心的个人对于创业成功有较高自我认知且创业目标较为清晰。方卓和张秀娥（2016）也基于 Cardon 研究进一步明确了创业激情对于创业者发现机会、探索新产品或者管理方法至关重要，而积极情绪会促使创业者对于创业结果给予肯定，从而提升个体创业自我效能感。

总之，大学生群体在创业活动中更易受创业者、创业典型和创业氛围等因素的影响，他们的创业行为更多的是从情感角度进行分析，因此本书选取大学生作为研究对象，从情感角度分析大学生创业激情对于创业活动的影响。研究中主要借鉴 Cardon 等（2009）提出的创业激情概念，因此创业激情就是指个人在创业活动不同阶段，因应创业活动的不同认同所衍生出对于该阶段的创业活动所具有的强烈感情偏向，以刺激个人主动地参与创业活动。

二、创业激情类型（维度）及测量

学术界对创业激情的理论与实证分析研究不断深入与扩展，以创业激情为对象的测量方式研究逐步深入。近年来，国内外学者在创业激情研究中使用了如下两种定量测量方法：

第一，Valleran 和 Houlfort（2003）以激情二元模型为理论基础，以强制激情与和谐激情为维度开发出创业激情量表，其信度为 0.70 和 0.85。该量表共由 14 题组成，强制激情和和谐激情各包含 7 题。该量表验证了强制激情、和谐激情和个体心理适应性三者之间的关系。该量表在实证分析中的研究范围有：使用量表证实和谐激情或许和正向主观幸福感有关，但强制激情或许带来负面体验。借助此量表考察和谐激情和强制激情这两种热情对于员工工作绩效之间的影响，并同时分析认知参与（吸收认知以及注意力认知）对于两者的中介作用。Jamil 等（2014）从强制激情和和谐激情两方面分析创业激情对于个人目标动机与行为参与的影响。从以上研究来看，热情两维度量表信度与效度较高，成为将工作热情研究导入创业热情实证研究的最主要研究手段。

国内学者对激情二元模型的运用也做了大量的实证分析。许科等（2022）以自我认知理论为基础，在 454 份针对某企业职工的调查问卷中探讨了职工和谐激情，强制激情在建言行为中的影响。陈亮和张小林（2014）从社会交换理论出发，选取了 300 名企业员工及领导作为被试者，实证分析了激情二元模型对组织变革的影响，结果表明：工作激情和变革支持行为表现出正相关，变革型领导风格影响了两者间的正相关关系。宋亚辉（2015）选取 204 名员工及主管作为被试者，基于激情二元模型分析了员工创业激情如何影响创造性绩效的感知、动机和情感机制。

第二，Cardon（2008）以创新激情、创建激情和发展激情三个维度为研究对象，根据创业者的不同身份进行创业激情的判别，开发出包含 15 个问题的量表。创新激情、创造激情和发展激情各由五个子维度构成。从积极情绪与身份认同两个维度进一步分别对三种创业激情进行测量，一共包含 13 个问题，对比之前与之后所提出的两种创业激情测量方法可以看出，第二种测量方法根据积极情绪以及身份认同来分别对创业激情进行度量，而删去了两个不具有显著信度的问题。

对于两个量表的使用情况，分别从创业者的创新热情、创建热情和发展热情三个角度对创业热情的传递作用进行了解剖。通过调查发现：相对于创新激情、创建激情而言，员工对创业者发展热情的感知更强，这是因为发展激情更加贴近个体未来的成长，更能反映出未来成长的方向。在创新激情、创建激情和发展激情三个维度上核验创业激情在创业自我效能和创业持久性之间的中介作用，发现量表具有较高信度与效度，新企业的创建并非由一系列稳定的事件链所构成，而是包括成功与反馈在内的动态过程（Lichtenstein et al.，2007）。

因此，创业激情在不同阶段也存在着相对的动态变化，使用不同的阶段来划分创业激情更能满足创业活动动态性的要求。但是这种测量方式在国内已有的创业激情实证研究中仍需进一步深化。

三、新时代大学生创业激情分析

本部分分别对不同性别、年级、学历、专业进行对比研究，对新时代大学生创业激情及影响创业激情因素进行对比分析。经分析发现，上述因素对大学生创业激情的影响存在差异。

1. 性别差异分析

通过独立样本 T 检验对不同性别的愉悦进行比较，P 值为 0.056，在 0.05 水平上差异并不显著。由表 4–19 可知，男性均值是 3.59，女性均值是 3.36，可以看出男性要比女性更愉悦。

表 4–19　不同性别的愉悦差异分析

性别	频数	均值	标准差	F 统计量	P 值
男	173	3.59	0.92	3.654	0.056
女	395	3.36	0.84		

通过独立样本 T 检验对不同性别的心流进行比较，P 值为 0.003，在 0.05 水平上差异显著。由表 4–20 可知，男性均值是 3.64，女性均值是 3.43，可以看出在心流方面男性略优于女性。

表 4–20　不同性别的心流差异分析

性别	频数	均值	标准差	F 统计量	P 值
男	173	3.64	0.91	8.939	0.003
女	395	3.43	0.77		

通过独立样本 T 检验对不同性别的韧性进行比较，P 值为 0.014，在 0.05 水平上差异显著。由表 4–21 可知，男性均值是 3.66，女性均值是 3.47，可以看出男性的韧性略高于女性。

表 4-21 不同性别的韧性差异分析

性别	频数	均值	标准差	F 统计量	P 值
男	173	3.66	0.90	6.055	0.014
女	395	3.47	0.77		

通过独立样本 T 检验对不同性别的冒险进行比较，P 值为 0.001，在 0.05 水平上差异显著。由表 4-22 可知，男性均值是 3.69，女性均值是 3.45，可以看出男性比女性更爱冒险。

表 4-22 不同性别的冒险差异分析

性别	频数	均值	标准差	F 统计量	P 值
男	173	3.69	0.93	10.335	0.001
女	395	3.45	0.78		

通过独立样本 T 检验对不同性别的身份认同进行比较，P 值为 0.014，在 0.05 水平上差异显著。由表 4-23 可知，男性均值是 3.54，女性均值是 3.22，可以看出男性比女性更有身份认同感。

表 4-23 不同性别的身份认同差异分析

性别	频数	均值	标准差	F 统计量	P 值
男	173	3.54	0.98	6.042	0.014
女	395	3.22	0.90		

2. 年级差异分析

通过方差分析对不同年级的愉悦进行比较，P 值为 0.019，在 0.05 水平上差异显著。由表 4-24 可知，均值方面，大一年级是 3.51，大二年级是 3.43，大三年级是 3.13，大四年级是 3.35，可以看出大一年级的学生最愉悦，大三年级的学生最不愉悦。

表 4-24 不同年级的愉悦差异分析

年级	频数	均值	标准差	F 统计量	P 值
大一	286	3.51	0.83	3.328	0.019
大二	183	3.43	0.88		
大三	63	3.13	0.86		
大四	36	3.35	1.04		

通过方差分析对不同年级的心流进行比较，P 值为 0.181，在 0.05 水平上差异并不显著。由表 4-25 可知，均值方面，大一年级是 3.56，大二年级是 3.48，大三年级是 3.37，大四年级是 3.33，可以看出大一年级的学生心流最强，大四年级的学生心流最弱。

表 4-25　不同年级的心流差异分析

年级	频数	均值	标准差	F 统计量	P 值
大一	286	3.56	0.79		
大二	183	3.48	0.80	1.632	0.181
大三	63	3.37	0.81		
大四	36	3.33	1.07		

通过方差分析对不同年级的韧性进行比较，P 值为 0.133，在 0.05 水平上差异并不显著。由表 4-26 可知，均值方面，大一年级是 3.60，大二年级是 3.49，大三年级是 3.44，大四年级是 3.32，可以看出大一年级的学生韧性最强，大四年级的学生韧性最弱。

表 4-26　不同年级的韧性差异分析

年级	频数	均值	标准差	F 统计量	P 值
大一	286	3.60	0.80		
大二	183	3.49	0.82	1.871	0.133
大三	63	3.44	0.78		
大四	36	3.32	1.02		

通过方差分析对不同年级的冒险进行比较，P 值为 0.081，在 0.05 水平上差异并不显著。由表 4-27 可知，均值方面，大一年级是 3.59，大二年级是 3.50，大三年级是 3.34，大四年级是 3.35，可以看出大一年级的学生最爱冒险，大三年级的学生最不爱冒险。

表 4-27　不同年级的冒险差异分析

年级	频数	均值	标准差	F 统计量	P 值
大一	286	3.59	0.83		
大二	183	3.50	0.83	2.257	0.081
大三	63	3.34	0.73		
大四	36	3.35	1.07		

通过方差分析对不同年级的身份认同进行比较，P 值为 0.000026，在 0.05 水平上差异显著。由表 4-28 可知，均值方面，大一年级是 3.44，大二年级是 3.34，大三年级是 2.89，大四年级是 2.98，可以看出大一年级的学生身份认同最强，大三年级的学生身份认同最弱。

表 4-28　不同年级的身份认同差异分析

年级	频数	均值	标准差	F 统计量	P 值
大一	286	3.44	0.87		
大二	183	3.34	0.90		
大三	63	2.89	0.99	8.127	0.000026
大四	36	2.98	1.20		

3. 学历差异分析

通过独立样本 T 检验对不同学历的愉悦进行比较，P 值为 0.467，在 0.05 水平上差异并不显著。由表 4-29 可知，专科均值是 3.48，本科均值是 3.40，可以看出专科的学生要比本科的学生更愉悦。

表 4-29　不同学历的愉悦差异分析

学历	频数	均值	标准差	F 统计量	P 值
专科	222	3.48	0.88		
本科	346	3.40	0.86	0.530	0.467

通过独立样本 T 检验对不同学历的心流进行比较，P 值为 0.733，在 0.05 水平上差异并不显著。由表 4-30 可知，专科均值是 3.54，本科均值是 3.47，可以看出在心流方面专科的学生略优于本科的学生。

表 4-30　不同学历的心流差异分析

学历	频数	均值	标准差	F 统计量	P 值
专科	222	3.54	0.82		
本科	346	3.47	0.82	0.117	0.733

通过独立样本 T 检验对不同学历的韧性进行比较，P 值为 0.549，在 0.05 水平上差异并不显著。由表 4-31 可知，专科均值是 3.54，本科均值是 3.51，可以看出专科的学生的韧性略高于本科的学生。

表4-31 不同学历的韧性差异分析

学历	频数	均值	标准差	F 统计量	P 值
专科	222	3.54	0.83	0.359	0.549
本科	346	3.51	0.81		

通过独立样本 T 检验对不同学历的冒险进行比较，P 值为 0.423，在 0.05 水平上差异并不显著。由表 4-32 可知，专科均值是 3.54，本科均值是 3.51，可以看出专科的学生比本科的学生更爱冒险。

表4-32 不同学历的冒险差异分析

学历	频数	均值	标准差	F 统计量	P 值
专科	222	3.54	0.85	0.643	0.423
本科	346	3.51	0.83		

通过独立样本 T 检验对不同学历的身份认同进行比较，P 值为 0.700，在 0.05 水平上差异并不显著。由表 4-33 可知，男性均值是 3.41，本科均值是 3.26，可以看出专科的学生比本科的学生更有身份认同感。

表4-33 不同学历的身份认同差异分析

学历	频数	均值	标准差	F 统计量	P 值
专科	222	3.41	0.93	0.149	0.700
本科	346	3.26	0.93		

4. 专业类别差异分析

通过方差分析对不同专业的愉悦进行比较，P 值为 0.151，在 0.05 水平上差异并不显著。由表 4-34 可知，均值方面，理学是 3.10，工学是 3.33，管理学是 3.34，文学是 3.59，法学是 3.55，艺术学是 3.51，经济学是 3.46，教育学是 4.50，可以看出教育学的学生最愉悦，理学的学生最不愉悦。

表4-34 不同专业的愉悦差异分析

专业	频数	均值	标准差	F 统计量	P 值
理学	13	3.10	0.76	1.539	0.151
工学	27	3.33	0.57		
管理学	222	3.34	0.85		
文学	25	3.59	0.77		

续表

专业	频数	均值	标准差	F 统计量	P 值
法学	57	3.55	0.99		
艺术学	124	3.51	0.87		
经济学	98	3.46	0.92	1.539	0.151
教育学	2	4.50	0.71		

通过方差分析对不同专业的心流进行比较，P 值为 0.446，在 0.05 水平上差异并不显著。由表 4-35 可知，均值方面，理学是 3.27，工学是 3.30，管理学是 3.47，文学是 3.59，法学是 3.56，艺术学是 3.54，经济学是 3.51，教育学是 4.50，可以看出教育学的学生心流最强，理学的学生心流最弱。

表 4-35　不同专业的心流差异分析

专业	频数	均值	标准差	F 统计量	P 值
理学	13	3.27	0.81		
工学	27	3.30	0.52		
管理学	222	3.47	0.78		
文学	25	3.59	0.62		
法学	57	3.56	0.96	0.978	0.446
艺术学	124	3.54	0.85		
经济学	98	3.51	0.89		
教育学	2	4.50	0.71		

通过方差分析对不同专业的韧性进行比较，P 值为 0.361，在 0.05 水平上差异并不显著。由表 4-36 可知，均值方面，理学是 3.14，工学是 3.41，管理学是 3.51，文学是 3.64，法学是 3.50，艺术学是 3.59，经济学是 3.54，教育学是 4.50，可以看出教育学的学生韧性最强，理学的学生韧性最弱。

表 4-36　不同专业的韧性差异分析

专业	频数	均值	标准差	F 统计量	P 值
理学	13	3.14	0.81		
工学	27	3.41	0.66	1.100	0.361
管理学	222	3.51	0.80		

专业	频数	均值	标准差	F 统计量	P 值
文学	25	3.64	0.66		
法学	57	3.50	0.95		
艺术学	124	3.59	0.83	1.100	0.361
经济学	98	3.54	0.84		
教育学	2	4.50	0.71		

通过方差分析对不同专业的冒险进行比较，P 值为 1.339，在 0.05 水平上差异并不显著。由表 4-37 可知，均值方面，理学是 3.11，工学是 3.40，管理学是 3.47，文学是 3.62，法学是 3.52，艺术学是 3.62，经济学是 3.55，教育学是 4.50，可以看出教育学的学生最爱冒险，理学的学生最不爱冒险。

表 4-37 不同专业的冒险差异分析

专业	频数	均值	标准差	F 统计量	P 值
理学	13	3.11	0.79		
工学	27	3.40	0.62		
管理学	222	3.47	0.79		
文学	25	3.62	0.70		
法学	57	3.52	0.98	1.339	0.230
艺术学	124	3.62	0.84		
经济学	98	3.55	0.92		
教育学	2	4.50	0.71		

通过方差分析对不同专业的身份认同进行比较，P 值为 0.069，在 0.05 水平上差异并不显著。由表 4-38 可知，均值方面，理学是 3.12，工学是 3.33，管理学是 3.18，文学是 3.41，法学是 3.34，艺术学是 3.44，经济学是 3.45，教育学是 4.50，可以看出教育学的学生身份认同最强，理学的学生身份认同最弱。

表 4-38 不同专业的身份认同差异分析

专业	频数	均值	标准差	F 统计量	P 值
理学	13	3.12	0.77	1.891	0.069

续表

专业	频数	均值	标准差	F 统计量	P 值
工学	27	3.33	0.76		
管理学	222	3.18	0.97		
文学	25	3.41	0.77		
法学	57	3.34	1.07	1.891	0.069
艺术学	124	3.44	0.86		
经济学	98	3.45	0.92		
教育学	2	4.50	0.71		

四、创业激情的研究综述

综合来看，创业激情研究逐渐受到学者们的重视，专家学者们运用定性与定量分析相结合的方法开展了诸多研究，厘清了创业激情概念及维度，分析了创业激情与其认知、行为及创业绩效的互动关系，同时还在自我体验及他人感知层面上对创业激情进行调查并得出一定研究成果。但在宏观方面，有关研究尚存在较大不足，有待深化研究。

第一，创业激情概念不一致导致概念认识模糊。以情感为视角诠释创业激情正日益被学术界所接受，但创业激情和情感两者间的差异与联系仍不清楚。对于创业激情构成的探索刚刚开始，除 Cardon 等（2013）所建构的创业激情二维模型外，创业激情是否可以通过其他维度来表达，或者这些维度能否进一步细化到二级指标以得到较好的评估，有待于进一步探讨。另外，目前研究者多从个体层面对创业激情加以分析，团队层面上创业激情又分为团队凝聚力、认知冲突与情绪冲突三个维度，但是未做深入实证分析，在组织层面上，创业激情问题也未被学者研究。但是关于组织情绪研究中发现组织暗含了五种情绪：个人内部情绪、个人之间情绪、人际互动情绪、团队情绪和组织情绪（Ashkanasy，2003）。对于创业激情这一积极情绪体验，其在组织层面上的内在含义、结构和功能至今仍未被完全阐明。

第二，缺乏关于创业激情由来及创业激情影响因素的系统综合研究。目前只有极少数专家和学者的研究探讨过创业身份认同能够诱发创业激情，而是否还存在其他因素对创业激情存在影响还需进一步验证。一些学者主张，创业者的创业激情体验会受到其所处企业发展阶段的影响，同时也会受到其成长背景和生活经历差异的影响，例如年龄、性别、受教育程度、企业寿命以及以往创业次数等因素，然而这些因素均是主观上的认识，还未经过实证检验。尤其相关要素对创业激情影响的机理过程尚不清晰，创业激情生成仍处于"黑箱"状态。

第三，尚未对创业激情对创业活动的影响机理进行全面而系统的研究，这一领域的研究仍处于初级阶段。当前一些学者正在探索创业激情与认知、行为、创业绩效三个方面之间的相互作用，以期深入了解它们之间的内在联系。然而，对于创业激情在认知、行为和绩效方面的作用机制，我们仍缺乏实证研究。一些学者的研究提出创业激情存在正负效用，创业激情会因程度的差异而做出不同的响应，以及如何通过实施有效的激情管理以发挥其积极作用并消除其消极作用等问题均有待深入研究。此外，创业活动复杂多样，除认知、行为和绩效等因素外，创业激情对创业活动是否也会产生影响等问题至今仍不确定。

第四，研究已经逐步重视感知创业激情效用。当前国内外专家学者仅考察了企业雇员与投资者这两类人群对创业者创业热情的诱导作用，重点考察了所知觉到的创业热情的积极效用。创业激情能否作用于其他利益相关者，知觉到的创业激情能否给知觉到的人群带来什么影响、是否存在消极情绪等问题有待深入挖掘。

第五，缺乏适用于中国情境下的研究。社会文化视角下的情感理论着重阐述了情感和个体所处社会情境之间存在着密切的内在关联。国内创业界高度认可创业激情所扮演的角色，但如何把创业激情变成真实的创业绩效是创业者所遇到的主要阻碍，亟须理论研究的相应支撑，当前，我国在创业激情方面的文献比较匮乏，理论研究滞后于现实需求，因此有必要展开一项系统性的工作，以适应中国创业环境下的创业激情研究。

通过对上述文献的梳理和考察，笔者认为创业激情是一个涵盖社会学、心理学、生理学及管理学等多个领域的交叉性研究，而对这一理论的研究尚且处于"萌芽阶段"，因此未来的研究需要进一步夯实理论基础，并开展跨学科的创业激情交叉研究。以"影响因素—创业激情—效用"的逻辑建构了创业激情研究的整合框架（见图4-6），为创业激情的后续研究提供了借鉴。

这一整合框架能够系统回答创业激情究竟为何物、从哪里来以及具有何种功能这三个问题，从而帮助系统认识创业激情如何推动创业活动。依据本章建构框架并综合现有研究，认为未来的研究可在下列几个层面进行：

第一，梳理创业激情内涵，建构了综合概念体系并编制相关测量表。创业

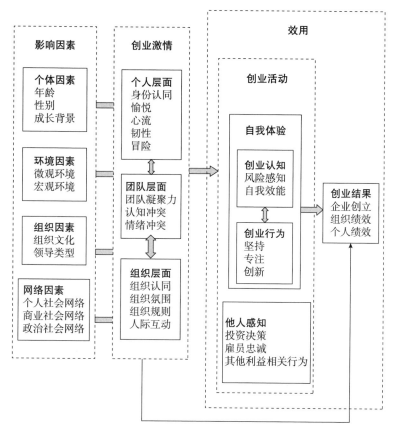

图 4-6　创业激情研究整合框架

激情研究应进行多学科研究，除创业者自身和创业团队外，企业也逐渐成为创业主体。创业是一场情感之旅（Baron，2008），它把主体的热情延伸至团队领域和组织领域研究中。情感的理论已在团队和组织两重层面上得到了验证。激情内涵相关研究更认同从情绪角度对创业激情进行剖析，Drnovsek 等（2009）的研究也对"团队创业激情"这一概念进行了解释。未来研究可参考情绪理论相关研究探讨创业激情不同维度内涵。

　　第二，创业激情的概念是多维度的，有必要在不同的层面上加以剖析。在基于情绪理论的相关研究基础上，笔者认为个体层面的创业激情可被划分为五个维度：身份认同、快感、心流、韧性和冒险；团队层面的创业激情则可被划分为三个维度：团队凝聚力、认知冲突和情绪冲突；组织层面的创业激情则可被划分为四个维度：组织认同、组织氛围、组织规则和人际互动。

　　第三，学术界对个体层面创业激情量表较为认同，未来还应着力于发展其他层面创业激情有效量表，特别是要发展团队激情与组织激情，以定量方式对创业激情进行科学、有效测量，继而促进创业激情实证分析。

第四，对创业激情前置变量进行分析并解释其产生机理。情绪是一种自我组织系统，它是由多种涉及主体生理、社会情境的因素交互作用而形成的（Dickson et al.，1998）。影响创业激情生成与发展的要素有很多，未来可从个人、环境、组织和网络四个层次对创业激情影响要素进行综合解析。其中，个人层面可考虑年龄、性别、成长背景；环境层面应从宏观、微观两个维度深入研究；组织层面需充分考虑组织文化，领导类型两个方面，网络层面应重点关注个人社会网络、商业社会网络、政治社会网络三个层面。此外，还应探讨各种因素对创业激情约束的机理过程，并对有无中间变量影响进行分析，从而厘清创业激情生成机理，揭示创业激情生成"黑箱"，为其他创业激情研究提供依据。

第五，对创业激情带来的效用进行了深入剖析。首先，从自我体验和他人感知等角度探讨创业激情对创业活动的影响机制。分析创业者的创业激情如何影响自我创业认知和创业行为，尤其是着重研究其影响途径，探讨员工和投资者等利益相关者是如何感受创业激情以及所感知到的创业激情是如何作用于他们的认知与行为等环节的。其次，创业激情如何作用于创业结果。既分析创业激情对于创业结果的直接影响，也要深入剖析创业激情如何通过影响创业活动进而影响创业结果的。再次，从积极和消极两个方面对创业激情效用进行分析，并对创业激情程度和效用的关系进行解剖。最后，研究探讨创业激情的管理策略。创业激情是把"双刃剑"，它既能产生正向效应又能产生负向效应，对创业者、创业团队以及组织进行有效的激情管理就成了发挥其正效用而避免其负效用的关键问题。在未来的发展中，应借助于分析个人、团队和组织是如何理解、协调、指导、交互和调控自己的热情与他人的热情，进一步发展驾驭热情的技能，这样才能确保个人、团队及组织都保持较好的热情状态，从而获得较好的管理效果，把创业的内在热情转化为创业的有效实践力，进而提高创业成功率。

第六，对当前中国创业情境进行多元研究。鉴于我国现有相关研究中存在的不足，本章在充分吸收国外研究成果并结合我国创业情境编制了相关测量量表，进一步探究创业激情如何影响创业活动。当前研究方法较为单一，大多数是采用开发测量量表并通过问卷调查进行实证研究，这样既不能明确创业激情对创业活动的能动作用，也不能进一步探究创业激情自身的能动演化过程。在今后的研究中，可采用实验法和案例研究法来加深对创业激情的生成与功能研究，还可采用动态跟踪法深化跨越时序纵向创业激情研究。

第五章

新时代大学生个性特征与职业价值观

第一节　新时代大学生人格特质与职业价值观、职业决策自我效能感

一、新时代大学生人格特质与职业价值观

把新时代大学生人格特质的五个因素即外向性、尽责性、神经质、经验开放性、宜人性作为自变量，职业价值观中的生活方式作为因变量进行回归分析，回归分析的结果如表 5-1 所示。从表中可以看出，F 值为 21.038，表明回归效果好，调整后的 R^2 为 0.261，表明新时代大学生人格特质可以用来解释生活方式总体变异的 26.1%。同时 β 值分别为 -0.020（P > 0.05）、0.210（P < 0.01）、-0.074（P > 0.05）、0.245（P < 0.01）、0.181（P < 0.01），表明人格特质中的外向性、神经质与生活方式的显著性不高，尽责性、经验开放性、宜人性与生活方式有显著的正相关关系。

表 5-1　新时代大学生人格特质对生活方式的回归分析

模型	非标准化系数		标准化系数 β	T 值	Sig.
	B	标准误差			
常量	1.432	0.257		5.566	0.000
性别	-0.022	0.065	-0.013	-0.340	0.734
年级	-0.057	0.036	-0.063	-1.600	0.110
学历	-0.006	0.062	-0.004	-0.101	0.920
专业类型	0.017	0.017	0.037	1.007	0.314
人格特质（外向性）	-0.018	0.058	-0.020	-0.311	0.756
人格特质（尽责性）	0.204	0.063	0.210	3.225	0.001
人格特质（神经质）	-0.059	0.033	-0.074	-1.803	0.072
人格特质（经验开放性）	0.249	0.057	0.245	4.401	0.000
人格特质（宜人性）	0.207	0.065	0.181	3.207	0.001
F=21.038　Adj. R^2=0.261					

把新时代大学生人格特质的五个因素即外向性、尽责性、神经质、经验开放性、宜人性作为自变量，职业价值观中的智力激发作为因变量进行回归分析，回归分析的结果如表 5-2 所示。从表中可以看出，F 值为 19.744，表明回归效果好，调整后的 R^2 为 0.248，表明新时代大学生人格特质可以用来解释智力激发总体变异的 24.8%。同时 β 值分别为 -0.018（$P > 0.05$）、0.198（$P < 0.01$）、-0.080（$P > 0.05$）、0.272（$P < 0.01$）、0.152（$P < 0.01$），表明人格特质中的外向性、神经质与智力激发的显著性不高，尽责性、经验开放性、宜人性与智力激发有显著的正相关关系。

表 5-2 新时代大学生人格特质对智力激发的回归分析

模型	非标准化系数		标准化系数 β	T 值	Sig.
	B	标准误差			
常量	1.535	0.255		6.019	0.000
性别	0.050	0.064	0.029	0.773	0.440
年级	0.000	0.035	0.000	−0.007	0.995
学历	−0.045	0.061	−0.028	−0.739	0.460
专业类型	0.007	0.017	0.015	0.396	0.693
人格特质（外向性）	−0.016	0.058	−0.018	−0.281	0.779
人格特质（尽责性）	0.189	0.063	0.198	3.019	0.003
人格特质（神经质）	−0.063	0.032	−0.080	−1.939	0.053
人格特质（经验开放性）	0.272	0.056	0.272	4.847	0.000
人格特质（宜人性）	0.170	0.064	0.152	2.655	0.008
F=19.744 Adj. R^2=0.248					

把新时代大学生人格特质的五个因素即外向性、尽责性、神经质、经验开放性、宜人性作为自变量，职业价值观中的创造性作为因变量进行回归分析，回归分析的结果如表 5-3 所示。从表中可以看出，F 值为 22.346，表明回归效果好，调整后的 R^2 为 0.274，表明新时代大学生人格特质可以用来解释创造性总体变异的 27.4%。同时 β 值分别为 0.016（$P > 0.05$）、0.190（$P < 0.01$）、-0.087（$P < 0.05$）、0.250（$P < 0.01$）、0.184（$P < 0.01$），表明人格特质中的外向性与创造性的显著性不高，神经质与创造性有显著的负相关关系，尽责性、经验开放性、宜人性与创造性有显著的正相关关系。

表 5-3　新时代大学生人格特质对创造性的回归分析

模型	非标准化系数		标准化系数 β	T 值	Sig.
	B	标准误差			
常量	1.396	0.252		5.549	0.000
性别	0.045	0.064	0.026	0.710	0.478
年级	−0.004	0.035	−0.004	−0.107	0.915
学历	−0.024	0.060	−0.014	−0.390	0.697
专业类型	0.008	0.017	0.019	0.511	0.610
人格特质（外向性）	0.014	0.057	0.016	0.254	0.799
人格特质（尽责性）	0.182	0.062	0.190	2.941	0.003
人格特质（神经质）	−0.069	0.032	−0.087	−2.146	0.032
人格特质（经验开放性）	0.251	0.055	0.250	4.529	0.000
人格特质（宜人性）	0.207	0.063	0.184	3.287	0.001
F=22.346　Adj. R^2=0.274					

把新时代大学生人格特质的五个因素即外向性、尽责性、神经质、经验开放性、宜人性作为自变量，职业价值观中的利他主义作为因变量进行回归分析，回归分析的结果如表 5-4 所示。从表中可以看出，F 值为 22.008，表明回归效果好，调整后的 R^2 为 0.270，表明新时代大学生人格特质可以用来解释利他主义总体变异的 27%。同时 β 值分别为 −0.012（P > 0.05）、0.180（P < 0.01）、−0.075（P > 0.05）、0.313（P < 0.01）、0.142（P < 0.05），表明人格特质中的外向性、神经质与利他主义的显著性不高，尽责性、经验开放性、宜人性与利他主义有显著的正相关关系。

表 5-4　新时代大学生人格特质对利他主义的回归分析

模型	非标准化系数		标准化系数 β	T 值	Sig.
	B	标准误差			
常量	1.341	0.255		5.259	0.000
性别	0.079	0.064	0.045	1.228	0.220
年级	−0.009	0.035	−0.010	−0.257	0.797
学历	−0.008	0.061	−0.005	−0.126	0.900
专业类型	0.011	0.017	0.024	0.667	0.505
人格特质（外向性）	−0.011	0.058	−0.012	−0.187	0.852
人格特质（尽责性）	0.174	0.063	0.180	2.781	0.006

模型	非标准化系数		标准化系数 β	T 值	Sig.
	B	标准误差			
人格特质（神经质）	−0.060	0.032	−0.075	−1.840	0.066
人格特质（经验开放性）	0.318	0.056	0.313	5.670	0.000
人格特质（宜人性）	0.161	0.064	0.142	2.523	0.012
F=22.008 Adj. R^2=0.270					

把新时代大学生人格特质的五个因素即外向性、尽责性、神经质、经验开放性、宜人性作为自变量，职业价值观中的成就感作为因变量进行回归分析，回归分析的结果如表 5-5 所示。从表中可以看出，F 值为 21.912，表明回归效果好，调整后的 R^2 为 0.269，表明新时代大学生人格特质可以用来解释成就感总体变异的 26.9%。同时 β 值分别为 0.004（P > 0.05）、0.135（P < 0.05）、−0.098（P < 0.05）、0.338（P < 0.01）、0.148（P < 0.01），表明人格特质中的外向性与成就感的显著性不高，神经质与成就感有显著的负相关关系，尽责性、经验开放性、宜人性与成就感有显著的正相关关系。

表 5-5　新时代大学生人格特质对成就感的回归分析

模型	非标准化系数		标准化系数 β	T 值	Sig.
	B	标准误差			
常量	1.407	0.249		5.643	0.000
性别	0.077	0.063	0.045	1.219	0.223
年级	−0.014	0.035	−0.016	−0.405	0.686
学历	0.002	0.060	0.001	0.030	0.976
专业类型	0.016	0.016	0.035	0.959	0.338
人格特质（外向性）	.004	0.057	0.004	0.063	0.950
人格特质（尽责性）	0.128	0.061	0.135	2.092	0.037
人格特质（神经质）	−0.077	0.032	−0.098	−2.410	0.016
人格特质（经验开放性）	0.335	0.055	0.338	6.107	0.000
人格特质（宜人性）	0.164	0.063	0.148	2.626	0.009
F=21.912 Adj. R^2=0.269					

把新时代大学生人格特质的五个因素即外向性、尽责性、神经质、经验开放性、宜人性作为自变量，职业价值观中的工作报酬作为因变量进行回归分析，回归分析的结果如表 5-6 所示。从表中可以看出，F 值为 22.857，表明回归效果好，调整后的 R^2 为 0.278，表明新时代大学生人格特质可以用来解释工作报

酬总体变异的 27.8%。同时 β 值分别为 –0.007（P > 0.05）、0.126（P > 0.05）、–0.105（P < 0.05）、0.315（P < 0.01）、0.207（P < 0.01），表明人格特质中的外向性、尽责性与工作报酬的显著性不高，神经质与工作报酬有显著的负相关关系，经验开放性、宜人性与工作报酬有显著的正相关关系。

表 5–6　新时代大学生人格特质对工作报酬的回归分析

模型	非标准化系数		标准化系数 β	T 值	Sig.
	B	标准误差			
常量	1.478	0.246		6.009	0.000
性别	0.055	0.062	0.032	0.878	0.380
年级	–0.015	0.034	–0.017	–0.438	0.661
学历	0.026	0.059	0.016	0.447	0.655
专业类型	0.003	0.016	0.007	0.184	0.854
人格特质（外向性）	–0.006	0.056	–0.007	–0.113	0.910
人格特质（尽责性）	0.119	0.060	0.126	1.968	0.050
人格特质（神经质）	–0.081	0.031	–0.105	–2.583	0.010
人格特质（经验开放性）	0.311	0.054	0.315	5.738	0.000
人格特质（宜人性）	0.228	0.062	0.207	3.697	0.000
F=22.857 Adj. R^2=0.278					

把新时代大学生人格特质的五个因素即外向性、尽责性、神经质、经验开放性、宜人性作为自变量，职业价值观中的安全性作为因变量进行回归分析，回归分析的结果如表 5–7 所示。从表中可以看出，F 值为 20.638，表明回归效果好，调整后的 R^2 为 0.257，表明新时代大学生人格特质可以用来解释安全性总体变异的 25.7%。同时 β 值分别为 –0.046（P > 0.05）、0.180（P < 0.01）、–0.099（P < 0.05）、0.302（P < 0.01）、0.176（P < 0.01），表明人格特质中的外向性与安全性的显著性不高，神经质与安全性有显著的负相关关系，尽责性、经验开放性、宜人性与安全性有显著的正相关关系。

表 5–7　新时代大学生人格特质对安全性的回归分析

模型	非标准化系数		标准化系数 β	T 值	Sig.
	B	标准误差			
常量	1.459	0.254		5.754	0.000
性别	0.095	0.064	0.055	1.485	0.138
年级	–0.001	0.035	–0.001	–0.018	0.986
学历	0.033	0.061	0.020	0.538	0.591

续表

模型	非标准化系数		标准化系数 β	T 值	Sig.
	B	标准误差			
专业类型	0.002	0.017	0.004	0.121	0.904
人格特质（外向性）	−0.041	0.057	−0.046	−0.712	0.477
人格特质（尽责性）	0.172	0.062	0.180	2.767	0.006
人格特质（神经质）	−0.077	0.032	−0.099	−2.394	0.017
人格特质（经验开放性）	0.302	0.056	0.302	5.414	0.000
人格特质（宜人性）	0.197	0.064	0.176	3.093	0.002
F=20.638 Adj. R^2=0.257					

　　把新时代大学生人格特质的五个因素即外向性、尽责性、神经质、经验开放性、宜人性作为自变量，职业价值观中的变动性作为因变量进行回归分析，回归分析的结果如表 5-8 所示。从表中可以看出，F 值为 20.588，表明回归效果好，调整后的 R^2 为 0.256，表明新时代大学生人格特质可以用来解释变动性总体变异的 25.6%。同时 β 值分别为 −0.045（P > 0.05）、0.176（P < 0.01）、−0.117（P < 0.01）、0.312（P < 0.01）、0.172（P < 0.01），表明人格特质中的外向性与变动性的显著性不高，神经质与变动性有显著的负相关关系，尽责性、经验开放性、宜人性与变动性有显著的正相关关系。

表 5-8　新时代大学生人格特质对变动性的回归分析

模型	非标准化系数		标准化系数 β	T 值	Sig.
	B	标准误差			
常量	1.512	0.252		5.989	0.000
性别	0.062	0.064	0.036	0.971	0.332
年级	−0.010	0.035	−0.012	−0.293	0.769
学历	0.016	0.061	0.010	0.272	0.785
专业类型	0.013	0.017	0.029	0.784	0.433
人格特质（外向性）	−0.040	0.057	−0.045	−0.701	0.483
人格特质（尽责性）	0.168	0.062	0.176	2.707	0.007
人格特质（神经质）	−0.091	0.032	−0.117	−2.828	0.005
人格特质（经验开放性）	0.311	0.056	0.312	5.598	0.000
人格特质（宜人性）	0.191	0.063	0.172	3.022	0.003
F=20.588 Adj. R^2=0.256					

　　把新时代大学生人格特质的五个因素即外向性、尽责性、神经质、经验开放性、宜人性作为自变量，职业价值观中的独立性作为因变量进行回归分析，回归分析的结果如表5-9所示。从表中可以看出，F值为18.933，表明回归效果好，调整后的 R^2 为0.240，表明新时代大学生人格特质可以用来解释独立性总体变异的24%。同时 β 值分别为 -0.014（P > 0.05）、0.125（P > 0.05）、-0.097（P < 0.05）、0.295（P < 0.01）、0.192（P < 0.01），表明人格特质中的外向性、尽责性与独立性的显著性不高，神经质与独立性有显著的负相关关系，经验开放性、宜人性与独立性有显著的正相关关系。

表5-9　新时代大学生人格特质对独立性的回归分析

模型	非标准化系数		标准化系数 β	T 值	Sig.
	B	标准误差			
常量	1.736	0.251		6.905	0.000
性别	0.025	0.064	0.014	0.386	0.700
年级	-0.042	0.035	-0.048	-1.207	0.228
学历	-0.010	0.060	-0.006	-0.166	0.868
专业类型	0.007	0.017	0.016	0.441	0.659
人格特质（外向性）	-0.012	0.057	-0.014	-0.208	0.835
人格特质（尽责性）	0.117	0.062	0.125	1.901	0.058
人格特质（神经质）	-0.075	0.032	-0.097	-2.330	0.020
人格特质（经验开放性）	0.289	0.055	0.295	5.229	0.000
人格特质（宜人性）	0.210	0.063	0.192	3.339	0.001
F=18.933　Adj. R^2=0.240					

　　把新时代大学生人格特质的五个因素即外向性、尽责性、神经质、经验开放性、宜人性作为自变量，职业价值观中的声誉作为因变量进行回归分析，回归分析的结果如表5-10所示。从表中可以看出，F值为19.862，表明回归效果好，调整后的 R^2 为0.250，表明新时代大学生人格特质可以用来解释声誉总体变异的25%。同时 β 值分别为 -0.001（P > 0.05）、0.153（P < 0.05）、-0.126（P < 0.01）、0.268（P < 0.01）、0.200（P < 0.01），表明人格特质中的外向性、神经质与生活方式的显著性不高，尽责性、经验开放性、宜人性与生活方式有显著的正相关关系。

表 5-10　新时代大学生人格特质对声誉的回归分析

模型	非标准化系数		标准化系数 β	T 值	Sig.
	B	标准误差			
常量	1.587	0.256		6.200	0.000
性别	0.044	0.065	0.025	0.678	0.498
年级	0.002	0.035	0.002	0.052	0.958
学历	−0.010	0.061	−0.006	−0.161	0.872
专业类型	0.006	0.017	0.013	0.356	0.722
人格特质（外向性）	−0.001	0.058	−0.001	−0.011	0.991
人格特质（尽责性）	0.147	0.063	0.153	2.338	0.020
人格特质（神经质）	−0.099	0.033	−0.126	−3.035	0.003
人格特质（经验开放性）	0.269	0.056	0.268	4.776	0.000
人格特质（宜人性）	0.225	0.064	0.200	3.503	0.000
F=19.862　Adj. R^2=0.250					

把新时代大学生人格特质的五个因素即外向性、尽责性、神经质、经验开放性、宜人性作为自变量，职业价值观中的同事关系作为因变量进行回归分析，回归分析的结果如表 5-11 所示。从表中可以看出，F 值为 20.580，表明回归效果好，调整后的 R^2 为 0.257，表明新时代大学生人格特质可以用来解释同事关系总体变异的 25.7%。同时 β 值分别为 −0.014（P > 0.05）、0.161（P < 0.05）、−0.118（P < 0.01）、0.286（P < 0.01）、0.189（P < 0.01），表明人格特质中的外向性与同事关系的显著性不高，神经质与同事关系有显著的负相关关系，尽责性、经验开放性、宜人性与同事关系有显著的正相关关系。

表 5-11　新时代大学生人格特质对同事关系的回归分析

模型	非标准化系数		标准化系数 β	T 值	Sig.
	B	标准误差			
常量	1.480	0.257		5.747	0.000
性别	0.045	0.065	0.026	0.692	0.489
年级	0.003	0.036	0.003	0.082	0.935
学历	0.003	0.062	0.002	0.041	0.967
专业类型	0.011	0.017	0.023	0.623	0.534
人格特质（外向性）	−0.012	0.058	−0.014	−0.213	0.832
人格特质（尽责性）	0.156	0.063	0.161	2.471	0.014
人格特质（神经质）	−0.094	0.033	−0.118	−2.860	0.004
人格特质（经验开放性）	0.291	0.057	0.286	5.137	0.000
人格特质（宜人性）	0.215	0.065	0.189	3.332	0.001
F=20.580　Adj. R^2=0.257					

二、新时代大学生人格特质与职业决策自我效能感

把新时代大学生人格特质的五个因素即外向性、尽责性、神经质、经验开放性、宜人性作为自变量，职业决策自我效能感中的自我评价作为因变量进行回归分析，回归分析的结果如表 5-12 所示。从表中可以看出，F 值为 21.487，表明回归效果好，调整后的 R^2 为 0.265，表明新时代大学生人格特质可以用来解释自我评价总体变异的 26.5%。同时 β 值分别为 0.106（P ＞ 0.05）、0.136（P ＜ 0.05）、−0.091（P ＜ 0.05）、0.281（P ＜ 0.01）、0.070（P ＞ 0.05），表明人格特质中的外向性、宜人性与自我评价的显著性不高，神经质与自我评价有显著的负相关关系，尽责性、经验开放性与自我评价有显著的正相关关系。

表 5-12　新时代大学生人格特质对自我评价的回归分析

模型	非标准化系数		标准化系数 β	T 值	Sig.
	B	标准误差			
常量	1.948	0.257		7.570	0.000
性别	−0.243	0.065	−0.137	−3.735	0.000
年级	−0.112	0.036	−0.123	−3.131	0.002
学历	−0.045	0.062	−0.027	−0.725	0.469
专业类型	0.016	0.017	0.035	0.949	0.343
人格特质（外向性）	0.097	0.058	0.106	1.665	0.097
人格特质（尽责性）	0.133	0.063	0.136	2.106	0.036
人格特质（神经质）	−0.073	0.033	−0.091	−2.233	0.026
人格特质（经验开放性）	0.287	0.057	0.281	5.068	0.000
人格特质（宜人性）	0.080	0.065	0.070	1.240	0.215
F=21.487 Adj. R^2=0.265					

把新时代大学生人格特质的五个因素即外向性、尽责性、神经质、经验开放性、宜人性作为自变量，职业决策自我效能感中的收集信息作为因变量进行回归分析，回归分析的结果如表 5-13 所示。从表中可以看出，F 值为 22.897，表明回归效果好，调整后的 R^2 为 0.279，表明新时代大学生人格特质可以用来解释收集信息总体变异的 27.9%。同时 β 值分别为 0.099（P ＞ 0.05）、0.169（P ＜ 0.05）、−0.096（P ＜ 0.05）、0.218（P ＜ 0.01）、0.132（P ＜ 0.05），表明人格特质中的外向性与收集信息的显著性不高，神经质与收集信息有显著的负相关关系，尽责性、经验开放性、宜人性与收集信息有显著的正相关关系。

表5-13　新时代大学生人格特质对收集信息的回归分析

模型	非标准化系数		标准化系数 β	T 值	Sig.
	B	标准误差			
常量	1.850	0.255		7.247	0.000
性别	−0.239	0.065	−0.135	−3.699	0.000
年级	−0.108	0.035	−0.118	−3.042	0.002
学历	−0.042	0.061	−0.025	−0.682	0.495
专业类型	0.019	0.017	0.041	1.143	0.254
人格特质（外向性）	0.091	0.058	0.099	1.570	0.117
人格特质（尽责性）	0.165	0.063	0.169	2.631	0.009
人格特质（神经质）	−0.077	0.032	−0.096	−2.363	0.018
人格特质（经验开放性）	0.223	0.056	0.218	3.973	0.000
人格特质（宜人性）	0.151	0.064	0.132	2.360	0.019
F=22.897　Adj. R^2=0.279					

把新时代大学生人格特质的五个因素即外向性、尽责性、神经质、经验开放性、宜人性作为自变量，职业决策自我效能感中的选择目标作为因变量进行回归分析，回归分析的结果如表5-14所示。从表中可以看出，F值为25.422，表明回归效果好，调整后的 R^2 为0.301，表明新时代大学生人格特质可以用来解释选择目标总体变异的30.1%。同时 β 值分别为0.052（P > 0.05）、0.210（P < 0.05）、−0.064（P > 0.05）、0.225（P < 0.01）、0.143（P < 0.05），表明人格特质中的外向性、神经质与选择目标的显著性不高，尽责性、经验开放性、宜人性与选择目标有显著的正相关关系。

表5-14　新时代大学生人格特质对选择目标的回归分析

模型	非标准化系数		标准化系数 β	T 值	Sig.
	B	标准误差			
常量	1.681	0.252		6.681	0.000
性别	−0.246	0.064	−0.138	−3.862	0.000
年级	−0.100	0.035	−0.109	−2.868	0.004
学历	−0.029	0.060	−0.018	−0.486	0.627
专业类型	0.026	0.017	0.057	1.593	0.112
人格特质（外向性）	0.048	0.057	0.052	0.843	0.400
人格特质（尽责性）	0.206	0.062	0.210	3.326	0.001
人格特质（神经质）	−0.051	0.032	−0.064	−1.595	0.111
人格特质（经验开放性）	0.231	0.055	0.225	4.166	0.000
人格特质（宜人性）	0.164	0.063	0.143	2.594	0.010
F=25.422　Adj. R^2=0.301					

把新时代大学生人格特质的五个因素即外向性、尽责性、神经质、经验开放性、宜人性作为自变量，职业决策自我效能感中的制定规划作为因变量进行回归分析，回归分析的结果如表 5–15 所示。从表中可以看出，F 值为 25.205，表明回归效果好，调整后的 R^2 为 0.299，表明新时代大学生人格特质可以用来解释制定规划总体变异的 29.9%。同时 β 值分别为 0.059（P > 0.05）、0.177（P < 0.05）、–0.085（P < 0.05）、0.209（P < 0.01）、0.189（P < 0.01），表明人格特质中的外向性与制定规划的显著性不高，神经质与制定规划有显著的负相关关系，尽责性、经验开放性、宜人性与制定规划有显著的正相关关系。

表 5–15　新时代大学生人格特质对制定规划的回归分析

模型	非标准化系数		标准化系数 β	T 值	Sig.
	B	标准误差			
常量	1.773	0.252		7.040	0.000
性别	–0.260	0.064	–0.147	–4.085	0.000
年级	–0.098	0.035	–0.107	–2.806	0.005
学历	–0.036	0.060	–0.022	–0.598	0.550
专业类型	0.030	0.017	0.065	1.804	0.072
人格特质（外向性）	0.054	0.057	0.059	0.949	0.343
人格特质（尽责性）	0.173	0.062	0.177	2.801	0.005
人格特质（神经质）	–0.068	0.032	–0.085	–2.127	0.034
人格特质（经验开放性）	0.214	0.055	0.209	3.855	0.000
人格特质（宜人性）	0.217	0.063	0.189	3.438	0.001
F=25.205　Adj. R^2=0.299					

把新时代大学生人格特质的五个因素即外向性、尽责性、神经质、经验开放性、宜人性作为自变量，职业决策自我效能感中的问题解决作为因变量进行回归分析，回归分析的结果如表 5–16 所示。从表中可以看出，F 值为 23.249，表明回归效果好，调整后的 R^2 为 0.282，表明新时代大学生人格特质可以用来解释问题解决总体变异的 28.2%。同时 β 值分别为 0.068（P > 0.05）、0.162（P < 0.05）、–0.068（P > 0.05）、0.217（P < 0.01）、0.165（P < 0.01），表明人格特质中的外向性、神经质与问题解决的显著性不高，尽责性、经验开放性、宜人性与问题解决有显著的正相关关系。

表 5-16　新时代大学生人格特质对问题解决的回归分析

模型	非标准化系数		标准化系数 β	T 值	Sig.
	B	标准误差			
常量	1.791	0.251		7.126	0.000
性别	−0.239	0.064	−0.137	−3.765	0.000
年级	−0.105	0.035	−0.116	−3.001	0.003
学历	−0.023	0.060	−0.014	−0.381	0.703
专业类型	0.024	0.017	0.052	1.438	0.151
人格特质（外向性）	0.062	0.057	0.068	1.085	0.279
人格特质（尽责性）	0.156	0.062	0.162	2.534	0.012
人格特质（神经质）	−0.054	0.032	−0.068	−1.682	0.093
人格特质（经验开放性）	0.220	0.055	0.217	3.967	0.000
人格特质（宜人性）	0.187	0.063	0.165	2.962	0.003
F=23.249 Adj. R^2=0.282					

第二节　新时代大学生主动性人格与职业价值观、职业决策自我效能感

一、新时代大学生主动性人格与职业价值观

把新时代大学生主动性人格作为自变量，职业价值观中的生活方式作为因变量进行回归分析，回归分析的结果如表 5-17 所示。从表中可以看出，F 值为 21.038，表明回归效果好，调整后的 R^2 为 0.261，表明新时代大学生主动性人格可以用来解释生活方式总体变异的 26.1%。同时 β 值为 0.605（P < 0.01），表明主动性人格与生活方式有显著的正相关关系。

表 5-17　新时代大学生主动性人格对生活方式的回归分析

模型	非标准化系数		标准化系数 β	T 值	Sig.
	B	标准误差			
常量	1.139	0.230		4.960	0.000
性别	0.025	0.060	0.014	0.415	0.679
年级	−0.036	0.033	−0.040	−1.108	0.268
学历	0.071	0.057	0.043	1.235	0.217
专业类型	0.004	0.016	0.010	0.281	0.779
主动性人格	0.669	0.037	0.605	17.944	0.000

F=21.038　Adj. R^2=0.261

　　把新时代大学生主动性人格作为自变量，职业价值观中的智力激发作为因变量进行回归分析，回归分析的结果如表 5-18 所示。从表中可以看出，F 值为 54.828，表明回归效果好，调整后的 R^2 为 0.363，表明新时代大学生主动性人格可以用来解释智力激发总体变异的 36.3%。同时 β 值为 0.607（P < 0.01），表明主动性人格与智力激发有显著的正相关关系。

表 5-18　新时代大学生主动性人格对智力激发的回归分析

模型	非标准化系数		标准化系数 β	T 值	Sig.
	B	标准误差			
常量	1.160	0.225		5.147	0.000
性别	0.101	0.059	0.058	1.725	0.085
年级	0.023	0.032	0.026	0.723	0.470
学历	0.030	0.056	0.018	0.536	0.592
专业类型	−0.006	0.015	−0.014	−0.402	0.688
主动性人格	0.659	0.037	0.607	17.996	0.000

F=54.828　Adj. R^2=0.363

　　把新时代大学生主动性人格作为自变量，职业价值观中的创造性作为因变量进行回归分析，回归分析的结果如表 5-19 所示。从表中可以看出，F 值为 62.039，表明回归效果好，调整后的 R^2 为 0.392，表明新时代大学生主动性人格可以用来解释创造性总体变异的 39.2%。同时 β 值为 0.632（P < 0.01），表明主动性人格与创造性有显著的正相关关系。

表 5-19　新时代大学生主动性人格对创造性的回归分析

模型	非标准化系数		标准化系数 β	T 值	Sig.
	B	标准误差			
常量	1.045	0.221		4.731	0.000
性别	0.093	0.057	0.054	1.629	0.104
年级	0.018	0.032	0.020	0.559	0.577
学历	0.056	0.055	0.034	1.012	0.312
专业类型	−0.005	0.015	−0.010	−0.313	0.754
主动性人格	0.688	0.036	0.632	19.197	0.000
F=62.039　Adj. R^2=0.392					

把新时代大学生主动性人格作为自变量，职业价值观中的利他主义作为因变量进行回归分析，回归分析的结果如表 5-20 所示。从表中可以看出，F 值为 55.118，表明回归效果好，调整后的 R^2 为 0.364，表明新时代大学生主动性人格可以用来解释利他主义总体变异的 36.4%。同时 β 值为 0.608（P ＜ 0.01），表明主动性人格与利他主义有显著的正相关关系。

表 5-20　新时代大学生主动性人格对利他主义的回归分析

模型	非标准化系数		标准化系数 β	T 值	Sig.
	B	标准误差			
常量	1.029	0.229		4.499	0.000
性别	0.134	0.059	0.076	2.249	0.025
年级	0.017	0.033	0.019	0.535	0.593
学历	0.071	0.057	0.043	1.250	0.212
专业类型	−0.001	0.016	−0.003	−0.083	0.934
主动性人格	0.670	0.037	0.608	18.041	0.000
F=55.118　Adj. R^2=0.364					

把新时代大学生主动性人格作为自变量，职业价值观中的成就感作为因变量进行回归分析，回归分析的结果如表 5-21 所示。从表中可以看出，F 值为 49.828，表明回归效果好，调整后的 R^2 为 0.341，表明新时代大学生主动性人格可以用来解释成就感总体变异的 34.1%。同时 β 值为 0.586（P ＜ 0.01），表明主动性人格与成就感有显著的正相关关系。

表 5-21　新时代大学生主动性人格对成就感的回归分析

模型	非标准化系数		标准化系数 β	T 值	Sig.
	B	标准误差			
常量	1.125	0.228		4.944	0.000
性别	0.134	0.059	0.078	2.269	0.024
年级	0.015	0.032	0.017	0.461	0.645
学历	0.078	0.057	0.048	1.379	0.168
专业类型	0.004	0.016	0.008	0.241	0.810
主动性人格	0.631	0.037	0.586	17.094	0.000
F=49.828 Adj. R^2=0.341					

　　把新时代大学生主动性人格作为自变量，职业价值观中的工作报酬作为因变量进行回归分析，回归分析的结果如表 5-22 所示。从表中可以看出，F 值为 56.181，表明回归效果好，调整后的 R^2 为 0.369，表明新时代大学生主动性人格可以用来解释工作报酬总体变异的 36.9%。同时 β 值为 0.613（P < 0.01），表明主动性人格与工作报酬有显著的正相关关系。

表 5-22　新时代大学生主动性人格对工作报酬的回归分析

模型	非标准化系数		标准化系数 β	T 值	Sig.
	B	标准误差			
常量	1.164	0.221		5.270	0.000
性别	0.019	0.057	0.064	1.899	0.058
年级	0.013	0.032	0.015	0.415	0.678
学历	0.107	0.055	0.066	1.932	0.054
专业类型	-0.010	0.015	-0.021	-0.629	0.529
主动性人格	0.655	0.036	0.613	18.265	0.000
F=56.181 Adj. R^2=0.369					

　　把新时代大学生主动性人格作为自变量，职业价值观中的安全性作为因变量进行回归分析，回归分析的结果如表 5-23 所示。从表中可以看出，F 值为 57.512，表明回归效果好，调整后的 R^2 为 0.374，表明新时代大学生主动性人格可以用来解释安全性总体变异的 37.4%。同时 β 值为 0.615（P < 0.01），表明主动性人格与安全性有显著的正相关关系。

表 5-23　新时代大学生主动性人格对安全性的回归分析

模型	非标准化系数		标准化系数 β	T 值	Sig.
	B	标准误差			
常量	1.044	0.224		4.671	0.000
性别	0.152	0.058	0.088	2.623	0.009
年级	0.027	0.032	0.030	0.851	0.395
学历	0.111	0.056	0.068	1.983	0.048
专业类型	−0.011	0.015	−0.025	−0.746	0.456
主动性人格	0.669	0.036	0.615	18.418	0.000
F=57.512 Adj. R^2=0.374					

　　把新时代大学生主动性人格作为自变量，职业价值观中的变动性作为因变量进行回归分析，回归分析的结果如表 5-24 所示。从表中可以看出，F 值为54.159，表明回归效果好，调整后的 R^2 为 0.360，表明新时代大学生主动性人格可以用来解释变动性总体变异的 36%。同时 β 值为 0.604（P < 0.01），表明主动性人格与变动性有显著的正相关关系。

表 5-24　新时代大学生主动性人格对变动性的回归分析

模型	非标准化系数		标准化系数 β	T 值	Sig.
	B	标准误差			
常量	1.109	0.225		4.929	0.000
性别	0.123	0.058	0.071	2.098	0.036
年级	0.019	0.032	0.021	0.587	0.557
学历	0.092	0.056	0.057	1.646	0.100
专业类型	−0.001	0.015	−0.001	−0.033	0.974
主动性人格	0.653	0.037	0.604	17.878	0.000
F=54.159 Adj. R^2=0.360					

　　把新时代大学生主动性人格作为自变量，职业价值观中的独立性作为因变量进行回归分析，回归分析的结果如表 5-25 所示。从表中可以看出，F 值为 52.470，表明回归效果好，调整后的 R^2 为 0.353，表明新时代大学生主动性人格可以用来解释独立性总体变异的 35.3%。同时 β 值为 0.600（P < 0.01），表明主动性人格与独立性有显著的正相关关系。

表 5-25　新时代大学生主动性人格对独立性的回归分析

模型	非标准化系数		标准化系数 β	T 值	Sig.
	B	标准误差			
常量	1.336	0.223		5.996	0.000
性别	0.077	0.058	0.045	1.324	0.186
年级	−0.015	0.032	−0.017	−0.481	0.631
学历	0.067	0.056	0.042	1.204	0.229
专业类型	−0.005	0.015	−0.012	−0.342	0.733
主动性人格	0.639	0.036	0.600	17.659	0.000
F=52.470 Adj. R^2=0.353					

　　把新时代大学生主动性人格作为自变量，职业价值观中的声誉作为因变量进行回归分析，回归分析的结果如表 5-26 所示。从表中可以看出，F 值为 50.422，表明回归效果好，调整后的 R^2 为 0.343，表明新时代大学生主动性人格可以用来解释声誉总体变异的 34.3%。同时 β 值为 0.592（P < 0.01），表明主动性人格与声誉有显著的正相关关系。

表 5-26　新时代大学生主动性人格对声誉的回归分析

模型	非标准化系数		标准化系数 β	T 值	Sig.
	B	标准误差			
常量	1.231	0.230		5.355	0.000
性别	0.099	0.060	0.057	1.656	0.098
年级	0.027	0.033	0.030	0.830	0.407
学历	0.066	0.057	0.040	1.142	0.254
专业类型	−0.007	0.016	−0.016	−0.462	0.644
主动性人格	0.645	0.037	0.592	17.288	0.000
F=50.422 Adj. R^2=0.343					

　　把新时代大学生主动性人格作为自变量，职业价值观中的同事关系作为因变量进行回归分析，回归分析的结果如表 5-27 所示。从表中可以看出，F 值为 57.362，表明回归效果好，调整后的 R^2 为 0.374，表明新时代大学生主动性人格可以用来解释同事关系总体变异的 37.4%。同时 β 值为 0.616（P < 0.01），表明主动性人格与同事关系有显著的正相关关系。

表 5-27　新时代大学生主动性人格对同事关系的回归分析

模型	非标准化系数		标准化系数 β	T 值	Sig.
	B	标准误差			
常量	1.048	0.227		4.616	0.000
性别	0.103	0.059	0.059	1.749	0.081
年级	0.030	0.032	0.033	0.938	0.349
学历	0.082	0.057	0.049	1.440	0.150
专业类型	−0.003	0.016	−0.007	−0.220	0.826
主动性人格	0.679	0.037	0.616	18.436	0.000
F=57.362 Adj. R^2=0.374					

二、新时代大学生主动性人格与职业决策自我效能感

把新时代大学生主动性人格作为自变量，职业决策效能感中的自我评价作为因变量进行回归分析，回归分析的结果如表 5-28 所示。从表中可以看出，F 值为 66.128，表明回归效果好，调整后的 R^2 为 0.408，表明新时代大学生主动性人格可以用来解释自我评价总体变异的 40.8%。同时 β 值为 0.620（P＜0.01），表明主动性人格与自我评价有显著的正相关关系。

表 5-28　新时代大学生主动性人格对自我评价的回归分析

模型	非标准化系数		标准化系数 β	T 值	Sig.
	B	标准误差			
常量	1.385	0.222		6.242	0.000
性别	−0.188	0.058	−0.106	−3.259	0.001
年级	−0.087	0.032	−0.096	−2.759	0.006
学历	0.032	0.055	0.019	0.579	0.563
专业类型	0.002	0.015	0.005	0.153	0.878
主动性人格	0.687	0.036	0.620	19.067	0.000
F=66.128 Adj. R^2=0.408					

把新时代大学生主动性人格作为自变量，职业决策效能感中的收集信息作为因变量进行回归分析，回归分析的结果如表 5-29 所示。从表中可以看出，F 值为 70.500，表明回归效果好，调整后的 R^2 为 0.424，表明新时代大学生主动性人格可以用来解释收集信息总体变异的 42.4%。同时 β 值为 0.634（P＜0.01），表明主动性人格与收集信息有显著的正相关关系。

表 5-29 新时代大学生主动性人格对收集信息的回归分析

模型	非标准化系数		标准化系数 β	T 值	Sig.
	B	标准误差			
常量	1.352	0.219		6.169	0.000
性别	−0.191	0.057	−0.108	−3.348	0.001
年级	−0.089	0.031	−0.097	−2.840	0.005
学历	0.036	0.055	0.022	0.657	0.511
专业类型	0.005	0.015	0.011	0.345	0.731
主动性人格	0.703	0.036	0.634	19.766	0.000
F=70.500 Adj. R^2=0.424					

把新时代大学生主动性人格作为自变量，职业决策效能感中的选择目标作为因变量进行回归分析，回归分析的结果如表 5-30 所示。从表中可以看出，F 值为 69.900，表明回归效果好，调整后的 R^2 为 0.422，表明新时代大学生主动性人格可以用来解释选择目标总体变异的 42.2%。同时 β 值为 0.631（P < 0.01），表明主动性人格与选择目标有显著的正相关关系。

表 5-30 新时代大学生主动性人格对选择目标的回归分析

模型	非标准化系数		标准化系数 β	T 值	Sig.
	B	标准误差			
常量	1.338	0.220		6.088	0.000
性别	−0.202	0.057	−0.114	−3.536	0.000
年级	−0.083	0.031	−0.090	−2.634	0.009
学历	0.049	0.055	0.030	0.901	0.368
专业类型	0.013	0.015	0.029	0.892	0.373
主动性人格	0.701	0.036	0.631	19.639	0.000
F=69.900 Adj. R^2=0.422					

把新时代大学生主动性人格作为自变量，职业决策效能感中的制定规划作为因变量进行回归分析，回归分析的结果如表 5-31 所示。从表中可以看出，F 值为 63.831，表明回归效果好，调整后的 R^2 为 0.399，表明新时代大学生主动性人格可以用来解释制定规划总体变异的 39.9%。同时 β 值为 0.611（P < 0.01），表明主动性人格与制定规划有显著的正相关关系。

表 5-31　新时代大学生主动性人格对制定规划的回归分析

模型	非标准化系数		标准化系数	T 值	Sig.
	B	标准误差	β		
常量	1.488	0.224		6.644	0.000
性别	−0.218	0.058	−0.123	−3.743	0.000
年级	−0.081	0.032	−0.088	−2.530	0.012
学历	0.042	0.056	0.025	0.751	0.453
专业类型	0.017	0.015	0.037	1.124	0.262
主动性人格	0.679	0.036	0.611	18.662	0.000
F=63.831　Adj. R^2=0.399					

把新时代大学生主动性人格作为自变量，职业决策效能感中的问题解决作为因变量进行回归分析，回归分析的结果如表 5-32 所示。从表中可以看出，F 值为 58.783，表明回归效果好，调整后的 R^2 为 0.379，表明新时代大学生主动性人格可以用来解释问题解决总体变异的 37.9%。同时 β 值为 0.597（P < 0.01），表明主动性人格与问题解决有显著的正相关关系。

表 5-32　新时代大学生主动性人格对问题解决的回归分析

模型	非标准化系数		标准化系数	T 值	Sig.
	B	标准误差	β		
常量	1.516	0.224		6.759	0.000
性别	−0.199	0.058	−0.114	−3.423	0.001
年级	−0.088	0.032	−0.097	−2.740	0.006
学历	0.053	0.056	0.032	0.945	0.345
专业类型	0.012	0.015	0.026	0.782	0.435
主动性人格	0.653	0.036	0.597	17.928	0.000
F=58.783　Adj. R^2=0.379					

第三节 新时代大学生动机与职业价值观、职业决策自我效能感

一、新时代大学生动机与职业价值观

把新时代大学生动机的六个因素即内在调节、整合调节、认同调节、投射、外部调节、缺乏动机作为自变量，职业价值观中的生活方式作为因变量进行回归分析，回归分析的结果如表5-33所示。从表中可以看出，F值为49.084，表明回归效果好，调整后的 R^2 为0.483，表明新时代大学生动机可以用来解释生活方式总体变异的48.3%。同时 β 值分别为0.274（P<0.01）、0.106（P>0.05）、0.148（P<0.05）、-0.109（P>0.05）、-0.011（P>0.05）、0.354（P<0.01），表明动机中的整合调节、投射、外部调节与生活方式的显著性不高，内在调节、认同调节、缺乏动机与生活方式有显著的正相关关系。

表5-33 新时代大学生动机对生活方式的回归分析

模型	非标准化系数		标准化系数 β	T 值	Sig.
	B	标准误差			
常量	0.592	0.216		2.746	0.006
性别	0.066	0.054	0.038	1.220	0.223
年级	−0.043	0.030	−0.047	−1.435	0.152
学历	0.031	0.052	0.019	0.604	0.546
专业类型	0.007	0.014	0.015	0.479	0.632
动机（内在调节）	0.294	0.068	0.274	4.317	0.000
动机（整合调节）	0.118	0.078	0.106	1.523	0.128
动机（认同调节）	0.165	0.082	0.148	2.002	0.046
动机（投射）	−0.123	0.073	−0.109	−1.683	0.093
动机（外部调节）	−0.011	0.054	−0.011	−0.208	0.836
动机（缺乏动机）	0.380	0.062	0.354	6.142	0.000
F=49.084 Adj. R^2=0.483					

把新时代大学生动机的六个因素即内在调节、整合调节、认同调节、投射、外部调节、缺乏动机作为自变量，职业价值观中的智力激发作为因变量进行回归分析，回归分析的结果如表5-34所示。从表中可以看出，F值为51.198，表明回归效果好，调整后的 R^2 为0.493，表明新时代大学生动机可以用来解释智力激发总体变异的49.3%。同时 β 值分别为0.399（$P < 0.01$）、0.036（$P > 0.05$）、0.158（$P < 0.05$）、-0.111（$P > 0.05$）、-0.031（$P > 0.05$）、0.306（$P < 0.01$），表明动机中的整合调节、投射、外部调节与智力激发的显著性不高，内在调节、认同调节、缺乏动机与智力激发有显著的正相关关系。

表5-34　新时代大学生动机对智力激发的回归分析

模型	非标准化系数		标准化系数	T 值	Sig.
	B	标准误差	β		
常量	0.654	0.210		3.121	0.002
性别	0.125	0.053	0.072	2.355	0.019
年级	0.014	0.029	0.016	0.487	0.626
学历	-0.009	0.050	-0.006	-0.188	0.851
专业类型	-0.003	0.014	-0.006	-0.184	0.854
动机（内在调节）	0.421	0.066	0.399	6.358	0.000
动机（整合调节）	0.040	0.075	0.036	0.528	0.598
动机（认同调节）	0.173	0.080	0.158	2.166	0.031
动机（投射）	-0.122	0.071	-0.111	-1.725	0.085
动机（外部调节）	-0.031	0.052	-0.031	-0.589	0.556
动机（缺乏动机）	0.323	0.060	0.306	5.372	0.000
F=51.198　Adj. R^2=0.493					

把新时代大学生动机的六个因素即内在调节、整合调节、认同调节、投射、外部调节、缺乏动机作为自变量，职业价值观中的创造性作为因变量进行回归分析，回归分析的结果如表5-35所示。从表中可以看出，F值为57.826，表明回归效果好，调整后的 R^2 为0.524，表明新时代大学生动机可以用来解释创造性总体变异的52.4%。同时 β 值分别为0.381（$P < 0.01$）、0.064（$P > 0.05$）、0.228（$P < 0.05$）、-0.121（$P > 0.05$）、-0.043（$P > 0.05$）、0.269（$P < 0.01$），表明动机中的整合调节、投射、外部调节与创造性的显著性不高，内在调节、认同调节、缺乏动机与创造性有显著的正相关关系。

表 5-35 新时代大学生动机对创造性的回归分析

模型	非标准化系数		标准化系数 β	T 值	Sig.
	B	标准误差			
常量	0.550	0.204		2.697	0.007
性别	0.116	0.051	0.067	2.260	0.024
年级	0.008	0.028	0.009	0.285	0.776
学历	0.015	0.049	0.009	0.316	0.752
专业类型	0.000	0.013	−0.001	−0.023	0.982
动机（内在调节）	0.404	0.064	0.381	6.269	0.000
动机（整合调节）	0.070	0.073	0.064	0.960	0.338
动机（认同调节）	0.250	0.078	0.228	3.221	0.001
动机（投射）	−0.134	0.069	−0.121	−1.949	0.052
动机（外部调节）	−0.043	0.051	−0.043	−0.859	0.391
动机（缺乏动机）	0.285	0.058	0.269	4.871	0.000
F=57.826 Adj. R^2=0.524					

把新时代大学生动机的六个因素即内在调节、整合调节、认同调节、投射、外部调节、缺乏动机作为自变量，职业价值观中的利他主义作为因变量进行回归分析，回归分析的结果如表 5-36 所示。从表中可以看出，F 值为53.869，表明回归效果好，调整后的 R^2 为 0.506，表明新时代大学生动机可以用来解释利他主义总体变异的 50.6%。同时 β 值分别为 0.387（$P < 0.01$）、0.005（$P > 0.05$）、0.240（$P < 0.05$）、−0.044（$P > 0.05$）、−0.038（$P > 0.05$）、0.214（$P < 0.01$），表明动机中的整合调节、投射、外部调节与利他主义的显著性不高，内在调节、认同调节、缺乏动机与利他主义有显著的正相关关系。

表 5-36 新时代大学生动机对利他主义的回归分析

模型	非标准化系数		标准化系数 β	T 值	Sig.
	B	标准误差			
常量	0.484	0.210		2.303	0.022
性别	0.153	0.053	0.087	2.883	0.004
年级	0.010	0.029	0.011	0.352	0.725
学历	0.031	0.050	0.019	0.613	0.540
专业类型	0.002	0.014	0.004	0.129	0.898

模型	非标准化系数		标准化系数 β	T 值	Sig.
	B	标准误差			
动机（内在调节）	0.415	0.066	0.387	6.254	0.000
动机（整合调节）	0.006	0.076	0.005	0.076	0.939
动机（认同调节）	0.266	0.080	0.240	3.322	0.001
动机（投射）	−0.049	0.071	−0.044	−0.685	0.494
动机（外部调节）	−0.038	0.052	−0.038	−0.731	0.465
动机（缺乏动机）	0.229	0.060	0.214	3.795	0.000
F=53.869 Adj. R^2=0.506					

把新时代大学生动机的六个因素即内在调节、整合调节、认同调节、投射、外部调节、缺乏动机作为自变量，职业价值观中的成就感作为因变量进行回归分析，回归分析的结果如表 5-37 所示。从表中可以看出，F 值为 47.992，表明回归效果好，调整后的 R^2 为 0.477，表明新时代大学生动机可以用来解释成就感总体变异的 47.7%。同时 β 值分别为 0.383（P < 0.01）、−0.005（P > 0.05）、0.244（P < 0.01）、−0.124（P > 0.05）、−0.012（P > 0.05）、0.256（P < 0.01），表明动机中的整合调节、投射、外部调节与成就感的显著性不高，内在调节、认同调节、缺乏动机与成就感有显著的正相关关系。

表 5-37 新时代大学生动机对成就感的回归分析

模型	非标准化系数		标准化系数 β	T 值	Sig.
	B	标准误差			
常量	0.604	0.211		2.857	0.004
性别	0.155	0.053	0.090	2.902	0.004
年级	0.007	0.029	0.007	0.226	0.821
学历	0.042	0.051	0.026	0.836	0.404
专业类型	0.008	0.014	0.017	0.556	0.579
动机（内在调节）	0.402	0.067	0.383	6.018	0.000
动机（整合调节）	−0.006	0.076	−0.005	−0.079	0.937
动机（认同调节）	0.265	0.081	0.244	3.292	0.001
动机（投射）	−0.135	0.071	−0.124	−1.893	0.059
动机（外部调节）	−0.012	0.052	−0.012	−0.231	0.818
动机（缺乏动机）	0.268	0.061	0.256	4.418	0.000
F=47.992 Adj. R^2=0.477					

　　把新时代大学生动机的六个因素即内在调节、整合调节、认同调节、投射、外部调节、缺乏动机作为自变量，职业价值观中的工作报酬作为因变量进行回归分析，回归分析的结果如表 5-38 所示。从表中可以看出，F 值为 51.827，表明回归效果好，调整后的 R^2 为 0.496，表明新时代大学生动机可以用来解释工作报酬总体变异的 49.6%。同时 β 值分别为 0.384（ P < 0.01 ）、0.039（ P > 0.05 ）、0.140（ P > 0.05 ）、-0.032（ P > 0.05 ）、-0.048（ P > 0.05 ）、0.280（ P < 0.01 ），表明动机中的整合调节、认同调节、投射、外部调节与工作报酬的显著性不高，内在调节、缺乏动机与工作报酬有显著的正相关关系。

表 5-38　新时代大学生动机对工作报酬的回归分析

模型	非标准化系数		标准化系数 β	T 值	Sig.
	B	标准误差			
常量	0.662	0.206		3.218	0.001
性别	0.132	0.052	0.077	2.543	0.011
年级	0.006	0.028	0.006	0.201	0.841
学历	0.065	0.049	0.040	1.323	0.186
专业类型	-0.007	0.014	-0.016	-0.525	0.600
动机（内在调节）	0.400	0.065	0.384	6.149	0.000
动机（整合调节）	0.042	0.074	0.039	0.568	0.571
动机（认同调节）	0.151	0.078	0.140	1.926	0.055
动机（投射）	-0.035	0.070	-0.032	-0.506	0.613
动机（外部调节）	-0.047	0.051	-0.048	-0.929	0.353
动机（缺乏动机）	0.291	0.059	0.280	4.932	0.000

F=51.827 Adj. R^2=0.496

　　把新时代大学生动机的六个因素即内在调节、整合调节、认同调节、投射、外部调节、缺乏动机作为自变量，职业价值观中的安全性作为因变量进行回归分析，回归分析的结果如表 5-39 所示。从表中可以看出，F 值为 50.056，表明回归效果好，调整后的 R^2 为 0.488，表明新时代大学生动机可以用来解释安全性总体变异的 48.8%。同时 β 值分别为 0.401（ P < 0.01 ）、0.051（ P > 0.05 ）、0.095（ P > 0.05 ）、-0.008（ P > 0.05 ）、-0.111（ P < 0.05 ）、0.307（ P < 0.01 ），表明动机中的整合调节、认同调节、投射与安全性的显著性不高，外部调节与安全性有显著的负相关关系，内在调节、缺乏动机与安全性有显著的正相关关系。

表 5-39　新时代大学生动机对安全性的回归分析

模型	非标准化系数		标准化系数 β	T 值	Sig.
	B	标准误差			
常量	0.641	0.211		3.039	0.002
性别	0.166	0.053	0.096	3.121	0.002
年级	0.017	0.029	0.018	0.570	0.569
学历	0.067	0.051	0.041	1.325	0.186
专业类型	−0.009	0.014	−0.019	−0.612	0.541
动机（内在调节）	0.425	0.067	0.401	6.364	0.000
动机（整合调节）	0.057	0.076	0.051	0.746	0.456
动机（认同调节）	0.104	0.080	0.095	1.293	0.197
动机（投射）	−0.008	0.071	−0.008	−0.117	0.907
动机（外部调节）	−0.111	0.052	−0.111	−2.122	0.034
动机（缺乏动机）	0.324	0.061	0.307	5.349	0.000
F=50.056　Adj. R^2=0.488					

把新时代大学生动机的六个因素即内在调节、整合调节、认同调节、投射、外部调节、缺乏动机作为自变量，职业价值观中的变动性作为因变量进行回归分析，回归分析的结果如表 5-40 所示。从表中可以看出，F 值为 49.914，表明回归效果好，调整后的 R^2 为 0.476，表明新时代大学生动机可以用来解释变动性总体变异的 47.6%。同时 β 值分别为 0.402（P＜0.01）、0.069（P＞0.05）、0.092（P＞0.05）、−0.049（P＞0.05）、−0.072（P＞0.05）、0.297（P＜0.01），表明动机中的整合调节、认同调节、投射、外部调节与变动性的显著性不高，内在调节、缺乏动机与变动性有显著的正相关关系。

表 5-40　新时代大学生动机对变动性的回归分析

模型	非标准化系数		标准化系数 β	T 值	Sig.
	B	标准误差			
常量	0.660	0.212		3.111	0.002
性别	0.142	0.054	0.082	2.654	0.008
年级	0.009	0.029	0.011	0.324	0.746
学历	0.051	0.051	0.031	0.995	0.320
专业类型	0.002	0.014	0.005	0.177	0.860

续表

模型	非标准化系数		标准化系数 β	T 值	Sig.
	B	标准误差			
动机（内在调节）	0.423	0.067	0.402	6.304	0.000
动机（整合调节）	0.075	0.076	0.069	0.987	0.324
动机（认同调节）	0.100	0.081	0.092	1.236	0.217
动机（投射）	−0.054	0.072	−0.049	−0.752	0.452
动机（外部调节）	−0.072	0.053	−0.072	−1.360	0.174
动机（缺乏动机）	0.311	0.061	0.297	5.118	0.000
F=49.914 Adj. R^2=0.476					

把新时代大学生动机的六个因素即内在调节、整合调节、认同调节、投射、外部调节、缺乏动机作为自变量，职业价值观中的独立性作为因变量进行回归分析，回归分析的结果如表 5-41 所示。从表中可以看出，F 值为47.582，表明回归效果好，调整后的 R^2 为 0.475，表明新时代大学生动机可以用来解释独立性总体变异的 47.5%。同时 β 值分别为 0.395（P < 0.01）、0.107（P > 0.05）、0.049（P > 0.05）、−0.107（P > 0.05）、−0.016（P > 0.05）、0.324（P < 0.01），表明动机中的整合调节、认同调节、投射、外部调节与独立性的显著性不高，内在调节、缺乏动机与独立性有显著的正相关关系。

表 5-41　新时代大学生动机对独立性的回归分析

模型	非标准化系数		标准化系数 β	T 值	Sig.
	B	标准误差			
常量	0.829	0.209		3.957	0.000
性别	0.108	0.053	0.064	2.045	0.041
年级	−0.023	0.029	−0.026	−0.793	0.428
学历	0.027	0.050	0.017	0.532	0.595
专业类型	−0.002	0.014	−0.006	−0.179	0.858
动机（内在调节）	0.409	0.066	0.395	6.186	0.000
动机（整合调节）	0.116	0.075	0.107	1.535	0.125
动机（认同调节）	0.052	0.080	0.049	0.657	0.512
动机（投射）	−0.115	0.071	−0.107	−1.625	0.105
动机（外部调节）	−0.015	0.052	−0.016	−0.293	0.770
动机（缺乏动机）	0.335	0.060	0.324	5.586	0.000
F=47.582 Adj. R^2=0.475					

把新时代大学生动机的六个因素即内在调节、整合调节、认同调节、投射、外部调节、缺乏动机作为自变量，职业价值观中的声誉作为因变量进行回归分析，回归分析的结果如表5-42所示。从表中可以看出，F值为43.184，表明回归效果好，调整后的 R^2 为0.450，表明新时代大学生动机可以用来解释声誉总体变异的45%。同时 β 值分别为0.463（$P < 0.01$）、-0.001（$P > 0.05$）、0.121（$P > 0.05$）、-0.086（$P > 0.05$）、0.016（$P > 0.05$）、0.219（$P < 0.01$），表明动机中的整合调节、认同调节、投射、外部调节与声誉的显著性不高，内在调节、缺乏动机与声誉有显著的正相关关系。

表5-42　新时代大学生动机对声誉的回归分析

模型	非标准化系数		标准化系数 β	T 值	Sig.
	B	标准误差			
常量	0.781	0.219		3.557	0.000
性别	0.118	0.055	0.068	2.136	0.033
年级	0.020	0.030	0.022	0.657	0.511
学历	0.025	0.053	0.015	0.467	0.640
专业类型	−0.003	0.014	−0.008	−0.237	0.812
动机（内在调节）	0.492	0.069	0.463	7.086	0.000
动机（整合调节）	−0.001	0.079	−0.001	−0.012	0.991
动机（认同调节）	0.133	0.084	0.121	1.590	0.112
动机（投射）	−0.095	0.074	−0.086	−1.285	0.199
动机（外部调节）	0.016	0.054	0.016	0.285	0.775
动机（缺乏动机）	0.232	0.063	0.219	3.694	0.000

F=43.184 Adj. R^2=0.450

把新时代大学生动机的六个因素即内在调节、整合调节、认同调节、投射、外部调节、缺乏动机作为自变量，职业价值观中的同事关系作为因变量进行回归分析，回归分析的结果如表5-43所示。从表中可以看出，F值为47.058，表明回归效果好，调整后的 R^2 为0.472，表明新时代大学生动机可以用来解释同事关系总体变异的47.2%。同时 β 值分别为0.394（$P < 0.01$）、0.043（$P > 0.05$）、0.160（$P < 0.05$）、-0.049（$P > 0.05$）、-0.067（$P > 0.05$）、0.254（$P < 0.01$），表明动机中的整合调节、投射、外部调节与同事关系的显著性不高，内在调节、认同调节、缺乏动机与同事关系有显著的正相关关系。

表 5-43　新时代大学生动机对同事关系的回归分析

模型	非标准化系数		标准化系数 β	T 值	Sig.
	B	标准误差			
常量	0.655	0.217		3.011	0.003
性别	0.119	0.055	0.068	2.172	0.030
年级	0.021	0.030	0.023	0.692	0.490
学历	0.039	0.052	0.023	0.743	0.458
专业类型	0.000	0.014	0.001	0.035	0.972
动机（内在调节）	0.423	0.069	0.394	6.152	0.000
动机（整合调节）	0.048	0.078	0.043	0.612	0.541
动机（认同调节）	0.178	0.083	0.160	2.143	0.033
动机（投射）	−0.055	0.073	−0.049	−0.748	0.455
动机（外部调节）	−0.068	0.054	−0.067	−1.266	0.206
动机（缺乏动机）	0.272	0.062	0.254	4.357	0.000

F=47.058　Adj. R^2=0.472

二、新时代大学生动机与职业决策自我效能感

把新时代大学生动机的六个因素即内在调节、整合调节、认同调节、投射、外部调节、缺乏动机作为自变量，职业决策效能感中的自我评价作为因变量进行回归分析，回归分析的结果如表 5-44 所示。从表中可以看出，F 值为 36.404，表明回归效果好，调整后的 R^2 为 0.407，表明新时代大学生动机可以用来解释自我评价总体变异的 40.7%。同时 β 值分别为 0.318（P＜0.01）、−0.132（P＞0.05）、0.206（P＜0.01）、0.064（P＞0.05）、0.049（P＞0.05）、0.178（P＜0.01），表明动机中的整合调节、投射、外部调节与自我评价的显著性不高，内在调节、认同调节、缺乏动机与自我评价有显著的正相关关系。

表 5-44　新时代大学生动机对自我评价的回归分析

模型	非标准化系数		标准化系数 β	T 值	Sig.
	B	标准误差			
常量	1.237	0.232		5.339	0.000
性别	−0.167	0.058	−0.094	−2.853	0.004

模型	非标准化系数		标准化系数 β	T 值	Sig.
	B	标准误差			
年级	−0.090	0.032	−0.099	−2.832	0.005
学历	−0.015	0.055	−0.009	−0.262	0.793
专业类型	0.005	0.015	0.012	0.360	0.719
动机（内在调节）	0.344	0.073	0.318	4.693	0.000
动机（整合调节）	−0.148	0.083	−0.132	−1.781	0.075
动机（认同调节）	0.230	0.088	0.206	2.607	0.009
动机（投射）	0.072	0.078	0.064	0.923	0.356
动机（外部调节）	0.050	0.057	0.049	0.873	0.383
动机（缺乏动机）	0.192	0.066	0.178	2.892	0.004
F=36.404 Adj. R^2=0.407					

把新时代大学生动机的六个因素即内在调节、整合调节、认同调节、投射、外部调节、缺乏动机作为自变量，职业决策效能感中的收集信息作为因变量进行回归分析，回归分析的结果如表 5-45 所示。从表中可以看出，F 值为 38.178，表明回归效果好，调整后的 R^2 为 0.419，表明新时代大学生动机可以用来解释收集信息总体变异的 41.9%。同时 β 值分别为 0.300（P < 0.01）、−0.112（P > 0.05）、0.187（P < 0.05）、0.140（P < 0.05）、0.044（P > 0.05）、0.139（P < 0.05），表明动机中的整合调节、外部调节与收集信息的显著性不高，内在调节、认同调节、投射、缺乏动机与收集信息有显著的正相关关系。

表 5-45　新时代大学生动机对收集信息的回归分析

模型	非标准化系数		标准化系数 β	T 值	Sig.
	B	标准误差			
常量	1.199	0.230		5.223	0.000
性别	−0.167	0.058	−0.094	−2.881	0.004
年级	−0.089	0.032	−0.098	−2.825	0.005
学历	−0.014	0.055	−0.008	−0.254	0.799
专业类型	0.007	0.015	0.015	0.469	0.639
动机（内在调节）	0.324	0.073	0.300	4.462	0.000
动机（整合调节）	−0.126	0.083	−0.112	−1.520	0.129

模型	非标准化系数		标准化系数 β	T 值	Sig.
	B	标准误差			
动机（认同调节）	0.209	0.087	0.187	2.395	0.017
动机（投射）	0.157	0.078	0.140	2.024	0.043
动机（外部调节）	0.045	0.057	0.044	0.785	0.433
动机（缺乏动机）	0.149	0.066	0.139	2.269	0.024

F=38.178 Adj. R^2=0.419

把新时代大学生动机的六个因素即内在调节、整合调节、认同调节、投射、外部调节、缺乏动机作为自变量，职业决策效能感中的选择目标作为因变量进行回归分析，回归分析的结果如表 5-46 所示。从表中可以看出，F 值为 40.196，表明回归效果好，调整后的 R^2 为 0.432，表明新时代大学生动机可以用来解释选择目标总体变异的 43.2%。同时 β 值分别为 0.356（P < 0.01）、−0.104（P > 0.05）、0.201（P < 0.05）、0.045（P > 0.05）、0.089（P > 0.05）、0.127（P < 0.05），表明动机中的整合调节、投射、外部调节与选择目标的显著性不高，内在调节、认同调节、缺乏动机与选择目标有显著的正相关关系。

表 5-46　新时代大学生动机对选择目标的回归分析

模型	非标准化系数		标准化系数 β	T 值	Sig.
	B	标准误差			
常量	1.124	0.227		4.945	0.000
性别	−0.176	0.057	−0.099	−3.075	0.002
年级	−0.084	0.031	−0.091	−2.679	0.008
学历	0.002	0.054	0.001	0.032	0.974
专业类型	0.017	0.015	0.036	1.111	0.267
动机（内在调节）	0.385	0.072	0.356	5.359	0.000
动机（整合调节）	−0.117	0.082	−0.104	−1.436	0.152
动机（认同调节）	0.224	0.087	0.201	2.592	0.010
动机（投射）	0.051	0.077	0.045	0.666	0.506
动机（外部调节）	0.091	0.056	0.089	1.610	0.108
动机（缺乏动机）	0.137	0.065	0.127	2.098	0.036

F=40.196 Adj. R^2=0.432

把新时代大学生动机的六个因素即内在调节、整合调节、认同调节、投射、外部调节、缺乏动机作为自变量，职业决策效能感中的制定规划作为因变量进行回归分析，回归分析的结果如表 5-47 所示。从表中可以看出，F 值为 36.260，表明回归效果好，调整后的 R^2 为 0.406，表明新时代大学生动机可以用来解释制定规划总体变异的 40.6%。同时 β 值分别为 0.340（P < 0.01）、−0.142（P > 0.05）、0.114（P > 0.05）、0.063（P > 0.05）、0.068（P > 0.05）、0.245（P < 0.01），表明动机中的整合调节、认同调节、投射、外部调节与制定规划的显著性不高，内在调节、缺乏动机与制定规划有显著的正相关关系。

表 5-47　新时代大学生动机对制定规划的回归分析

模型	非标准化系数		标准化系数	T 值	Sig.
	B	标准误差	β		
常量	1.307	0.232		5.628	0.000
性别	−0.191	0.059	−0.108	−3.266	0.001
年级	−0.083	0.032	−0.091	−2.607	0.009
学历	−0.005	0.056	−0.003	−0.096	0.924
专业类型	0.020	0.015	0.042	1.279	0.202
动机（内在调节）	0.368	0.073	0.340	5.005	0.000
动机（整合调节）	−0.160	0.084	−0.142	−1.913	0.056
动机（认同调节）	0.127	0.089	0.114	1.437	0.151
动机（投射）	0.071	0.079	0.063	0.903	0.367
动机（外部调节）	0.070	0.058	0.068	1.206	0.228
动机（缺乏动机）	0.264	0.067	0.245	3.967	0.000

F=36.260　Adj. R^2=0.406

把新时代大学生动机的六个因素即内在调节、整合调节、认同调节、投射、外部调节、缺乏动机作为自变量，职业决策效能感中的问题解决作为因变量进行回归分析，回归分析的结果如表 5-48 所示。从表中可以看出，F 值为 34.585，表明回归效果好，调整后的 R^2 为 0.395，表明新时代大学生动机可以用来解释问题解决总体变异的 39.5%。同时 β 值分别为 0.355（P < 0.01）、−0.144（P > 0.05）、0.108（P > 0.05）、0.102（P > 0.05）、0.091（P > 0.05）、0.172（P < 0.01），表明动机中的整合调节、认同调节、投射、外部调节与问题解决的显著性不高，内在调节、缺乏动机与问题解决有显著的正相关关系。

表 5-48　新时代大学生动机对问题解决的回归分析

模型	非标准化系数		标准化系数 β	T 值	Sig.
	B	标准误差			
常量	1.294	0.231		5.599	0.000
性别	−0.173	0.058	−0.099	−2.969	0.003
年级	−0.087	0.032	−0.097	−2.752	0.006
学历	0.006	0.055	0.004	0.111	0.912
专业类型	0.013	0.015	0.030	0.885	0.377
动机（内在调节）	0.378	0.073	0.355	5.180	0.000
动机（整合调节）	−0.160	0.083	−0.144	−1.921	0.055
动机（认同调节）	0.119	0.088	0.108	1.348	0.178
动机（投射）	0.114	0.078	0.102	1.454	0.147
动机（外部调节）	0.092	0.057	0.091	1.600	0.110
动机（缺乏动机）	0.183	0.066	0.172	2.755	0.006

$F=34.585$　Adj. $R^2=0.395$

第六章 新时代大学生个性特征与就业创业

第一节　新时代大学生人格特质与就业意向、就业焦虑、创业意愿、创业激情

一、新时代大学生人格特质与就业意向

把新时代大学生人格特质的五个因素即外向性、尽责性、神经质、经验开放性、宜人性作为自变量，就业意向中的职业价值观系统作为因变量进行回归分析，回归分析的结果如表 6-1 所示。从表中可以看出，F 值为 11.808，表明回归效果好，调整后的 R^2 为 0.160，表明新时代大学生人格特质可以用来解释职业价值观系统总体变异的 16%。同时 β 值分别为 0.092（$P > 0.05$）、0.008（$P > 0.05$）、−0.004（$P > 0.05$）、0.216（$P < 0.01$）、0.137（$P < 0.05$），表明人格特质中的外向性、尽责性、神经质与职业价值观系统的显著性不高，经验开放性、宜人性与职业价值观系统有显著的正相关关系。

表 6-1　新时代大学生人格特质对职业价值观系统的回归分析

模型	非标准化系数		标准化系数 β	T 值	Sig.
	B	标准误差			
常量	2.089	0.251		8.318	0.000
性别	−0.127	0.063	−0.079	−2.008	0.045
年级	−0.053	0.035	−0.063	−1.516	0.130
学历	−0.027	0.060	−0.018	−0.443	0.658
专业类型	0.024	0.017	0.057	1.465	0.143
人格特质（外向性）	0.077	0.057	0.092	1.346	0.179
人格特质（尽责性）	0.007	0.062	0.008	0.114	0.910
人格特质（神经质）	−0.003	0.032	−0.004	−0.080	0.936
人格特质（经验开放性）	0.201	0.055	0.216	3.640	0.000
人格特质（宜人性）	0.143	0.063	0.137	2.269	0.024
F=11.808　Adj. R^2=0.160					

把新时代大学生人格特质的五个因素即外向性、尽责性、神经质、经验开放性、宜人性作为自变量，就业意向中的就业期待观系统作为因变量进行回归分析，回归分析的结果如表 6-2 所示。从表中可以看出，F 值为 12.432，表明回归效果好，调整后的 R^2 为 0.168，表明新时代大学生人格特质可以用来解释就业期待系统总体变异的 16.8%。同时 β 值分别为 0.137（$P < 0.05$）、0.018（$P > 0.05$）、−0.056（$P > 0.05$）、0.243（$P < 0.01$）、0.100（$P > 0.05$），表明人格特质中的尽责性、神经质、宜人性与就业期待系统的显著性不高，外向性、经验开放性与就业期待系统有显著的正相关关系。

表 6-2　新时代大学生人格特质对就业期待系统的回归分析

模型	非标准化系数		标准化系数	T 值	Sig.
	B	标准误差	β		
常量	2.035	0.250		8.150	0.000
性别	−0.072	0.063	−0.045	−1.138	0.256
年级	−0.026	0.035	−0.031	−0.747	0.455
学历	−0.050	0.060	−0.033	−0.836	0.404
专业类型	0.021	0.016	0.049	1.256	0.210
人格特质（外向性）	0.114	0.057	0.137	2.012	0.045
人格特质（尽责性）	0.016	0.061	0.018	0.264	0.792
人格特质（神经质）	−0.041	0.032	−0.056	−1.289	0.198
人格特质（经验开放性）	0.227	0.055	0.243	4.120	0.000
人格特质（宜人性）	0.104	0.063	0.100	1.666	0.096
F=12.432　Adj. R^2=0.168					

把新时代大学生人格特质的五个因素即外向性、尽责性、神经质、经验开放性、宜人性作为自变量，就业意向中的就业准备系统作为因变量进行回归分析，回归分析的结果如表 6-3 所示。从表中可以看出，F 值为 10.708，表明回归效果好，调整后的 R^2 为 0.146，表明新时代大学生人格特质可以用来解释就业准备系统总体变异的 14.6%。同时 β 值分别为 0.083（$P > 0.05$）、0.012（$P > 0.05$）、0.024（$P > 0.05$）、0.200（$P < 0.01$）、0.125（$P < 0.05$），表明人格特质中的外向性、尽责性、神经质与就业准备系统的显著性不高，经验开放性、宜人性与就业准备系统有显著的正相关关系。

表 6-3　新时代大学生人格特质对就业准备系统的回归分析

模型	非标准化系数		标准化系数 β	T 值	Sig.
	B	标准误差			
常量	2.206	0.251		8.790	0.000
性别	−0.146	0.063	−0.091	−2.305	0.022
年级	−0.021	0.035	−0.025	−0.603	0.547
学历	−0.078	0.060	−0.052	−1.300	0.194
专业类型	0.025	0.017	0.059	1.503	0.133
人格特质（外向性）	0.068	0.057	0.083	1.204	0.229
人格特质（尽责性）	0.010	0.062	0.012	0.166	0.868
人格特质（神经质）	0.017	0.032	0.024	0.540	0.589
人格特质（经验开放性）	0.185	0.055	0.200	3.349	0.001
人格特质（宜人性）	0.129	0.063	0.125	2.052	0.041

$F=10.708$ Adj. $R^2=0.146$

二、新时代大学生人格特质与就业焦虑

把新时代大学生人格特质的五个因素即外向性、尽责性、神经质、经验开放性、宜人性作为自变量，就业焦虑中的生理行为作为因变量，进行回归分析，回归分析的结果如表 6-4 所示。从表中可以看出，F 值为 16.575，表明回归效果好，调整后的 R^2 为 0.215，表明新时代大学生人格特质可以用来解释生理行为总体变异的 21.5%。同时 β 值分别为 0.008（$P > 0.05$）、−0.032（$P > 0.05$）、0.437（$P < 0.01$）、−0.166（$P < 0.01$）、0.175（$P < 0.01$），表明人格特质中的外向性、尽责性与生理行为的显著性不高，神经质、经验开放性、宜人性与生理行为有显著的正相关关系。

表 6-4　新时代大学生人格特质对生理行为的回归分析

模型	非标准化系数		标准化系数 β	T 值	Sig.
	B	标准误差			
常量	2.050	0.324		6.335	0.000
性别	−0.084	0.082	−0.039	−1.028	0.304
年级	0.001	0.045	0.001	0.019	0.985
学历	−0.029	0.078	−0.014	−0.373	0.709

续表

模型	非标准化系数		标准化系数 β	T 值	Sig.
	B	标准误差			
专业类型	0.022	0.021	0.038	1.011	0.313
人格特质（外向性）	0.009	0.073	0.008	0.129	0.898
人格特质（尽责性）	−0.038	0.079	−0.032	−0.483	0.629
人格特质（神经质）	0.425	0.041	0.437	10.327	0.000
人格特质（经验开放性）	−0.206	0.071	−0.166	−2.892	0.004
人格特质（宜人性）	0.243	0.081	0.175	2.998	0.003
F=16.575 Adj. R^2=0.215					

把新时代大学生人格特质的五个因素即外向性、尽责性、神经质、经验开放性、宜人性作为自变量，就业焦虑中的主观感受作为因变量进行回归分析，回归分析的结果如表 6-5 所示。从表中可以看出，F 值为 17.059，表明回归效果好，调整后的 R^2 为 0.221，表明新时代大学生人格特质可以用来解释主观感受总体变异的 22.1%。同时 β 值分别为 0.003（P > 0.05）、−0.027（P > 0.05）、0.422（P < 0.01）、−0.152（P < 0.01）、0.194（P < 0.01），表明人格特质中的外向性、尽责性与主观感受的显著性不高，神经质、经验开放性、宜人性与主观感受有显著的正相关关系。

表 6-5　新时代大学生人格特质对主观感受的回归分析

模型	非标准化系数		标准化系数 β	T 值	Sig.
	B	标准误差			
常量	1.867	0.326		5.724	0.000
性别	−0.100	0.082	−0.046	−1.216	0.224
年级	−0.048	0.045	−0.043	−1.063	0.288
学历	−0.019	0.078	−0.009	−0.243	0.808
专业类型	0.025	0.021	0.045	1.181	0.238
人格特质（外向性）	0.003	0.074	0.003	0.047	0.962
人格特质（尽责性）	−0.032	0.080	−0.027	−0.404	0.686
人格特质（神经质）	0.415	0.042	0.422	9.996	0.000
人格特质（经验开放性）	−0.192	0.072	−0.152	−2.668	0.008
人格特质（宜人性）	0.274	0.082	0.194	3.347	0.001
F=17.059 Adj. R^2=0.221					

把新时代大学生人格特质的五个因素即外向性、尽责性、神经质、经验开放性、宜人性作为自变量，就业焦虑中的个体因素作为因变量进行回归分析，回归分析的结果如表6-6所示。从表中可以看出，F值为13.677，表明回归效果好，调整后的 R^2 为0.183，表明新时代大学生人格特质可以用来解释个体因素总体变异的18.3%。同时 β 值分别为0.064（P > 0.05）、-0.083（P > 0.05）、0.391（P < 0.01）、-0.106（P > 0.05）、0.167（P < 0.01），表明人格特质中的外向性、尽责性、经验开放性与个体因素的显著性不高，神经质、宜人性与个体因素有显著的正相关关系。

表6-6　新时代大学生人格特质对个体因素的回归分析

模型	非标准化系数		标准化系数	T 值	Sig.
	B	标准误差	β		
常量	1.907	0.311		6.121	0.000
性别	-0.077	0.079	-0.038	-0.978	0.328
年级	0.042	0.043	0.040	0.974	0.330
学历	-0.017	0.075	-0.009	-0.233	0.816
专业类型	0.013	0.020	0.025	0.652	0.515
人格特质（外向性）	0.067	0.071	0.064	0.955	0.340
人格特质（尽责性）	-0.092	0.076	-0.083	-1.209	0.227
人格特质（神经质）	0.359	0.040	0.391	9.058	0.000
人格特质（经验开放性）	-0.124	0.069	-0.106	-1.812	0.070
人格特质（宜人性）	0.219	0.078	0.167	2.806	0.005
F=13.677 Adj. R^2=0.183					

把新时代大学生人格特质的五个因素即外向性、尽责性、神经质、经验开放性、宜人性作为自变量，就业焦虑中的环境因素作为因变量进行回归分析，回归分析的结果如表6-7所示。从表中可以看出，F值为11.883，表明回归效果好，调整后的 R^2 为0.161，表明新时代大学生人格特质可以用来解释环境因素总体变异的16.1%。同时 β 值分别为0.114（P > 0.05）、-0.086（P > 0.05）、0.384（P < 0.01）、-0.123（P < 0.05）、0.134（P < 0.05），表明人格特质中的外向性、尽责性与环境因素的显著性不高，神经质、经验开放性、宜人性与环境因素有显著的正相关关系。

表6-7 新时代大学生人格特质对环境因素的回归分析

模型	非标准化系数		标准化系数 β	T 值	Sig.
	B	标准误差			
常量	2.008	0.307		6.533	0.000
性别	−0.009	0.078	−0.005	−0.119	0.905
年级	0.008	0.043	0.008	0.192	0.848
学历	0.023	0.074	0.012	0.309	0.757
专业类型	−0.005	0.020	−0.010	−0.262	0.793
人格特质（外向性）	0.116	0.070	0.114	1.665	0.096
人格特质（尽责性）	−0.094	0.076	−0.086	−1.243	0.214
人格特质（神经质）	0.343	0.039	0.384	8.771	0.000
人格特质（经验开放性）	−0.141	0.068	−0.123	−2.077	0.038
人格特质（宜人性）	0.171	0.077	0.134	2.216	0.027

F=11.883 Adj. R^2=0.161

三、新时代大学生人格特质与创业意愿

把新时代大学生人格特质的五个因素即外向性、尽责性、神经质、经验开放性、宜人性作为自变量，创业意愿作为因变量进行回归分析，回归分析的结果如表6-8所示。从表中可以看出，F值为12.212，表明回归效果好，调整后的 R^2 为0.165，表明新时代大学生人格特质可以用来解释创业意愿总体变异的16.5%。同时 β 值分别为0.146（$P < 0.05$）、−0.019（$P > 0.05$）、0.193（$P < 0.01$）、0.071（$P < 0.05$）、0.114（$P < 0.05$），表明人格特质中的外向性、尽责性与创业意愿的显著性不高，神经质、经验开放性、宜人性与创业意愿有显著的正相关关系。

表6-8 新时代大学生人格特质对创业意愿的回归分析

模型	非标准化系数		标准化系数 β	T 值	Sig.
	B	标准误差			
常量	2.064	0.261		7.906	0.000
性别	−0.158	0.066	−0.094	−2.391	0.017
年级	−0.052	0.036	−0.060	−1.446	0.149
学历	−0.061	0.063	−0.038	−0.971	0.332
专业类型	0.027	0.017	0.062	1.599	0.110

模型	非标准化系数		标准化系数 β	T 值	Sig.
	B	标准误差			
人格特质（外向性）	0.127	0.059	0.146	2.151	0.032
人格特质（尽责性）	−0.018	0.064	−0.019	−0.273	0.785
人格特质（神经质）	0.147	0.033	0.193	4.410	0.000
人格特质（经验开放性）	0.069	0.057	0.071	1.205	0.229
人格特质（宜人性）	0.124	0.065	0.114	1.892	0.059
F=12.212 Adj. R^2=0.165					

四、新时代大学生人格特质与创业激情

把新时代大学生人格特质的五个因素即外向性、尽责性、神经质、经验开放性、宜人性作为自变量，创业激情中的愉悦作为因变量进行回归分析，回归分析的结果如表 6-9 所示。从表中可以看出，F 值为 11.960，表明回归效果好，调整后的 R^2 为 0.162，表明新时代大学生人格特质可以用来解释愉悦总体变异的 16.2%。同时 β 值分别为 0.148（$P < 0.05$）、0.000（$P > 0.05$）、0.020（$P > 0.05$）、0.129（$P < 0.05$）、0.145（$P < 0.05$），表明人格特质中的尽责性、神经质与愉悦的显著性不高，外向性、经验开放性、宜人性与愉悦有显著的正相关关系。

表 6-9 新时代大学生人格特质对愉悦的回归分析

模型	非标准化系数		标准化系数 β	T 值	Sig.
	B	标准误差			
常量	2.102	0.293		7.166	0.000
性别	−0.224	0.074	−0.119	−3.023	0.003
年级	−0.096	0.041	−0.099	−2.370	0.018
学历	−0.094	0.070	−0.053	−1.330	0.184
专业类型	0.032	0.019	0.065	1.649	0.100
人格特质（外向性）	0.145	0.066	0.148	2.177	0.030
人格特质（尽责性）	−3.598E−5	0.072	0.000	0.000	1.000
人格特质（神经质）	0.017	0.037	0.020	0.452	0.652
人格特质（经验开放性）	0.141	0.065	0.129	2.186	0.029
人格特质（宜人性）	0.177	0.074	0.145	2.407	0.016
F=11.960 Adj. R^2=0.162					

　　把新时代大学生人格特质的五个因素即外向性、尽责性、神经质、经验开放性、宜人性作为自变量，创业激情中的心流作为因变量进行回归分析，回归分析的结果如表6-10所示。从表中可以看出，F值为13.943，表明回归效果好，调整后的R^2为0.186，表明新时代大学生人格特质可以用来解释心流总体变异的18.6%。同时β值分别为0.135（$P < 0.05$）、0.087（$P > 0.05$）、-0.007（$P > 0.05$）、0.157（$P < 0.05$）、0.106（$P > 0.05$），表明人格特质中的尽责性、神经质、宜人性与心流的显著性不高，外向性、经验开放性与心流有显著的正相关关系。

表6-10　新时代大学生人格特质对心流的回归分析

模型	非标准化系数		标准化系数	T值	Sig.
	B	标准误差	β		
常量	2.119	0.272		7.779	0.000
性别	-0.212	0.069	-0.119	-3.073	0.002
年级	-0.082	0.038	-0.090	-2.179	0.030
学历	-0.079	0.065	-0.047	-1.202	0.230
专业类型	0.016	0.018	0.035	0.903	0.367
人格特质（外向性）	0.124	0.062	0.135	2.011	0.045
人格特质（尽责性）	0.086	0.067	0.087	1.279	0.201
人格特质（神经质）	-0.006	0.035	-0.007	-0.173	0.863
人格特质（经验开放性）	0.161	0.060	0.157	2.688	0.007
人格特质（宜人性）	0.121	0.068	0.106	1.776	0.076

F=13.943　Adj. R^2=0.186

　　把新时代大学生人格特质的五个因素即外向性、尽责性、神经质、经验开放性、宜人性作为自变量，创业激情中的韧性作为因变量进行回归分析，回归分析的结果如表6-11所示。从表中可以看出，F值为13.904，表明回归效果好，调整后的R^2为0.185，表明新时代大学生人格特质可以用来解释韧性总体变异的18.5%。同时β值分别为0.122（$P > 0.05$）、0.129（$P > 0.05$）、-0.017（$P > 0.05$）、0.162（$P < 0.05$）、0.075（$P > 0.05$），表明人格特质中的外向性、尽责性、神经质、宜人性与韧性的显著性不高，经验开放性与韧性有显著的正相关关系。

表 6-11　新时代大学生人格特质对韧性的回归分析

模型	非标准化系数		标准化系数 β	T 值	Sig.
	B	标准误差			
常量	2.072	0.272		7.617	0.000
性别	−0.197	0.069	−0.111	−2.863	0.004
年级	−0.089	0.038	−0.098	−2.370	0.018
学历	−0.026	0.065	−0.015	−0.396	0.692
专业类型	0.018	0.018	0.039	1.018	0.309
人格特质（外向性）	0.112	0.062	0.122	1.819	0.069
人格特质（尽责性）	0.127	0.067	0.129	1.896	0.058
人格特质（神经质）	−0.013	0.035	−0.017	−0.384	0.701
人格特质（经验开放性）	0.166	0.060	0.162	2.772	0.006
人格特质（宜人性）	0.086	0.068	0.075	1.262	0.208
F=13.904　Adj. R^2=0.185					

　　把新时代大学生人格特质的五个因素即外向性、尽责性、神经质、经验开放性、宜人性作为自变量，创业激情中的冒险作为因变量进行回归分析，回归分析的结果如表 6-12 所示。从表中可以看出，F 值为 12.089，表明回归效果好，调整后的 R^2 为 0.164，表明新时代大学生人格特质可以用来解释冒险总体变异的 16.4%。同时 β 值分别为 0.155（$P < 0.05$）、0.077（$P > 0.05$）、−0.015（$P > 0.05$）、0.155（$P < 0.05$）、0.054（$P > 0.05$），表明人格特质中的尽责性、神经质、宜人性与冒险的显著性不高，外向性、经验开放性与冒险有显著的正相关关系。

表 6-12　新时代大学生人格特质对冒险的回归分析

模型	非标准化系数		标准化系数 β	T 值	Sig.
	B	标准误差			
常量	2.282	0.282		8.095	0.000
性别	−0.234	0.071	−0.129	−3.290	0.001
年级	−0.091	0.039	−0.097	−2.333	0.020
学历	−0.033	0.068	−0.019	−0.491	0.623
专业类型	0.030	0.019	0.063	1.615	0.107
人格特质（外向性）	0.146	0.064	0.155	2.282	0.023

模型	非标准化系数		标准化系数 β	T 值	Sig.
	B	标准误差			
人格特质（尽责性）	0.078	0.069	0.077	1.120	0.263
人格特质（神经质）	−0.012	0.036	−0.015	−0.339	0.735
人格特质（经验开放性）	0.163	0.062	0.155	2.625	0.009
人格特质（宜人性）	0.064	0.071	0.054	0.904	0.366
F=12.089 Adj. R^2=0.164					

把新时代大学生人格特质的五个因素即外向性、尽责性、神经质、经验开放性、宜人性作为自变量，创业激情中的身份认同作为因变量进行回归分析，回归分析的结果如表 6–13 所示。从表中可以看出，F 值为 12.626，表明回归效果好，调整后的 R^2 为 0.170，表明新时代大学生人格特质可以用来解释身份认同总体变异的 17%。同时 β 值分别为 0.157（P < 0.05）、−0.011（P > 0.05）、0.091（P < 0.05）、0.063（P > 0.05）、0.109（P > 0.05），表明人格特质中的尽责性、经验开放性、宜人性与身份认同的显著性不高，外向性、神经质与身份认同有显著的正相关关系。

表 6–13 新时代大学生人格特质对身份认同的回归分析

模型	非标准化系数		标准化系数 β	T 值	Sig.
	B	标准误差			
常量	2.322	0.314		7.404	0.000
性别	−0.307	0.079	−0.152	−3.879	0.000
年级	−0.193	0.043	−0.185	−4.448	0.000
学历	−0.139	0.075	−0.073	−1.849	0.065
专业类型	0.046	0.021	0.086	2.215	0.027
人格特质（外向性）	0.164	0.071	0.157	2.308	0.021
人格特质（尽责性）	−0.012	0.077	−0.011	−0.160	0.873
人格特质（神经质）	0.084	0.040	0.091	2.101	0.036
人格特质（经验开放性）	0.074	0.069	0.063	1.069	0.286
人格特质（宜人性）	0.143	0.079	0.109	1.816	0.070
F=12.626 Adj. R^2=0.170					

第二节　新时代大学生主动性人格与就业意向、就业焦虑、创业意愿、创业激情

一、新时代大学生主动性人格与就业意向

把新时代大学生主动性人格作为自变量，就业意向中的职业价值观系统作为因变量进行回归分析，回归分析的结果如表 6–14 所示。从表中可以看出，F 值为 36.698，表明回归效果好，调整后的 R^2 为 0.274，表明新时代大学生主动性人格可以用来解释职业价值观系统总体变异的 27.4%。同时 β 值为 0.518（P < 0.01），表明主动性人格与职业价值观系统有显著的正相关关系。

表 6–14　新时代大学生主动性人格对职业价值观系统的回归分析

模型	非标准化系数		标准化系数 β	T 值	Sig.
	B	标准误差			
常量	1.692	0.224		7.545	0.000
性别	−0.104	0.058	−0.064	−1.784	0.075
年级	−0.037	0.032	−0.044	−1.149	0.251
学历	0.040	0.056	0.026	0.718	0.473
专业类型	0.016	0.015	0.038	1.044	0.297
主动性人格	0.524	0.036	0.518	14.383	0.000
F=36.698 Adj. R^2=0.274					

把新时代大学生主动性人格作为自变量，就业意向中的就业期待系统作为因变量进行回归分析，回归分析的结果如表 6–15 所示。从表中可以看出，F 值为 37.741，表明回归效果好，调整后的 R^2 为 0.280，表明新时代大学生主动性人格可以用来解释就业期待系统总体变异的 28%。同时 β 值为 0.533（P < 0.01），表明主动性人格与就业期待系统有显著的正相关关系。

表 6-15　新时代大学生主动性人格对就业期待系统的回归分析

模型	非标准化系数		标准化系数 β	T 值	Sig.
	B	标准误差			
常量	1.594	0.223		7.148	0.000
性别	−0.037	0.058	−0.023	−0.631	0.528
年级	−0.007	0.032	−0.008	−0.214	0.831
学历	0.016	0.056	0.010	0.281	0.779
专业类型	0.011	0.015	0.026	0.720	0.472
主动性人格	0.538	0.036	0.533	14.865	0.000
F=37.741 Adj. R^2=0.280					

把新时代大学生主动性人格作为自变量，就业意向中的就业准备系统作为因变量进行回归分析，回归分析的结果如表 6-16 所示。从表中可以看出，F 值为 35.918，表明回归效果好，调整后的 R^2 为 0.270，表明新时代大学生主动性人格可以用来解释就业准备系统总体变异的 27%。同时 β 值为 0.513（P < 0.01），表明主动性人格与就业准备系统有显著的正相关关系。

表 6-16　新时代大学生主动性人格对就业准备系统的回归分析

模型	非标准化系数		标准化系数 β	T 值	Sig.
	B	标准误差			
常量	1.779	0.223		7.982	0.000
性别	−0.128	0.058	−0.080	−2.204	0.028
年级	−0.007	0.032	−0.008	−0.215	0.830
学历	−0.013	0.056	−0.008	−0.228	0.819
专业类型	0.017	0.015	0.041	1.122	0.262
主动性人格	0.514	0.036	0.513	14.218	0.000
F=35.918 Adj. R^2=0.270					

二、新时代大学生主动性人格与就业焦虑

把新时代大学生主动性人格作为自变量，就业焦虑中的生理行为作为因变量进行回归分析，回归分析的结果如表 6-17 所示。从表中可以看出，F 值为 3.618，表明回归效果一般，调整后的 R^2 为 0.027，表明新时代大学生主动性

人格可以用来解释生理行为总体变异的 2.7%。同时 β 值为 0.132（P < 0.01），表明主动性人格与生理行为有显著的正相关关系。

表 6-17 新时代大学生主动性人格对生理行为的回归分析

模型	非标准化系数		标准化系数 β	T 值	Sig.
	B	标准误差			
常量	2.754	0.346		7.956	0.000
性别	−0.208	0.090	−0.097	−2.315	0.021
年级	−0.041	0.049	−0.037	−0.825	0.410
学历	0.018	0.086	0.009	0.214	0.831
专业类型	0.034	0.024	0.061	1.451	0.147
主动性人格	0.179	0.056	0.132	3.178	0.002
F=3.618 Adj. R^2=0.027					

把新时代大学生主动性人格作为自变量，就业焦虑中的主观感受作为因变量进行回归分析，回归分析的结果如表 6-18 所示。从表中可以看出，F 值为 4.068，表明回归效果一般，调整后的 R^2 为 0.037，表明新时代大学生主动性人格可以用来解释主观感受总体变异的 3.7%。同时 β 值为 0.146（P < 0.01），表明主动性人格与主观感受有显著的正相关关系。

表 6-18 新时代大学生主动性人格对主观感受的回归分析

模型	非标准化系数		标准化系数 β	T 值	Sig.
	B	标准误差			
常量	2.624	0.348		7.533	0.000
性别	−0.222	0.090	−0.102	−2.449	0.015
年级	−0.088	0.050	−0.079	−1.778	0.076
学历	0.032	0.087	0.015	0.365	0.716
专业类型	0.038	0.024	0.067	1.588	0.113
主动性人格	0.199	0.057	0.146	3.523	0.000
F=4.068 Adj. R^2=0.037					

把新时代大学生主动性人格作为自变量，就业焦虑中的个体因素作为因变量进行回归分析，回归分析的结果如表 6-19 所示。从表中可以看出，F 值为 4.391，表明回归效果一般，调整后的 R^2 为 0.035，表明新时代大学生主动性人格可以用来解释个体因素总体变异的 3.5%。同时 β 值为 0.181（P < 0.01），

表明主动性人格与个体因素有显著的正相关关系。

表 6-19　新时代大学生主动性人格对个体因素的回归分析

模型	非标准化系数		标准化系数 β	T 值	Sig.
	B	标准误差			
常量	2.422	0.325		7.450	0.000
性别	−0.179	0.084	−0.088	−2.118	0.035
年级	0.011	0.046	0.010	0.234	0.815
学历	0.035	0.081	0.018	0.436	0.663
专业类型	0.023	0.022	0.044	1.052	0.293
主动性人格	0.230	0.053	0.181	4.361	0.000
F=4.391 Adj. R^2=0.035					

把新时代大学生主动性人格作为自变量，就业焦虑中的环境因素作为因变量进行回归分析，回归分析的结果如表 6-20 所示。从表中可以看出，F 值为 4.133，表明回归效果一般，调整后的 R^2 为 0.032，表明新时代大学生主动性人格可以用来解释环境因素总体变异的 3.2%。同时 β 值为 0.191（P < 0.01），表明主动性人格与环境因素有显著的正相关关系。

表 6-20　新时代大学生主动性人格对环境因素的回归分析

模型	非标准化系数		标准化系数 β	T 值	Sig.
	B	标准误差			
常量	2.403	0.317		7.578	0.000
性别	−0.108	0.082	−0.055	−1.310	0.191
年级	−0.024	0.045	−0.023	−0.529	0.597
学历	0.073	0.079	0.039	0.921	0.358
专业类型	0.004	0.022	0.007	0.174	0.862
主动性人格	0.237	0.051	0.191	4.596	0.000
F=4.133 Adj. R^2=0.032					

三、新时代大学生主动性人格与创业意愿

把新时代大学生主动性人格作为自变量，创业意愿作为因变量进行回归分析，回归分析的结果如表 6-21 所示。从表中可以看出，F 值为 27.165，表明

回归效果好，调整后的 R^2 为 0.217，表明新时代大学生主动性人格可以用来解释创业意愿总体变异的 21.7%。同时 β 值为 0.445（P < 0.01），表明主动性人格与创业意愿有显著的正相关关系。

表 6-21　新时代大学生主动性人格对创业意愿的回归分析

模型	非标准化系数		标准化系数 β	T 值	Sig.
	B	标准误差			
常量	1.902	0.243		7.832	0.000
性别	−0.183	0.063	−0.109	−2.903	0.004
年级	−0.056	0.035	−0.065	−1.630	0.104
学历	0.005	0.061	0.003	0.079	0.937
专业类型	0.025	0.017	0.058	1.523	0.128
主动性人格	0.469	0.039	0.445	11.896	0.000
F=27.165 Adj. R^2=0.217					

四、新时代大学生主动性人格与创业激情

把新时代大学生主动性人格作为自变量，创业激情中的愉悦作为因变量进行回归分析，回归分析的结果如表 6-22 所示。从表中可以看出，F 值为 37.756，表明回归效果好，调整后的 R^2 为 0.280，表明新时代大学生主动性人格可以用来解释愉悦总体变异的 28%。同时 β 值为 0.505（P < 0.01），表明主动性人格与愉悦有显著的正相关关系。

表 6-22　新时代大学生主动性人格对愉悦的回归分析

模型	非标准化系数		标准化系数 β	T 值	Sig.
	B	标准误差			
常量	1.642	0.261		6.291	0.000
性别	−0.212	0.068	−0.112	−3.129	0.002
年级	−0.087	0.037	−0.089	−2.339	0.020
学历	−0.018	0.065	−0.010	−0.283	0.777
专业类型	0.023	0.018	0.047	1.292	0.197
主动性人格	0.598	0.042	0.505	14.098	0.000
F=37.756 Adj. R^2=0.280					

把新时代大学生主动性人格作为自变量，创业激情中的心流作为因变量进行回归分析，回归分析的结果如表 6-23 所示。从表中可以看出，F 值为48.568，表明回归效果好，调整后的 R^2 为 0.335，表明新时代大学生主动性人格可以用来解释心流总体变异的 33.5%。同时 β 值为 0.564（P < 0.01），表明主动性人格与心流有显著的正相关关系。

表 6-23　新时代大学生主动性人格对心流的回归分析

模型	非标准化系数		标准化系数 β	T 值	Sig.
	B	标准误差			
常量	1.604	0.236		6.782	0.000
性别	−0.187	0.061	−0.105	−3.052	0.002
年级	−0.071	0.034	−0.077	−2.107	0.036
学历	−0.006	0.059	−0.003	−0.096	0.923
专业类型	0.006	0.016	0.012	0.343	0.732
主动性人格	0.629	0.038	0.564	16.384	0.000
F=48.568　Adj. R^2=0.335					

把新时代大学生主动性人格作为自变量，创业激情中的韧性作为因变量进行回归分析，回归分析的结果如表 6-24 所示。从表中可以看出，F 值为45.565，表明回归效果好，调整后的 R^2 为 0.320，表明新时代大学生主动性人格可以用来解释韧性总体变异的 32%。同时 β 值为 0.553（P < 0.01），表明主动性人格与韧性有显著的正相关关系。

表 6-24　新时代大学生主动性人格对韧性的回归分析

模型	非标准化系数		标准化系数 β	T 值	Sig.
	B	标准误差			
常量	1.590	0.239		6.663	0.000
性别	−0.169	0.062	−0.095	−2.722	0.007
年级	−0.078	0.034	−0.085	−2.294	0.022
学历	0.043	0.060	0.026	0.720	0.472
专业类型	0.007	0.016	0.016	0.453	0.651
主动性人格	0.616	0.039	0.553	15.894	0.000
F=45.565　Adj. R^2=0.320					

把新时代大学生主动性人格作为自变量，创业激情中的冒险作为因变量

进行回归分析，回归分析的结果如表 6–25 所示。从表中可以看出，F 值为 38.088，表明回归效果好，调整后的 R^2 为 0.282，表明新时代大学生主动性人格可以用来解释冒险总体变异的 28.2%。同时 β 值为 0.509（P ＜ 0.01），表明主动性人格与冒险有显著的正相关关系。

表 6–25　新时代大学生主动性人格对冒险的回归分析

模型	非标准化系数		标准化系数	T 值	Sig.
	B	标准误差	β		
常量	1.783	0.251		7.108	0.000
性别	−0.209	0.065	−0.115	−3.200	0.001
年级	−0.080	0.036	−0.086	−2.238	0.026
学历	0.032	0.063	0.019	0.518	0.605
专业类型	0.020	0.017	0.042	1.161	0.246
主动性人格	0.579	0.041	0.509	14.215	0.000

F=38.088 Adj. R^2=0.282

把新时代大学生主动性人格作为自变量，创业激情中的身份认同作为因变量进行回归分析，回归分析的结果如表 6–26 所示。从表中可以看出，F 值为 29.628，表明回归效果好，调整后的 R^2 为 0.233，表明新时代大学生主动性人格可以用来解释身份认同总体变异的 23.3%。同时 β 值为 0.402（P ＜ 0.01），表明主动性人格与身份认同有显著的正相关关系。

表 6–26　新时代大学生主动性人格对身份认同的回归分析

模型	非标准化系数		标准化系数	T 值	Sig.
	B	标准误差	β		
常量	2.058	0.290		7.108	0.000
性别	−0.319	0.075	−0.157	−4.241	0.000
年级	−0.194	0.041	−0.186	−4.704	0.000
学历	−0.072	0.072	−0.038	−0.995	0.320
专业类型	0.041	0.020	0.077	2.060	0.040
主动性人格	0.511	0.047	0.402	10.862	0.000

F=29.628 Adj. R^2=0.233

第三节 新时代大学生动机与就业意向、就业焦虑、创业意愿、创业激情

一、新时代大学生动机与就业意向

把新时代大学生动机的六个因素即内在调节、整合调节、认同调节、投射、外部调节、缺乏动机作为自变量，就业意向中的职业价值观系统作为因变量进行回归分析，回归分析的结果如表 6-27 所示。从表中可以看出，F 值为 24.870，表明回归效果好，调整后的 R^2 为 0.317，表明新时代大学生动机可以用来解释职业价值观系统总体变异的 31.7%。同时 β 值分别为 0.191（$P < 0.01$）、-0.074（$P > 0.05$）、0.227（$P < 0.01$）、-0.021（$P > 0.05$）、0.150（$P < 0.05$）、0.161（$P < 0.05$），表明动机中的整合调节、投射与职业价值观系统的显著性不高，内在调节、认同调节、外部调节、缺乏动机与职业价值观系统有显著的正相关关系。

表 6-27 新时代大学生动机对职业价值观系统的回归分析

模型	非标准化系数		标准化系数 β	T 值	Sig.
	B	标准误差			
常量	1.362	0.227		6.002	0.000
性别	-0.064	0.057	-0.039	-1.111	0.267
年级	-0.034	0.031	-0.040	-1.081	0.280
学历	0.008	0.054	0.005	0.147	0.884
专业类型	0.017	0.015	0.041	1.159	0.247
动机（内在调节）	0.188	0.072	0.191	2.617	0.009
动机（整合调节）	-0.076	0.082	-0.074	-0.931	0.352
动机（认同调节）	0.231	0.086	0.227	2.674	0.008

续表

模型	非标准化系数		标准化系数 β	T 值	Sig.
	B	标准误差			
动机（投射）	−0.022	0.077	−0.021	−0.285	0.776
动机（外部调节）	0.140	0.056	0.150	2.479	0.013
动机（缺乏动机）	0.158	0.065	0.161	2.429	0.015
F=24.870 Adj. R²=0.317					

　　把新时代大学生动机的六个因素即内在调节、整合调节、认同调节、投射、外部调节、缺乏动机作为自变量，就业意向中的就业期待系统作为因变量进行回归分析，回归分析的结果如表6-28所示。从表中可以看出，F值为24.908，表明回归效果好，调整后的 R^2 为0.317，表明新时代大学生动机可以用来解释就业期待系统总体变异的31.7%。同时 β 值分别为0.255（$P < 0.01$）、−0.112（$P > 0.05$）、0.271（$P < 0.01$）、−0.014（$P > 0.05$）、0.082（$P > 0.05$）、0.148（$P < 0.05$），表明动机中的整合调节、投射、外部调节与就业期待系统的显著性不高，内在调节、认同调节、缺乏动机与就业期待系统有显著的正相关关系。

表6-28　新时代大学生动机对就业期待系统的回归分析

模型	非标准化系数		标准化系数 β	T 值	Sig.
	B	标准误差			
常量	1.331	0.227		5.875	0.000
性别	−0.013	0.057	−0.008	−0.224	0.823
年级	−0.008	0.031	−0.010	−0.255	0.798
学历	−0.017	0.054	−0.011	−0.320	0.749
专业类型	0.014	0.015	0.032	0.914	0.361
动机（内在调节）	0.251	0.072	0.255	3.501	0.001
动机（整合调节）	−0.115	0.082	−0.112	−1.410	0.159
动机（认同调节）	0.276	0.086	0.271	3.193	0.001
动机（投射）	−0.014	0.077	−0.014	−0.189	0.850
动机（外部调节）	0.076	0.056	0.082	1.356	0.176
动机（缺乏动机）	0.145	0.065	0.148	2.232	0.026
F=24.908 Adj. R²=0.317					

把新时代大学生动机的六个因素即内在调节、整合调节、认同调节、投射、外部调节、缺乏动机作为自变量，就业意向中的就业准备系统作为因变量进行回归分析，回归分析的结果如表6-29所示。从表中可以看出，F值为25.339，表明回归效果好，调整后的 R^2 为0.321，表明新时代大学生动机可以用来解释就业准备系统总体变异的32.1%。同时 β 值分别为0.214（$P < 0.01$）、−0.014（$P > 0.05$）、0.130（$P > 0.01$）、0.042（$P > 0.05$）、0.171（$P < 0.05$）、0.106（$P > 0.05$），表明动机中的整合调节、认同调节、投射、缺乏动机与就业准备系统的显著性不高，内在调节、外部调节与就业准备系统有显著的正相关关系。

表6-29　新时代大学生动机对就业准备系统的回归分析

模型	非标准化系数		标准化系数	T 值	Sig.
	B	标准误差	β		
常量	1.375	0.224		6.132	0.000
性别	−0.081	0.057	−0.051	−1.437	0.151
年级	0.000	0.031	0.000	−0.012	0.990
学历	−0.047	0.054	−0.031	−0.883	0.377
专业类型	0.017	0.015	0.040	1.129	0.259
动机（内在调节）	0.209	0.071	0.214	2.942	0.003
动机（整合调节）	−0.014	0.081	−0.014	−0.172	0.864
动机（认同调节）	0.132	0.085	0.130	1.540	0.124
动机（投射）	0.043	0.076	0.042	0.563	0.573
动机（外部调节）	0.158	0.056	0.171	2.832	0.005
动机（缺乏动机）	0.103	0.064	0.106	1.603	0.110

F=25.339　Adj. R^2=0.321

二、新时代大学生动机与就业焦虑

把新时代大学生动机的六个因素即内在调节、整合调节、认同调节、投射、外部调节、缺乏动机作为自变量，就业焦虑中的生理行为作为因变量，进行回归分析，回归分析的结果如表6-30所示。从表中可以看出，F值为19.244，表明回归效果好，调整后的 R^2 为0.261，表明新时代大学生动机可以用来解释生理行为总体变异的 26.1%。同时 β 值分别为 –0.275（P < 0.01）、0.209（P < 0.05）、0.029（P > 0.05）、0.033（P > 0.05）、0.529（P < 0.01）、–0.129（P > 0.05），表明动机中的认同调节、投射、缺乏动机与生理行为的显著性不高，内在调节与生理行为有显著的负相关关系，整合调节、外部调节与生理行为有显著的正相关关系。

表 6–30　新时代大学生动机对生理行为的回归分析

模型	非标准化系数		标准化系数	T 值	Sig.
	B	标准误差	β		
常量	1.530	0.315		4.863	0.000
性别	–0.048	0.079	–0.022	–0.600	0.549
年级	0.005	0.043	0.004	0.113	0.910
学历	0.008	0.075	0.004	0.112	0.911
专业类型	0.021	0.021	0.038	1.029	0.304
动机（内在调节）	–0.361	0.099	–0.275	–3.628	0.000
动机（整合调节）	0.285	0.113	0.209	2.517	0.012
动机（认同调节）	0.040	0.120	0.029	0.331	0.741
动机（投射）	0.045	0.106	0.033	0.421	0.674
动机（外部调节）	0.657	0.078	0.529	8.412	0.000
动机（缺乏动机）	–0.169	0.090	–0.129	–1.873	0.062

F=19.244　Adj. R^2=0.261

把新时代大学生动机的六个因素即内在调节、整合调节、认同调节、投射、外部调节、缺乏动机作为自变量，就业焦虑中的主观感受作为因变量进行回归分析，回归分析的结果如表 6–31 所示。从表中可以看出，F 值为 19.625，表明回归效果好，调整后的 R^2 为 0.265，表明新时代大学生动机可以用来解释主观感受总体变异的 26.5%。同时 β 值分别为 –0.294（P < 0.01）、0.184（P < 0.05）、0.076（P > 0.05）、0.054（P > 0.05）、0.493（P < 0.01）、–0.107（P > 0.05），表明动机中的认同调节、投射、缺乏动机与主观感受的显著性不高，内在调节与主观感受有显著的负相关关系，整合调节、外部调节与主观感受有显著的正相关关系。

表 6-31　新时代大学生动机对主观感受的回归分析

模型	非标准化系数		标准化系数 β	T 值	Sig.
	B	标准误差			
常量	1.395	0.317		4.395	0.000
性别	−0.064	0.080	−0.029	−0.799	0.424
年级	−0.044	0.044	−0.039	−1.003	0.316
学历	0.021	0.076	0.010	0.279	0.781
专业类型	0.025	0.021	0.043	1.180	0.238
动机（内在调节）	−0.391	0.100	−0.294	−3.896	0.000
动机（整合调节）	0.255	0.114	0.184	2.231	0.026
动机（认同调节）	0.105	0.121	0.076	0.868	0.386
动机（投射）	0.075	0.107	0.054	0.696	0.486
动机（外部调节）	0.619	0.079	0.493	7.863	0.000
动机（缺乏动机）	−0.142	0.091	−0.107	−1.563	0.119
F=19.625 Adj. R^2=0.265					

　　把新时代大学生动机的六个因素即内在调节、整合调节、认同调节、投射、外部调节、缺乏动机作为自变量，就业焦虑中的个体因素作为因变量进行回归分析，回归分析的结果如表 6-32 所示。从表中可以看出，F 值为 16.509，表明回归效果好，调整后的 R^2 为 0.231，表明新时代大学生动机可以用来解释个体因素总体变异的 23.1%。同时 β 值分别为 −0.233（$P < 0.01$）、0.204（$P < 0.05$）、0.057（$P > 0.05$）、−0.002（$P > 0.05$）、0.457（$P < 0.01$）、−0.060（$P > 0.05$），表明动机中的认同调节、投射、缺乏动机与个体因素的显著性不高，内在调节与个体因素有显著的负相关关系，整合调节、外部调节与个体因素有显著的正相关关系。

表 6-32　新时代大学生动机对个体因素的回归分析

模型	非标准化系数		标准化系数 β	T 值	Sig.
	B	标准误差			
常量	1.364	0.303		4.508	0.000
性别	−0.040	0.076	−0.020	−0.527	0.598
年级	0.047	0.042	0.045	1.131	0.259
学历	0.023	0.072	0.012	0.320	0.749
专业类型	0.013	0.020	0.025	0.668	00.504
动机（内在调节）	−0.289	0.096	−0.233	−3.017	0.003
动机（整合调节）	0.263	0.109	0.204	2.415	0.016

续表

模型	非标准化系数		标准化系数 β	T 值	Sig.
	B	标准误差			
动机（认同调节）	0.073	0.115	0.057	0.637	0.525
动机（投射）	−0.003	0.102	−0.002	−0.030	0.976
动机（外部调节）	0.535	0.075	0.457	7.116	0.000
动机（缺乏动机）	−0.074	0.087	−0.060	−0.851	0.395
F=16.509 Adj. R²=0.231					

把新时代大学生动机的六个因素即内在调节、整合调节、认同调节、投射、外部调节、缺乏动机作为自变量，就业焦虑中的环境因素作为因变量进行回归分析，回归分析的结果如表 6-33 所示。从表中可以看出，F 值为 13.395，表明回归效果好，调整后的 R^2 为 0.194，表明新时代大学生动机可以用来解释环境因素总体变异的 19.4%。同时 β 值分别为 −0.174（$P < 0.05$）、0.256（$P < 0.01$）、−0.025（$P > 0.05$）、0.027（$P > 0.05$）、0.406（$P < 0.01$）、−0.072（$P > 0.05$），表明动机中的认同调节、投射、缺乏动机与环境因素的显著性不高，内在调节与环境因素有显著的负相关关系，整合调节、外部调节与环境因素有显著的正相关关系。

表6-33　新时代大学生动机对环境因素的回归分析

模型	非标准化系数		标准化系数 β	T 值	Sig.
	B	标准误差			
常量	1.428	0.302		4.731	0.000
性别	0.018	0.076	0.009	0.240	0.810
年级	0.009	0.041	0.009	0.216	0.829
学历	0.057	0.072	0.031	0.792	0.429
专业类型	−0.006	0.020	−0.011	−0.295	0.768
动机（内在调节）	−0.210	0.095	−0.174	−2.197	0.028
动机（整合调节）	0.321	0.109	0.256	2.954	0.003
动机（认同调节）	−0.031	0.115	−0.025	−0.271	0.787
动机（投射）	0.035	0.102	0.027	0.338	0.735
动机（外部调节）	0.463	0.075	0.406	6.178	0.000
动机（缺乏动机）	−0.087	0.087	−0.072	−1.006	0.315
F=13.395 Adj. R²=0.194					

三、新时代大学生动机与创业意愿

把新时代大学生动机的六个因素即内在调节、整合调节、认同调节、投射、外部调节、缺乏动机作为自变量，创业意愿作为因变量进行回归分析，回归分析的结果如表 6-34 所示。从表中可以看出，F 值为 24.918，表明回归效果好，调整后的 R^2 为 0.317，表明新时代大学生动机可以用来解释创业意愿总体变异的 31.7%。同时 β 值分别为 0.048（P > 0.05）、0.146（P > 0.05）、−0.027（P > 0.05）、0.208（P < 0.01）、0.303（P < 0.01）、−0.061（P > 0.05），表明动机中的内在调节、整合调节、认同调节、缺乏动机与创业意愿的显著性不高，投射、外部调节与创业意愿有显著的正相关关系。

表 6-34　新时代大学生动机对创业意愿因素的回归分析

模型	非标准化系数		标准化系数	T 值	Sig.
	B	标准误差	β		
常量	1.312	0.237		5.545	0.000
性别	−0.098	0.060	−0.058	−1.648	0.100
年级	−0.034	0.033	−0.039	−1.046	0.296
学历	−0.033	0.057	−0.021	−0.582	0.561
专业类型	0.019	0.016	0.043	1.215	0.225
动机（内在调节）	0.049	0.075	0.048	0.654	0.513
动机（整合调节）	0.156	0.085	0.146	1.836	0.067
动机（认同调节）	−0.029	0.090	−0.027	−0.316	0.752
动机（投射）	0.222	0.080	0.208	2.783	0.006
动机（外部调节）	0.294	0.059	0.303	5.004	0.000
动机（缺乏动机）	−0.062	0.068	−0.061	−0.919	0.359

F=24.918　Adj. R^2=0.317

四、新时代大学生动机与创业激情

把新时代大学生动机的六个因素即内在调节、整合调节、认同调节、投射、外部调节、缺乏动机作为自变量，创业激情中的愉悦作为因变量进行回归分析，回归分析的结果如表 6-35 所示。从表中可以看出，F 值为 24.596，表明回归效果好，调整后的 R^2 为 0.314，表明新时代大学生动机可以用来解释愉悦总体变异的 31.4%。同时 β 值分别为 0.084（P > 0.05）、0.092（P > 0.05）、0.120（P > 0.05）、0.199（P < 0.01）、0.106（P > 0.05）、0.005（P > 0.05），表明动机中的内在调节、整合调节、认同调节、外部调节、缺乏动机与愉悦的显著性不高，投射与愉悦有显著的正相关关系。

表 6-35　新时代大学生动机对愉悦的回归分析

模型	非标准化系数		标准化系数	T 值	Sig.
	B	标准误差	β		
常量	1.263	0.266		4.752	0.000
性别	−0.156	0.067	−0.083	−2.325	0.020
年级	−0.075	0.037	−0.077	−2.063	0.040
学历	−0.063	0.064	−0.035	−0.989	0.323
专业类型	0.020	0.018	0.041	1.155	0.248
动机（内在调节）	0.096	0.084	0.084	1.147	0.252
动机（整合调节）	0.110	0.096	0.092	1.154	0.249
动机（认同调节）	0.143	0.101	0.120	1.408	0.160
动机（投射）	0.239	0.090	0.199	2.660	0.008
动机（外部调节）	0.115	0.066	0.106	1.742	0.082
动机（缺乏动机）	0.006	0.076	0.005	0.073	0.942

F=24.596　Adj. R^2=0.314

把新时代大学生动机的六个因素即内在调节、整合调节、认同调节、投射、外部调节、缺乏动机作为自变量，创业激情中的心流作为因变量进行回归分析，回归分析的结果如表 6-36 所示。从表中可以看出，F 值为 27.702，表明回归效果好，调整后的 R^2 为 0.341，表明新时代大学生动机可以用来解释心流总体变异的 34.1%。同时 β 值分别为 0.190（P < 0.01）、−0.066（P > 0.05）、0.196（P < 0.05）、0.158（P < 0.05）、0.036（P > 0.05）、0.118（P > 0.05），表明动机中的整合调节、外部调节、缺乏动机与心流的显著性不高，内在调节、认同调节、投射与心流有显著的正相关关系。

表 6-36 新时代大学生动机对心流的回归分析

模型	非标准化系数		标准化系数 β	T 值	Sig.
	B	标准误差			
常量	1.402	0.245		5.713	0.000
性别	−0.158	0.062	−0.089	−2.551	0.011
年级	−0.069	0.034	−0.075	−2.041	0.042
学历	−0.050	0.059	−0.030	−0.851	0.395
专业类型	0.006	0.016	0.013	0.370	0.712
动机（内在调节）	0.206	0.078	0.190	2.661	0.008
动机（整合调节）	−0.075	0.088	−0.066	−0.844	0.399
动机（认同调节）	0.220	0.094	0.196	2.350	0.019
动机（投射）	0.179	0.083	0.158	2.159	0.031
动机（外部调节）	0.037	0.061	0.036	0.614	0.540
动机（缺乏动机）	0.128	0.070	0.118	1.819	0.070

$F=27.702$ Adj. $R^2=0.341$

把新时代大学生动机的六个因素即内在调节、整合调节、认同调节、投射、外部调节、缺乏动机作为自变量，创业激情中的韧性作为因变量进行回归分析，回归分析的结果如表 6-37 所示。从表中可以看出，F 值为 25.467，表明回归效果好，调整后的 R^2 为 0.322，表明新时代大学生动机可以用来解释韧性总体变异的 32.2%。同时 β 值分别为 0.239（$P < 0.01$）、−0.077（$P > 0.05$）、0.150（$P > 0.05$）、0.167（$P < 0.05$）、−0.013（$P > 0.05$）、0.139（$P < 0.05$），表明动机中的整合调节、认同调节、外部调节与韧性的显著性不高，内在调节、投射、缺乏动机与韧性有显著的正相关关系。

表 6-37 新时代大学生动机对韧性的回归分析

模型	非标准化系数		标准化系数 β	T 值	Sig.
	B	标准误差			
常量	1.452	0.249		5.840	0.000
性别	−0.151	0.063	−0.085	−2.400	0.017
年级	−0.079	0.034	−0.086	−2.316	0.021
学历	−0.002	0.060	−0.001	−0.027	0.979
专业类型	0.008	0.016	0.018	0.509	0.611
动机（内在调节）	0.259	0.079	0.239	3.290	0.001

续表

模型	非标准化系数		标准化系数 β	T 值	Sig.
	B	标准误差			
动机（整合调节）	−0.086	0.089	−0.077	−0.964	0.336
动机（认同调节）	0.168	0.095	0.150	1.777	0.076
动机（投射）	0.189	0.084	0.167	2.244	0.025
动机（外部调节）	−0.013	0.062	−0.013	−0.211	0.833
动机（缺乏动机）	0.151	0.071	0.139	2.113	0.035
F=25.467 Adj. R^2=0.322					

把新时代大学生动机的六个因素即内在调节、整合调节、认同调节、投射、外部调节、缺乏动机作为自变量，创业激情中的冒险作为因变量进行回归分析，回归分析的结果如表6-38所示。从表中可以看出，F值为21.260，表明回归效果好，调整后的 R^2 为0.282，表明新时代大学生动机可以用来解释冒险总体变异的28.2%。同时 β 值分别为0.211（$P < 0.05$）、−0.098（$P > 0.05$）、0.142（$P > 0.05$）、0.187（$P < 0.05$）、0.018（$P > 0.05$）、0.103（$P > 0.05$），表明动机中的整合调节、认同调节、外部调节、缺乏动机与冒险的显著性不高，内在调节、投射与冒险有显著的正相关关系。

表 6-38　新时代大学生动机对冒险的回归分析

模型	非标准化系数		标准化系数 β	T 值	Sig.
	B	标准误差			
常量	1.642	0.262		6.274	0.000
性别	−0.188	0.066	−0.104	−2.850	0.005
年级	−0.079	0.036	−0.084	−2.185	0.029
学历	−0.010	0.063	−0.006	−0.163	0.870
专业类型	0.020	0.017	0.042	1.165	0.245
动机（内在调节）	0.233	0.083	0.211	2.821	0.005
动机（整合调节）	−0.113	0.094	−0.098	−1.205	0.229
动机（认同调节）	0.163	0.100	0.142	1.631	0.104
动机（投射）	0.216	0.088	0.187	2.437	0.015
动机（外部调节）	0.019	0.065	0.018	0.298	0.766
动机（缺乏动机）	0.114	0.075	0.103	1.514	0.130
F=21.260 Adj. R^2=0.282					

把新时代大学生动机的六个因素即内在调节、整合调节、认同调节、投射、外部调节、缺乏动机作为自变量，创业激情中的身份认同作为因变量进行回归分析，回归分析的结果如表 6-39 所示。从表中可以看出，F 值为 21.474，表明回归效果好，调整后的 R^2 为 0.284，表明新时代大学生动机可以用来解释身份认同总体变异的 28.4%。同时 β 值分别为 -0.087（P＞0.05）、0.031（P＞0.05）、0.191（P＜0.05）、0.239（P＜0.01）、0.164（P＜0.01）、-0.038（P＞0.05），表明动机中的内在调节、整合调节、缺乏动机与身份认同的显著性不高，认同调节、投射、外部调节与身份认同有显著的正相关关系。

表 6-39　新时代大学生动机对身份认同的回归分析

模型	非标准化系数		标准化系数 β	T 值	Sig.
	B	标准误差			
常量	1.652	0.292		5.663	0.000
性别	-0.248	0.074	-0.122	-3.374	0.001
年级	-0.175	0.040	-0.167	-4.363	0.000
学历	-0.109	0.070	-0.057	-1.567	0.118
专业类型	0.035	0.019	0.067	1.845	0.066
动机（内在调节）	-0.108	0.092	-0.087	-1.171	0.242
动机（整合调节）	0.040	0.105	0.031	0.377	0.706
动机（认同调节）	0.244	0.111	0.191	2.199	0.028
动机（投射）	0.308	0.099	0.239	3.123	0.002
动机（外部调节）	0.191	0.072	0.164	2.644	0.008
动机（缺乏动机）	-0.047	0.084	-0.038	-0.557	0.578
F=21.474　Adj. R^2=0.284					

第七章 结论与展望

第一节　研究结论

一、新时代大学生人格特质与职业价值观、职业决策自我效能感

本书基于新时代大学生人格特质的外向性、尽责性、神经质、经验开放性、宜人性五个因素，实证分析了新时代大学生人格特质与职业价值观、职业决策自我效能感之间的关系，研究结果如下：

1. 新时代大学生人格特质与职业价值观

本书研究结果显示，新时代大学生人格特质的外向性、尽责性、神经质、经验开放性、宜人性五个因素对职业价值观中的生活方式、智力激发、创造性、利他主义、成就感、工作报酬、安全性、变动性、独立性、声誉、同事关系都有着显著的正相关关系，这表明新时代大学生的人格特质是职业价值观的重要影响因素。

2. 新时代大学生人格特质与职业决策自我效能感

实证发现，新时代大学生人格特质的外向性、尽责性、神经质、经验开放性、宜人性五个因素对职业决策自我效能感中的自我评价、收集信息、选择目标、制定规划、问题解决都有着显著正相关关系，这表明新时代大学生的人格特质越明显，职业决策自我效能感越强。

二、新时代大学生主动性人格与职业价值观、职业决策自我效能感

本书通过对新时代大学生的主动性人格的研究，实证分析了新时代大学生

主动性人格与职业价值观、职业决策自我效能感之间的关系，研究结果如下：

1. 新时代大学生主动性人格与职业价值观

本书研究结论显示，新时代大学生的主动性人格对职业价值观中的生活方式、智力激发、创造性、利他主义、成就感、工作报酬、安全性、变动性、独立性、声誉都有着显著的正相关关系，这表明新时代大学生的主动性人格是影响职业价值观的重要因素。

2. 新时代大学生主动性人格与职业决策自我效能感

实证发现，新时代大学生的主动性人格对职业决策自我效能感中的自我评价、收集信息、选择目标、制定规划、问题解决都有着显著正相关关系，这表明新时代大学生的主动性人格越明显，职业决策自我效能感越强。

三、新时代大学生动机与职业价值观、职业决策自我效能感

本书基于新时代大学生动机的内在调节、整合调节、认同调节、投射、外部调节、缺乏动机六个因素，实证分析了新时代大学生动机与职业价值观、职业决策自我效能感之间的关系，研究结果如下：

1. 新时代大学生动机与职业价值观

本书结果显示，新时代大学生动机的内在调节、整合调节、认同调节、投射、外部调节、缺乏动机六个因素对职业价值观中的生活方式、智力激发、创造性、利他主义、成就感、工作报酬、安全性、变动性、独立性、声誉、同事关系都有着显著的正相关关系，这表明新时代大学生动机对职业价值观有着显著的正向影响，新时代大学生的动机是影响职业价值观的重要因素。

2. 新时代大学生动机与职业决策自我效能感

实证发现，新时代大学生动机的内在调节、整合调节、认同调节、投射、外部调节、缺乏动机六个因素对职业决策自我效能感中的自我评价、收集信息、选择目标、制定规划、问题解决都有着显著正相关关系，这表明新时代大学生动机越明显，职业决策自我效能感越强。

四、新时代大学生人格特质与就业意向、就业焦虑、创业意愿、创业激情

本书基于新时代大学生人格特质的外向性、尽责性、神经质、经验开放性、宜人性五个因素，实证分析了新时代大学生人格特质与就业意向、就业焦虑、创业激情、创业意愿之间的关系，研究结果如下：

1. 新时代大学生人格特质与就业意向

本书研究结论显示，新时代大学生人格特质的外向性、尽责性、神经质、经验开放性、宜人性五个因素对就业意向中的职业价值观系统、就业期待观系统、就业准备系统都有着显著的正相关关系，这表明新时代大学生的人格特质是影响就业意向的重要因素。

2. 新时代大学生人格特质与就业焦虑

实证发现，新时代大学生人格特质的外向性、尽责性、神经质、经验开放性、宜人性五个因素对就业焦虑中的生理行为、主观感受、个体因素、环境因素都有着显著正相关关系，这表明新时代大学生的人格特质是影响就业焦虑的重要因素。

3. 新时代大学生人格特质与创业意愿

通过实证发现，新时代大学生人格特质的外向性、尽责性、神经质、经验开放性、宜人性五个因素对创业意愿有显著正相关关系，这表明新时代大学生的人格特质越明显，创业意愿就越强烈。

4. 新时代大学生人格特质与创业激情

通过实证发现，新时代大学生人格特质的外向性、尽责性、神经质、经验开放性、宜人性五个因素对创业激情中的愉悦、心流、韧性、冒险、身份认同有着显著正相关关系，这表明新时代大学生的人格特质是创业激情的重要影响因素。

五、新时代大学生主动性人格与就业意向、就业焦虑、创业意愿、创业激情

本书通过对新时代大学生的主动性人格的研究，实证分析了新时代大学生主动性人格与就业意向、就业焦虑、创业意愿、创业激情之间的关系，研究结论如下：

1. 新时代大学生主动性人格与就业意向

本书结果显示，新时代大学生的主动性人格对就业意向中的职业价值观系统、就业期待观系统、就业准备系统都有着显著的正相关关系，这表明新时代大学生的主动性人格是影响就业意向的重要因素。

2. 新时代大学生主动性人格与就业焦虑

本书结果显示，新时代大学生的主动性人格对就业焦虑中的生理行为、主观感受、个体因素、环境因素都有着显著的正相关关系，这表明新时代大学生的主动性人格是影响就业意向的重要因素。

3. 新时代大学生主动性人格与创业意愿

通过实证发现，新时代大学生的主动性人格对创业意愿有着显著正相关关系，这表明新时代大学生的主动性人格越明显，创业意愿就越强烈。

4. 新时代大学生主动性人格与创业激情

通过实证发现，新时代大学生的主动性人格对创业激情中的愉悦、心流、韧性、冒险、身份认同有着显著正相关关系，这表明新时代大学生的主动性人格是创业激情的重要影响因素。

六、新时代大学生动机与就业意向、就业焦虑、创业意愿、创业激情

本书基于新时代大学生动机的内在调节、整合调节、认同调节、投射、外部调节、缺乏动机六个因素，实证分析了新时代大学生动机与就业意向、就业焦虑、创业意愿、创业激情之间的关系，研究结果如下：

1. 新时代大学生动机与就业意向

本书研究结论显示，新时代大学生动机的内在调节、整合调节、认同调节、投射、外部调节、缺乏动机六个因素对职业价值观中的生活方式、智力激发、创造性、利他主义、成就感、工作报酬、安全性、变动性、独立性、声誉、同事关系都有着显著的正相关关系，这表明新时代大学生的动机是影响就业意向的重要因素。

2. 新时代大学生动机与就业焦虑

实证结果显示，新时代大学生动机的内在调节、整合调节、认同调节、投射、外部调节、缺乏动机六个因素对就业焦虑中的生理行为、主观感受、个体因素、环境因素都有着显著的正相关关系，这表明新时代大学生的动机是影响

就业意向的重要因素。

3. 新时代大学生动机与创业意愿

实证发现，新时代大学生动机的内在调节、整合调节、认同调节、投射、外部调节、缺乏动机六个因素对创业意愿有着显著正相关关系，这表明新时代大学生动机越强，创业意愿越强烈。

4. 新时代大学生动机与创业激情

通过实证发现，新时代大学生动机的内在调节、整合调节、认同调节、投射、外部调节、缺乏动机六个因素对创业激情中的愉悦、心流、韧性、冒险、身份认同有着显著正相关关系，这表明了新时代大学生的动机是创业激情的重要影响因素。

第二节　研究局限及展望

本书主要基于新时代大学生的视角，运用定量研究方法来探索新时代大学生个体特征、职业价值观与就业创业。一方面，本书研究对象的范围相对比较狭窄，这就可能对研究结果的普适性带来一定影响。在未来的研究中，还需要扩大样本的数量和范围来进一步验证三者之间的关系，提高研究结果的普适性程度。另一方面，本书主要是采用横向研究设计方法，在未来的研究中，还应该强化纵向研究设计，通过纵向比较来发现变量之间关系的动态变化过程和因果关系。

［1］Alderfer C P. Existence, Relatedness and Growth: Human Needs in Organizational Settings ［M］. New York: Free Press, 1972.

［2］Allport G W. Pattern and Growth in Personality ［M］. New York: Holt, Rinehart and Winston, 1961.

［3］Allport G W. Personality: Psychological Interpretation ［M］. New York: Herry Holt and Company, 1937.

［4］Anderson M H, Summers J K, Haar J M. The Joint Effects of Core Self-evaluations and Proactive Personality in Predicting Work Outcomes ［J］. Academy of Management Annual Meeting Proceedings, 2013(1): 16742.

［5］Armitage C J, Conner M. Efficacy of the Theory of Planned Behaviour: A Meta-analytic Review ［J］. British Journal of Social Psychology, 2001, 40(4): 471–499.

［6］Ashkanasy N M. Emotions in Organizations: A Multi-level Perspective ［M］// Ashkanasy N M. Multi-level Issues in Organizational Behavior and Strategy. Bingley: Emerald Group Publishing Limited, 2003.

［7］Baillie G L M, Brown M D. Oak Dendrochronology: Some Recent Archaeological Developments from an Irish Perspective ［J］. Antiquily, 2002,

76(292): 497–505.

[8] Bar-On R. Bar-On Emotional Quotient Inventory: Technical Manual[M]. Toronto, ON: Multi-Health Systems lnc., 1997.

[9] Baron R A. The Role of Affect in the Entrepreneurial Process [J]. Academy of Management Review, 2008, 33(2): 328–340.

[10] Bateman T S, Crant M J. The Proactive Component of Organizational Behavior: A Measure and Correlates [J]. Journal of Organizational Behavior, 1993, 14(2): 103–118.

[11] Baughn C C, Johnson S R, Cao L T M L, et al. Normative, Social and Cognitive Predictors of Entrepreneurial Interest in China, Vietnam and the Philippines [J]. Journal of Developmental Entrepreneurship, 2006, 11(1): 57–77.

[12] Baum J R, Locke E A, Smith K G A. Multidimensional Model of Venture Growth [J]. Academy of Management Journal, 2001, 44(2): 292–303.

[13] Betz N E, Hackett G. Applications of Self-Efficacy Theory to the Career Assessment of Women [J]. Journal of Career Assessment, 1997(4): 384–402.

[14] Bird B. Implementing Entrepreneurial Ideas: The Case for Intention [J]. Academy of Management Review, 1988, 13(3): 442–453.

[15] Campbell D J. Themes: Structure and Decision Making the Proactive Employee: Managing Workplace Initiative [J]. The Academy of Management Executive (1993–2005), 2000, 14(3): 52–66.

[16] Cardon M S, Gregoire D A, Stevens C E, et al. Measuring Entrepreneurial Passion: Conceptual Foundations and Scale Validation [J]. Jounal of Business Venturing, 2013(28): 373–396.

[17] Cardon M S, Wincent J, Singh J, et al. The Nature and Experience of

Entrepreneurial Passion［J］. Academy of Management Review, 2009, 34(3): 511–532.

［18］Cardon M S. Is Passion Contagious? The Transference of Entrepreneurial Emotion to Employees［J］. Human Resource Management Review, 2008(18): 77–86.

［19］Chen X, Yao X, Kotha S. Entrepreneur Passion and Preparedness in Business Plan Presentations: A Persuasion Analysis of Ventue Capitalists' Funding Decisions［J］. Academy of Management Journal, 2009(52): 199–214.

［20］Chitumba P. MSU Incubation Hub a Success［EB/OL］. https://www.herald.co.zw/msu-incubation-hub-a-success, 2018–11–05.

［21］Christopher J L, Cunningham G M, De L R. The Interactive Effects of Proactive Personality and Work-Family Interference on Well-Being［J］. Journal of Occupational Health Psychology, 2008, 13(3): 271–282.

［22］Chuang N K, Jenkins M D. Career Decision Making and Intention: A Study of Hospitality Undergraduate Students［J］. Journal of Hospitality & Tourism Study Research, 2010, 34(4): 512–530.

［23］Chung Y B. Career Decision-making Self-efficacy and Career Commitment: Gender and Ethnic Differences among College Students［J］. Journal of Career Development, 2002, 4(28): 277–284.

［24］David C. Interactive Effects of Situational Judgment Effectiveness and Proactive Personality on Work Perceptions and Work Outcomes［J］. Journal of Applied Psychology, 2006, 91(2): 475–481.

［25］Di Fabio A A, Saklofske B D H.Promoting Individual Resources: The Challenge of Trait Emotional Intelligence［J］. Personality and Individual Differences, 2014, 65(5): 19–23.

［26］Dickson K L, Fogel A, Messinger D. The Development of Emotion from a Social Process View［Z］. What Develops in Emotional Development, 1998: 253–271.

［27］Drnovsek M, Cardon M S, Murnieks C Y. Collective Passion in Entrepreneurial Teams［M］. New York: Springer, 2009.

［28］Elizur D. Facets of Work Values: A Structural Analysis of Work Outcomes［J］. Journal of Applied Psychology, 1984, 69(3): 379–389.

［29］Fatoki O. Graduate Entrepreneurial Intention in South Africa: Motivations and Obstacles［J］. International Job Business and Management, 2010, 5(9): 87–98.

［30］Fuller B, Marler L E. Change Driven by Nature, A Meta-analytic Review of the Proactive Personality Literature［J］. Journal of Vocational Behavior, 2009, 75(3): 329–345.

［31］Getz D. Students' Work Experiences, Perceptions and Attitudes towards Careers in Hospitality and Tourism: A Longitudinal Case Study in Spey Valley, Scotland［J］. International Journal of Hospitality Management, 1994, 1 (1): 25–37.

［32］Gushue G V, Whitson M L. The Relationship among Support, Ethnic Identity, Career Decision Self-efficacy, and Outcome Expectations in African American High School Students: Applying Social Cognitive Career Theory［J］. Journal of Career Development, 2006, 33(2): 112–124.

［33］Hackett C, Betz N E. A Self-efficacy Approach to the Career Development of Women［J］. Journal of Vocational Behavior , 1981, 18(3): 326–339.

［34］Harris M L, Gibson S G. Examining the Entrepreneurial Attitudes of US Business Students［J］. Educate Training, 2008, 50(7): 568–581.

［35］Heckhausen H. Motivation and Action［M］. New York: Springer, 1991.

［36］Herzberg F, Mausner B, Snyderman B B. The Motivation to Work［M］.

New York : John Wiley & Sons, 1959.

［37］Hjalager A-M. Global Tourism Careers Opportunities and Dilemmas Facing Higher Education in Tourism［J］. Journal of Hospitality, Leisure, Sport and Tourism Education, 2003, 2(2): 26–38.

［38］Holland J L. Manual for the Vocational Preference Inventory［M］. Palo Alto, Calif: Consulting Psychologists Press, 1977.

［39］Jamil A, Omar R, Panatik S A. Entrepreneurial Passion, Achievement Motivation Goals and Behavioural Engagements in Malaysia: Are There Any Differences across Ethnic Groups?［J］. Asian Social Science, 2014, 10(17): 17–28.

［40］Kalleberg A L. Work Values and Job Rewards: A Theory of Job Satisfaction［J］. American Sociological Review, 1977, 42(1): 124–143.

［41］Katz J, Gartner W B. Properties of Emerging Organizations［J］. Academy of Management Review, 1988, 13(3): 429–441.

［42］Keh H T, Foo M D, Lim B C. Opportunity Evaluation under Risky Conditions: The Cognitive Proceses of Entrepreneurs［J］. Entrepreneurship Theory and Practice, 2002, 27(2): 125–148.

［43］Knoop R.Achievement of Work Values and Participative Decision-making［J］. Psychological Reports, 1991, 68(3): 775–781.

［44］Krueger Jr N F, Reilly M D, Carsrud A. Competing Models of Entrepreneurial Intentions［J］. Journal of Busines Venturing, 2000, 15(5–6): 411–432.

［45］Krueger N F, Brazeal D V. Entrepreneurial Potential and Potential Entrepreneurs［J］. Social Science Electronic Publishing, 1994(18): 92–102.

［46］Krueger N F. The Cognitive Infrastructure of Opportunity Emergence［J］. Entrepreneurship Theory & Practice, 2000(24): 185–206.

［47］Laaksonen L, Ainamo A, Karjalainen T M. Entrepreneurial Passion: An Explorative Case Study of Four Metal Music Ventures［J］. Journal of Research in Marketing and Entrepreneurship, 2011, 13 (1): 18–36.

［48］Lam M, Santos A. The Impact of a College Career Intervention Program on Career Decision Self-efficacy, Career Indecision, and Decision-making Difficulties［J］. Journal of Career Assessment, 2018, 26(3): 425–444.

［49］Lechner C, Dowling M. Firm Networks: External Relationships as Sources for the Growth and Competitiveness of Entrepreneurial Firms［J］. Entrepreneurship and Regional Development, 2003, 15(1): 1–26.

［50］Lee C, Lee K, Johannes M P. Internal Capabilities, External Networks, and Performance : A Study on Technology-Based Ventures［J］. Strategic Management Journal, 2001, 22(6–7): 615–640.

［51］Lent R W, Brown S D, Hackett G. Toward a Unifying Social Cognitive Theory of Career and Academic Interest, Choice, and Performance［J］. Journal of Vocational Behavior, 1994(45): 79–122.

［52］Levenburg N M, Schwarz T V. Entrepreneurial Orientation among the Youth of India the Impact of Culture, Education and Environment［J］. Journal of Entrepreneurship, 2008, 17(1): 15–35.

［53］Li N, Liang J, Crant J M. The Role of Proactive Personality in Job Satisfaction and Organizational Citizenship Behavior, a Relational Perspective［J］. Journal of Applied Psychology, 2010, 95(2): 395–404.

［54］Li W D, Li Y, Liao Z, et al. Proactive Personality and Career Success, Examining Reciprocal Relationships in a Longitudinal Study［J］. Academy of Management Annual Meeting Proceedings, 2013, 13(1): 12796.

［55］Lichtenstein B B, Carter N M, Dooley K J, et al. Complexity Dynamics of

Nascent Entrepreneurship［J］. Journal of Business Venturing, 2007, 22(2): 236–261.

［56］Lifitan F, Chen Y W. Development and Cross-Cultural Application of a Specific Instrument to Measure Entrepreneurial Intentions［J］. Entrepreneurship Theory and Practice, 2009, 33(3): 593–617.

［57］Liu D, Chen X-P, Yao X. From Autonomy to Creativity: A Multilevel Investigation of the Mediating Role of Harmonious Passion［J］. Journal of Applied Psychology, 2011, 96(2): 294–309.

［58］Lorz M, Mueller S, Volery T. Etrepreneurship Education: A Systematic Review of the Methods Inimpact Studies［J］. Journal of Enterprising Culture, 2013, 21(2): 123–151.

［59］Lumpkin J R. Functioning Modeling Corporate Entrepreneurship: An Empirical Integrative Analysis［J］. International Business and Entrepreneurship, 1996, 4(1): 29–73.

［60］Luzzo D A.Value of Career Decision Making Self-efficacy in Predicting Decision Making Attitudes and Skill［J］. Journal of Career Counseling Psychology, 1993, 40(2): 194–199.

［61］Mageau G A, Vallerand R J, Charest J, et al. On the Development of Harmonious and Obsesive Passion: The Role of Autonomy Support, Activity Specialization and Identification with the Activity［J］. Journal of Personality, 2009, 77(3): 601–646.

［62］Mayer J D, Caruso D R, Salovey P. Emotional Intelligence Meets Traditional Standards for an Intelligence［J］. Intelligence, 1999, 27(4) : 267–298.

［63］Mitteness C, Sudek R, Cardon M S.Angel Investor Characteristics That Determine Whether Perceived Passion Leads to Higher Evaluations of Funding Potential［J］. Journal of Business Venturing, 2012, 27(5): 592–606.

［64］Murnieks C Y, Mosakowski E, Cardon M S. Pathways of Fire: An Empirical Look at Entreprene-urial Passion［J］. Frontiers of Entrepreneurship Research, 2011, 31(4): 138–150.

［65］Murray B L, MacMillan I C.Entrepreneurship: Past Research and Future Challenges［J］. Journal of Management, 1988(14): 139–161.

［66］Murray H A. Explorations in Personality［M］. New York: Oxford University Press, 1938.

［67］Ndofirepi T M. The Impact of Technological Creativity and Entrepreneur-ship Education on the Entrepreneurship Intentions of Students at Particular Tertiary Institutions in Zimbabwe and South Africa［D］. Doctoral Dissertation, 2006.

［68］Owusu-Ansah W, Poku K.Entrepreneurship Education, a Panacea to Graduate Unemployment in Ghana［J］. Journal of Humanities and Social Science, 2012, 2(15): 211–220.

［69］Parker S K, Collins C G. Taking Stock, Integrating and Differentiating Multiple Proactive Behaviors［J］. Journal of Management, 2010, 36(3): 633–662.

［70］Parker S K, Sprigg C A. Minimizing Strain and Maximizing Learning: The Role of Job Demands, Job Control, and Proactive Personality［J］. Journal of Applied Psychology, 1999, 84(6): 925.

［71］Parker S K, Williams H M, Turner N.Modeling the Antecedents of Proactive Behavior at Work［J］. Journal of Applied Psychology, 2006, 91(3): 636–652.

［72］Peterson S L. Career Decision Making Self-efficacy and Social and Academic Integration of under Prepared College Students: Variations Based on Background Characteristics［J］. Journal of Vocational Education Research,

1993(18): 77–115.

［73］Phiri J. Coverment Outlines University Innovation Hub Strategy［EB/OL］. https: //www.sundaynews.co.zw/government-outlines-university-innovation-hub-strategy/, 2019–07–15.

［74］Pintrich P R, Schunk D H. Motivation in Education: Theory, Research, and Applications［M］. Englewood Cliffs, NJ: Prentice-Hall Press, 1996.

［75］Pittaway L, Cope J.Entrepreneurship Education: A Systematic Review of the Evidence［J］. International Small Business Journal, 2007, 25(5): 479–510.

［76］Rauch A, Wiklund J, Lumpkin G T, et al. Entrepreneurial Orientation and Business Performance: An Assessment of Past Research and Suggestions for the Future［J］. Entrepreneurship Theory and Practice, 2009, 33(3): 761–787.

［77］Robinson P, Haynes M. Entrepreneurship Education in America's Major Universities［J］. Entrepreneurship Theory and Practice, 1991, 15(3): 41–52.

［78］Ros M, Schwartz S H, Surkiss S. Basic Individual Values, Work Valucs, and the Meaning of Work［J］. Applied Psychology, 1999, 48(1): 49–71.

［79］Ross G F. What Do Australian School Leavers Want of the Industry［J］. Tourism Management, 1994, 15(1): 62–66.

［80］Ross G F. Work Attitudes and Management Values: The Hospitality Industry［J］. International Journal of Contemporary Hospitality Management, 1992, 13(4): 56–62.

［81］Ryan R M, Deci E L. Self-determination Theory［M］. New York: Guilford Press Press, 2017.

［82］Schindehutte M, Morris M, Allen J.Beyond Achievement: Entrepreneurship as Extreme Experience［J］. Small Business Economics, 2006, 27(4–5): 349–368.

［83］Seibert S E, Crant J M, Kraimer M L. Proactive Personality and Career Success［J］. Journal of Applied Psychology, 1999, 84(3): 416-427.

［84］Seibert S E, Kraimer M L, Crant J M.What Do Proactive People Do? A Longitudinal Model Linking Proactive Personality and Career Success［J］. Personnel Psychology, 2010, 54(4): 845-874.

［85］Shapero A, Sokol L. The Social Dimensions of Entrepreneurship［M］// Kent C A, Sexton D L, Vesper K H. Encyclopedia of Entrepreneurship. Englewood Cliffs, NJ :Prentice-Hall, 1982: 72-90.

［86］Shepherd D, Patzelt H, Gruber M, et al. 瞄准靶心，搭弓射箭——创业者社会构念与认知构念的连接机制［J］. 管理学季刊, 2021, 6(3): 1-15+179.

［87］Super D E. Manual of Work Values Inventory［M］. Chicago: Riverside Publishing Company, 1970.

［88］Super D E.The Work Values Inventory［M］. Boston: Houghton Miffin, 1970.

［89］Taylor K M , Betz N E. Applications of Self-efficacy Theory to the Understanding and Treatment of Career Indecision［J］. Journal of Vocational Behavior, 1983, 22(1): 63-81.

［90］Thompson E R. Individual Entrepreneurial Intent: Construct Clarification and Development of an Internationally Reliable Metric［J］. Entrepreneurship Theory and Practice, 2009, 33(3): 669-694.

［91］Tornau K, Frese M . Construct Clean-up in Proactivity Research: A Meta-analysis on the Nomological Net of Work-related Proactivity Concepts and Their Incremental Validities［J］. Applied Psychology, 2013, 62 (1): 44-96.

［92］Vallerand R J, Houlfort N. Passion at Work: Toward a New Conceptualization［M］//Gilliland S W, Steiner D D, Skarlicki D P (Eds.).

Emerging Perspective on Values in Organizations. Charlotte: Information Age Publishing, 2003: 175–204.

［93］Van Gelderen M, Brand M, Van Preag M, et al.Reseach Working Paper Series［J］. Department of Management and International Business, 2006(2): 43–44.

［94］Westlund H, Bolton R. Local Social Capital and Entrepreneurship［J］. Small Business Economics, 2003, 21(2): 77–113.

［95］阿弗雷德·阿德勒.自卑与超越［M］.侯燕慧，译.哈尔滨：北方文艺出版社，2017.

［96］安萌.Y 大学教育学学术型硕士生就业焦虑问题的质化研究［D］.锦州：渤海大学硕士学位论文，2020.

［97］白杨.普通高师院校师范生就业意向调查研究——以内蒙古师范大学为例［D］.呼和浩特：内蒙古师范大学硕士学位论文，2011.

［98］邴浩.创业教育究竟激发了谁的创业意愿?——基于高校创新创业教育政策的实证分析［J］.高教探索，2019，197(9): 111–118.

［99］邴浩.大学生创新实践影响因素的实证分析［J］.教育学术月刊，2015(2): 88–94.

［100］蔡红霞.硕士研究生职业决策自我效能感的特点、影响因素及其干预研究［D］.大连：辽宁师范大学硕士学位论文，2010.

［101］蔡小红.旅游管理专业大学生就业问题研究——本科生"低进入率和高流失率"现象透析［D］.长沙：湖南师范大学硕士学位论文，2009.

［102］蔡颖，李永杰.大学生创业意愿影响因素研究——基于多元排序选择 logit 模型的发现［J］.华南师范大学学报（社会科学版），2015(6): 134–139.

［103］柴伟强.大学生职业价值观教育研究［D］.锦州：渤海大学硕士学位论文，2021.

［104］陈彩芬，罗长田.大数据时代学生情商培养路径［J］.湖北函授大

学学报，2018(2): 10–11.

　　［105］陈成文，谭日辉.社会资本与大学生就业关系研究［J］.高等教育研究，2004(4): 29–32.

　　［106］陈成文，谭日辉，陈建平.我国养老保障体制改革的效果评价——以四类低收入群体为例[J].探索，2014(1):153–159.

　　［107］陈浩.硕士毕业生归因风格、自我概念与就业焦虑的关系研究［D］.北京：北京理工大学硕士学位论文，2015.

　　［108］陈锦华.大学毕业生就业焦虑的影响因素及干预研究［D］.开封：河南大学硕士学位论文，2017.

　　［109］陈亮.党建引领激发社区治理新活力［N］.太行日报，2021–10–29(002).

　　［110］陈亮，张小林.变革领导力对员工变革支持行为的影响研究——工作激情的中介作用［J］.世界科技研究与发展，2014，36(1): 53–58+69.

　　［111］陈美君.主动性人格与大学生创业意向的关系研究［D］.广州：暨南大学硕士学位论文，2009.

　　［112］陈文娟，姚冠新，徐占东.大学生创业意愿影响因素实证研究［J］.中国高教研究，2012(9): 86–90.

　　［113］陈岩松.大学生就业影响因素调查与分析[J].南京理工大学学报(社会科学版)，2004(4):85–90.

　　［114］陈勇.大学生就业能力及其开发路径研究［D］.杭州：浙江大学博士学位论文，2012.

　　［115］程淑华，赵梦丹，钱新宇.大学生创造性人格与创业动机的关系探讨［J］.黑龙江教育（理论与实践），2017(12): 34–35.

　　［116］代凤.西南大学硕士研究生心理弹性与择业焦虑的关系研究［D］.重庆：西南大学硕士学位论文，2013.

［117］丹尼尔·戈尔曼. 情商：为什么情商比智商更重要［M］. 杨春晓，译. 北京：中信出版社，2010.

［118］丁明磊，丁素文. 大学生创业自我效能、行为控制知觉与创业意向的实证研究［J］. 统计与信息论坛，2011，26(3): 108–112.

［119］董津津，刘家树，雷雨嫣. 创新能力冗余与价值创造：社会交换理论视角下合作关系的中介作用［J］. 科技进步与对策，2023，40（24）：61–71.

［120］董宇艳. 德育视阈下大学生情商培育研究［D］. 哈尔滨：哈尔滨工程大学博士学位论文，2011.

［121］窦运来，黄希庭. 中国企业 R&D 人员工作价值观结构实证研究［J］. 科学学研究，2012，30(3): 434–440.

［122］杜旭. 气质类型因素对大学生道德接受的影响研究［D］. 新乡：河南师范大学硕士学位论文，2014.

［123］范明，张静雯. 家庭社会资本对大学生农村就业意愿的影响研究［J］. 华南农业大学学报（社会科学版），2012，4(11): 67–73.

［124］范巍. 大数据时代大学生就业创业面临的困境与指导思路［J］. 投资与创业，2021，32(11): 31–33.

［125］范巍，王重鸣. 个体创业倾向与个性特征及背景因素的关系研究［J］. 人类工效学，2005(1): 33–35.

［126］范伟军. 创业环境对策思考［J］. 科技创业，2004 (2): 55–57.

［127］方俐洛，白利刚，凌文辁. HOLLAND 式中国职业兴趣量表的建构［J］. 心理学报，1996(2):113–119.

［128］方卓. 创业激情对大学生创业决策的作用机制研究［D］. 长春：吉林大学博士学位论文，2017.

［129］方卓，张秀娥. 创业激情有助于提升大学生创业意愿吗？——基于六省大学生问卷调查的研究［J］. 外国经济与管理，2016，38(7): 41–56.

［130］冯缙．大学生前瞻性人格与时间洞察力的相关研究［D］．重庆：西南大学硕士学位论文，2008．

［131］甘雯，高明哲．融媒体时代西部高校传媒类大学生就业创业实践探索——以西北师范大学传媒学院（新闻学院）为例［J］．西北成人教育学院学报，2021(3): 80-82.

［132］高耀，刘志民，方鹏．人力资本、家庭资本与大学生就业政策绩效［J］．高等教育研究，2010，31(8): 56-63.

［133］谷晓丹，李军华．高校中大学生自主创业环境的构建［J］．辽宁教育研究，2008(4): 111-112.

［134］郭必裕．我国大学生创业的特征及其分析［J］．白城师范学院学报，2002(1): 14-18.

［135］郭德俊，赵丽琴．情绪智力探析［J］．首都师范大学学报（社会科学版），1998(1): 123-127.

［136］郭洪，毛雨，白璇，等．大学创业教育对学生创业意愿的影响研究［J］．软科学，2009，23(9): 69-74.

［137］郭元源，陈瑶瑶，池仁勇．城市创业环境评价方法研究及实证［J］．科技进步与对策，2006(2): 141-145.

［138］何嘉欢．新时代大学生职业价值观现状及培育对策研究［D］．广州：华南理工大学硕士学位论文，2018．

［139］何子婷．大学生职业成熟度对职业生涯规划与就业焦虑的中介作用研究［D］．天津：天津职业技术师范大学硕士学位论文，2020．

［140］贺丹．大学生创业倾向的影响因素分析［D］．杭州：浙江大学硕士学位论文，2006．

［141］贺丹，孟令军．"三导向"人才培养模式下医学生职业精神能力提升探析与实践［J］．创新创业理论研究与实践，2021，4(7): 70-72.

［142］胡蝶，涂雯雯，陈文新，等．大学生择业意向特点及其启示［J］．江西农业大学学报，2005，4(12)：115-116．

［143］胡款．对大学生创业法律保障问题的几点思考［J］．新西部（下半月），2007(5)：110-111．

［144］胡晓龙，徐步文．创业素质、创业文化、创业意愿的相互关系与影响［J］．社会科学家，2015，223(11)：71-76．

［145］胡艳梅，刘霞．认知评价、心理控制源、社会支持与大学生就业压力关系的研究［J］．中国健康心理学杂志，2003(11)：65-66．

［146］黄希庭，张进辅，李红．当代中国青年价值观与教育［M］．四川：四川教育出版社，1994．

［147］黄兆信，施永川．浙江省大学生创业教育现状研究［J］．高等工程教究，2010(3)：83-86．

［148］姜珍．当代大学生职业价值观研究［D］．大连：辽宁师范大学硕士学位论文，2016．

［149］蒋传和，王琼，孙伟．大学生就业意向的研究［J］．安徽农业大学学报（社会科学版），2002(5)：111-113．

［150］蒋芸．高校艺术类毕业生择业焦虑的研究［D］．南京：南京师范大学硕士学位论文，2008．

［151］解蕴慧，张一弛，高萌萌．谁会成为创业者？——主动性人格及社会资本对创业意愿的影响［J］．南京大学学报，2013，15(2)：148-156．

［152］金盛华，李雪．当代工人、农民价值取向现状比较［J］．应用心理学，2004(3)：28-32．

［153］鞠瑞华．大学生主动性人格、职业决策自我效能感与职业生涯探索的关系研究［D］．大连：辽宁师范大学硕士学位论文，2014．

［154］康少果．大学生社会支持、心理控制源与职业决策自我效能感的关

系研究［D］.石家庄：河北师范大学硕士学位论文，2012.

　　［155］康文艳.大学毕业生择业焦虑研究［D］.长沙：湖南师范大学硕士学位论文，2006.

　　［156］邝磊，郑雯雯，林崇德，等.大学生的经济信心与职业决策自我效能的关系——归因和主动性人格的调节作用［J］.心理学报，2011，43(9)：1063-1074.

　　［157］赖德胜.大学生就业难的理论探究与思考——《大学生就业的理论、实证与政策研究》评介［J］.大学教育科学，2022，196(6)：129.

　　［158］赖德胜.劳动力市场分割与大学毕业生失业［J］.北京师范大学学报（人文社会科学版），2001(4)：69-76.

　　［159］赖德胜，吉利.大学生择业取向的制度分析［J］.宏观经济研究，2003(7)：34-38.

　　［160］黎青.主动性人格及其对职业倦怠和工作绩效的影响［D］.西安：陕西师范大学硕士学位论文，2009.

　　［161］李超.大学生情商培养课程研究［D］.大连：辽宁师范大学博士学位论文，2018.

　　［162］李方婕.大学新生学习适应与主动性人格的关系：未来取向与学习投入的中介作用［D］.开封：河南大学硕士学位论文，2018.

　　［163］李海垒，张文新.大学生的主动性与创业意向的关系：创业知识的中介作用［J］.心理发展与教育，2015，31(3)：264-270.

　　［164］李海垒，张文新，宫燕明.大学生的性别、性别角色与创业意向的关系［J］.华东师范大学学报（教育科学版），2011，29(4)：64-69.

　　［165］李海翔.大学生心理资本对创业意愿的影响研究［D］.西安：西安工程大学硕士学位论文，2012.

　　［166］李红.大学生择业观探析与引导［J］.四川师范大学学报（社会科

学版），2006，7(4): 88–94.

［167］李浣.警校大学生核心自我评价与就业焦虑的相关性研究［D］.长春：吉林大学硕士学位论文，2013.

［168］李佳根.择业焦虑、职业决策自我效能感和职业决策困难的关系［D］.大连：辽宁师范大学硕士学位论文，2019.

［169］李洁.家庭如何影响大学生的就业意愿——基于辽宁省大连市四所高校的实证分析［J］.东北财经大学学报，2012(6): 42–47.

［170］李兰.大学生气质性乐观、社会支持与就业焦虑的关系研究［D］.长春：吉林大学硕士学位论文，2017.

［171］李黎明，宗力，张顺国.中国大学生职业获得的影响因素分析［J］.青年研究，2009(1): 47–56.

［172］李思婧.大学生社会支持、应对方式、自我效能感与就业焦虑的关系研究［D］.桂林：广西师范大学硕士学位论文，2021.

［173］李晓艳.大学生情商教育路径的转变与重构［J］.辽宁师范大学学报（社会科学版），2012(5): 642–646.

［174］李永强，陈永成，罗习珍，等.大学生创业意愿的影响因素研究——基于某中医药大学的实证分析［J］.创新创业理论研究与实践，2022，5(12): 189–192.

［175］李渝，张丽.劳动力市场分割理论对大学毕业生就业难的分析［J］.学理论，2010(34): 93–94.

［176］李钰.甘肃省女性高校毕业生就业意向调查研究［D］.兰州：西北师范大学硕士学位论文，2019.

［177］梁祺，张宏如，苏涛永.新就业形态下孵化网络知识治理对创新孵化绩效的影响［J］.科技进步与对策，2019，36(17): 28–36.

［178］梁漱溟.人心与人生 [M].上海：上海人民出版社，2018.

［179］林洁.福州市硕士毕业生择业焦虑及其相关因素研究［D］.福州：福建师范大学硕士学位论文，2010.

［180］林志红，朱锋.大学生职业决策自我效能感的特点与对策研究［J］.辽宁教育研究，2007(2): 103–106.

［181］凌文辁，方俐洛，白利刚.我国大学生的职业价值观研究［J］.心理学报，1999(3): 342–348.

［182］刘爱香.当前大学生情商现状分析及培养路径研究［D］.武汉：华中师范大学硕士学位论文，2013.

［183］刘静.新疆高校大学生就业意向探析［D］.乌鲁木齐：新疆大学硕士学位论文，2011.

［184］刘娜娜.专接本学生自尊、成就目标定向与就业焦虑的相关研究［D］.石家庄：河北师范大学硕士学位论文，2012.

［185］刘顺平.家庭社会资本视角下的大学生就业满意度研究——以SW大学为例［D］.重庆：西南大学硕士学位论文，2010.

［186］刘万利，胡培，许昆鹏.创业机会识别与创业意愿关系研究——基于感知风险的中介效应研究［J］.世界科技研究与发展，2011，33(6): 1056–1059.

［187］刘文，张珊珊，陈亮，等.气质稳定性与发展性新进展［J］.心理与行为研究，2014，12(2): 260–265.

［188］刘岳.高职院校学生就业焦虑及干预研究——以淮安高职院校为例［D］.扬州：扬州大学硕士学位论文，2019.

［189］卢家楣.对情绪智力概念的探讨［J］.心理科学，2005(5): 1246–1249+1242.

［190］吕绍平.运用情商教育促进中学智育［D］.南京：南京师范大学硕士学位论文，2005.

［191］罗杰，陈维，杨桂芳，等.大学生主动性人格对其拖延行为的影响：核心自我评价的中介作用［J］.心理行为研究，2019，17(5): 692–698.

［192］马爱平.大学生就业压力、职业决策自我效能感与人格特质的关系研究［D］.桂林：广西师范大学硕士学位论文，2016.

［193］马丽芳.中职生就业焦虑结构、发展特点及其相关影响因素分析［D］.大连：辽宁师范大学硕士学位论文，2018.

［194］马艳微.大学毕业生职业价值观研究［D］.西宁：青海师范大学硕士学位论文，2018.

［195］毛雨.千方百计促进青年就业［J］.中国人力资源社会保障，2022，149(7): 62.

［196］孟新，胡汉辉.高校创业教育体系的伦理审读［J］.阅江学刊，2016，8(1): 76–80+146.

［197］孟月云.领导前瞻性人格对组织公民行为的影响：员工归因和愿景激励的作用［D］.苏州：苏州大学硕士学位论文，2015.

［198］莫寰.创业教育影响创业意愿的路径分析［J］.现代教育论丛，2011，179(5): 7–11.

［199］莫寰.中国文化背景下的创业意愿路径图——基于"计划行为理论"［J］.科研管理，2009，30(6): 128–135.

［200］穆瑾.大学生情商现状调查及教育对策研究［D］.沈阳：沈阳农业大学硕士学位论文，2017.

［201］宁维卫.职业价值观研究综述［J］.社会心理研究，1991(2): 34–40.

［202］潘鸣，陆亦佳.大学生就业焦虑研究综述［J］.内江科技，2006 (1): 15.

［203］彭聃龄.普通心理学［M］.北京：北京师范大学出版社，2012.

［204］彭永新，龙立荣．大学生职业决策自我效能测评的研究［J］．应用心理学，2001，7(2): 38–43.

［205］齐昕，刘家树．大学生创业意愿影响因素研究——模型与实证［J］．科技进步与对策，2011，28(16): 151–155.

［206］钦建华．试论大学生的气质类型与教育策略［J］．徐州教育学院学报，2007(3): 50–52.

［207］秦金环，王建华，周秀章．中学生学习和职业价值观的调查研究［J］．心理发展与教育，1990(2): 110–114.

［208］冉红琼．大学生人格特质、情绪对情感预测偏差影响的实验研究［D］．成都：西南大学硕士学位论文，2012.

［209］任化娟．大学毕业生就业焦虑与职业决策困难特点及关系［D］．开封：河南大学硕士学位论文，2010.

［210］任涛涛，张文静．高校大学生创业对经济发展的影响及支持政策建议［J］．营销界，2020(48): 40–41.

［211］商佳音，甘怡群．主动性人格对大学毕业生职业决策自我效能的影响［J］．北京大学学报（自然科学版），2009，45(3): 548–554.

［212］沈佐民，丁伯林，束仁龙，等．池州师专学生情商（EQ）现状的调查与对策［J］．池州学院学报，2004，18(3): 85–89.

［213］史丹丹．当代大学生职业价值观的研究——以衡水学院为例［D］．北京：对外经济贸易大学硕士学位论文，2018.

［214］宋亚辉．企业员工的工作激情与工作绩效的关系［D］．北京：北京科技大学博士学位论文，2015.

［215］宋亚辉．创业基础教育实践教学环节设计探索[J].知识经济，2017(19):116–117.

［216］宋重阳．未来时间洞察力、职业决策自我效能感与高中生职业成熟

度的关系及干预研究［D］．合肥：合肥师范学院硕士学位论文，2021.

［217］宋子斌，陈朝阳，Gregory Mavrides. 旅游专业本科毕业实习生的工作满意感及其在旅游业择业意向的实证研究［J］．旅游学刊，2006(1): 104-111.

［218］宋子阳．新生代施工项目管理人员职业价值观–工作供给匹配研究［D］．北京：清华大学博士学位论文，2020.

［219］孙聪．大学生职业价值观与创业意向的关系研究：应对方式的调节作用［D］．桂林：广西师范大学硕士学位论文，2018.

［220］孙颖．大学生就业意向：问题与原因——基于 63 所大学在校生的经验分析［D］．大连：东北财经大学硕士学位论文，2011.

［221］谭雪晴．不同气质类型的农村大学生快乐感分析［J］．中国健康心理学杂志，2014，22(1): 125-127.

［222］汤明，王万山，刘平．政策如何促进大学生创业——大学生自主创业扶持政策绩效评价体系研究［J］．教育学术月刊，2017，304(11): 56-61.

［223］唐健．大学生职业决策自我效能、入世出世心理与就业压力的关系及干预研究［D］．南昌：江西师范大学硕士学位论文，2019.

［224］田喜洲，谢晋宇．大学生创业过程中的激发与阻碍因素实证研究［J］．东北大学学报（社会科学版），2012(1): 35-41.

［225］田晓彤．当代大学生职业价值观教育研究［D］．长春：东北师范大学硕士学位论文，2017.

［226］万生彩．不同年级大学生职业自我效能感与大学生职业生涯规划的关系［J］．出国与就业（就业版），2011(20): 65-66.

［227］王爱琳．小组工作方法介入女大学生就业焦虑问题的实证研究——以 S 大学 A 小组为例［D］．沈阳：沈阳师范大学硕士学位论文，2020.

［228］王姣．思想政治课教学中的情商教育研究［D］．大连：辽宁师范

大学硕士学位论文，2014.

［229］王杰民.创业学习对创业意愿影响的路径研究［D］.长春：吉林大学硕士学位论文，2015.

［230］王垒，马洪波，姚翔.当代北京大学生工作价值观结构研究[J].心理与行为研究，2003(1):23-28.

［231］王立新，廖冰.高师生职业价值观的调查研究［J］.南京师大学报（社会科学版），2003(5): 100-105.

［232］王孟成，戴晓阳，姚树桥.中国大五人格问卷的初步编制Ⅰ：理论框架与信度分析[J].中国临床心理学杂志，2010，18(5):545-548.

［233］王玮.大学生返乡助力乡村振兴的举措探究［J］.忻州师范学院学报，2021，37(2): 86-89.

［234］王兴.大学生职业价值观、职业生涯规划对就业质量影响分析——以大学生实习经历为调节变量［D］.太原：山西财经大学硕士学位论文，2019.

［235］王兴琼.论酒店实习对旅游管理专业学生择业倾向的影响［J］.四川烹饪高等专科学校学报，2008(4): 66-71.

［236］王雅静."90后"大学生职业价值观现状的实证研究——以西部地区31所高校为例［D］.成都：西南交通大学硕士学位论文，2016.

［237］王影，苏涛永.创新生态系统的知识治理研究综述［J］.科技管理研究，2022，42(22): 1-7.

［238］王重鸣，郭维维，Michael Frese，等.创业者差错取向的绩效作用及其跨文化比较［J］.心理学报，2008(11): 1203-1211.

［239］乌塔·格哈特.帕森斯学术思想评传［M］.李康，译.北京：北京大学出版社，2009.

［240］吴娣娥.EMI理论视角下的家庭资本差异与高等教育获得研究［D］.

天津：天津理工大学硕士学位论文，2012.

［241］吴宏刚.大学生前瞻性人格与创业学习的关系：成就动机的中介效应［J］.大学，2021(38): 158–160.

［242］吴佳.高职大学生就业焦虑、心理弹性与社会支持的关系［J］.内蒙古师范大学学报（自然科学汉文版），2016，45(3): 431–434.

［243］吴所禄（SO-ROK，OH).大学生职业价值观、社会支持和职业规划关系研究：中韩比较的视角［D］.哈尔滨：哈尔滨师范大学硕士学位论文，2019.

［244］吴文娟.我国大学生创业支持法律问题研究［D］.重庆：西南政法大学硕士学位论文，2008.

［245］伍明辉.大学毕业生就业社会支持、认知评价与就业焦虑的相关研究［D］.桂林：广西师范大学硕士学位论文，2008.

［246］习近平.高举中国特色社会主义伟大旗帜 为全面建设社会主义现代化国家而团结奋斗——在中国共产党第二十次全国代表大会上的报告［M］.北京：人民出版社，2022.

［247］习近平.思政课是落实立德树人根本任务的关键课程［J］.求是，2020(17): 4–16.

［248］习近平. 在纪念五四运动100周年大会上的讲话［N］.人民日报，2019–05–01(2).

［249］夏晓鸣.成都市武侯区情商培养项目的可行性研究［D］.成都：电子科技大学硕士学位论文，2008.

［250］肖凌燕.本科院校和高等职业院校大学生择业效能感与不良亲子关系的比较研究［J］.校园心理，2021，19(5): 421–427.

［251］谢旭波.大众创业万众创新背景下大学生创新创业能力培养的个性化模式构建［J］.营销界，2020(15): 182–183.

［252］谢雅萍，陈睿君，黄丽清．创业失败修复的内涵、维度及其测量［J］．科学学研究，2020，38(6): 1076-1085.

［253］徐向飞．浙江省大学生就业意向调查［J］．中国大学生就业，2005(23): 33-34.

［254］徐小燕．大学生情绪智力量表的编制与实测［D］．重庆：西南师范大学硕士学位论文，2003.

［255］徐小燕，张进辅．情绪智力理论的发展综述［J］．西南师范大学学报（人文社会科学版），2002(6): 77-82.

［256］徐燕刚．农村欠发达地区中学生学习动机研究［D］．成都：四川师范大学博士学位论文，2021.

［257］许存．职业决策自我效能及其与焦虑、职业探索的关系研究［D］．武汉：华中师范大学硕士学位论文，2008.

［258］许科，辛钊阳，杜静．新时代研究生成功素质结构探索［J］．心理研究，2022，15(2): 167-173.

［259］许远理．情绪智力组合理论的建构与实证研究［D］．北京：首都师范大学博士学位论文，2004.

［260］严江婷．职业价值观视角下互联网对农村青年就业选择的影响研究［D］．杭州：浙江大学硕士学位论文，2021.

［261］岩磊，赵颖，梁浩，等．医学毕业生择业行为及其意向的调查分析与对策［J］．辽宁教育研究，2006(3): 96-98.

［262］颜文娟．当代大学生职业价值观现状与教育对策研究［D］．济南：山东师范大学硕士学位论文，2017.

［263］晏凡．浅析当前职业学校学生情商存在的问题与对策［J］．中国商界，2010(6): 219-220.

［264］阳维丽．家庭因素对女大学生就业观的影响研究［D］．上海：华

东师范大学硕士学位论文，2011.

［265］杨春江，冯秋龙，田子州.变革型领导与员工任务绩效：主动性人格和领导–成员交换的作用［J］.管理工程学报，2015，5(1): 39–46.

［266］杨国枢，彭迈克.中国人描述性格所采用的基本向度——一项心理学研究中国化的实例［M］.台北：桂冠图书公司，1984.

［267］杨娇华.大学生就业影响因素分析及就业能力的培养 [J].吉林广播电视大学学报，2009(1):71–72+108.

［268］杨四海，陈玉君.当代大学生择业取向的文化解析［J］.教育与职业，2006(29): 93–94.

［269］杨伟国.大学生就业选择与政策激励［J］.中国高教研究，2004(10): 83–85.

［270］姚晓莲.从创业意愿到创业行为的认知失调模型研究［D］.南京：南京理工大学硕士学位论文，2014.

［271］叶莲花，凌文辁.工业与组织心理学中的前瞻性人格［J］.心理科学进展，2007，15(3): 498–504.

［272］殷晓龙.当代大学生职业价值观问题及对策研究——以吉林省高校为例［D］.长春：长春工业大学硕士学位论文，2020.

［273］于丽.大学生创新创业项目模式的实践与探究［J］.公关世界，2021(10): 119–120.

［274］于伟，张彦.基于 Logit 模型的影响旅游专业本科生择业意向因素的实证分析［J］.旅游论坛，2009，2(3): 471–474.

［275］余华，黄希庭.大学生与内地企业员工职业价值观的比较研究［J］.心理科学，2000(6): 739–740.

［276］喻名峰，陈成文，李恒全.回顾与前瞻：大学生就业问题研究十年（2001–2011）［J］.高等教育研究，2012(2): 79–86.

［277］詹启生，李秒.家庭亲密度对大学生职业决策自我效能感的影响：心理资本的中介作用［J］.中国健康心理学杂志，2019，27(10): 1585–1589.

［278］张本钰，张锦坤，陈梦玲.师范生就业焦虑及其与自我和谐、心理弹性的关系［J］.长江大学学报（社会科学版），2012，35(9): 129–132.

［279］张承平，姜丽丽，刘延杰，等.大学生就业影响因素的实证研究［J］.中国集体经济，2008(Z2): 125–126.

［280］张弛，刘鹏.择业期间大学生焦虑水平及其影响因素［J］.中国心理卫生杂志，2002(11): 779–780.

［281］张大均.教育心理学（第三版）［M］.北京：人民教育出版社，2015.

［282］张海钟.东西方哲学、生理学、心理学中气质概念的流变与解读［J］.阴山学刊，2011(2): 8–11.

［283］张华.研究生职业决策自我效能感及其与成就动机、社会支持、人格特质的关系研究［D］.上海：上海师范大学硕士学位论文，2007.

［284］张环伟.大学生心理资本对就业压力的影响——职业决策自我效能感的中介作用［D］.长春：吉林大学硕士学位论文，2021.

［285］张建新，周明洁.中国人人格结构探索——人格特质六因素假说［J］.心理科学进展，2006，14(4): 574–585.

［286］张进辅，徐小燕.大学生情绪智力特征的研究［J］.心理科学，2004(2): 293–296.

［287］张凯丽，唐宁玉，尹奎.离职倾向与行为表现的关系：自我效能感和主动性人格的调节作用［J］.管理科学，2018，31(6): 45–48.

［288］张丽荣.沈阳体育学院全日制研究生职业决策自我效能、成就动机与就业焦虑的关系研究［D］.沈阳：沈阳体育学院硕士学位论文，2011.

［289］张玲.创业学习、创业意愿与创业知识的关系——基于远程教育学

生的实证研究［J］.福建师范大学学报（哲学社会科学版），2014 (3): 45-55.

［290］张玲.员工职业价值观、心理资本与自我职业生涯管理的关系研究［D］.重庆：西南大学硕士学位论文，2019.

［291］张萌.职业价值观对大学生就业质量的影响——工作搜寻策略的中介作用［D］.上海：华东师范大学硕士学位论文，2020.

［292］张潇楠.大学生成人依恋、成功恐惧与职业价值观的关系研究［D］.福州：福建师范大学硕士学位论文，2016.

［293］张晓岚，刘素芬.基于区域经济发展的中职酒店管理专业创新创业型人才培养模式研究——以贺州市经济管理干部中等专业学校为例［J］.营销界，2019(34): 179-180.

［294］张晓琴.江苏省高校毕业生就业焦虑预测因素分析［D］.苏州：苏州大学硕士学位论文，2005.

［295］张艺玲，黄子杰.高校毕业生择业焦虑研究［J］.中国校医，2007 (3): 358-360.

［296］张玉柱，陈中永.高校毕业生择业焦虑成因及其团体辅导的心理教育机制［J］.内蒙古师范大学学报（哲学社会科学版），2008，37(3): 27-30.

［297］张玉柱，陈中永.高校毕业生择业焦虑问卷的初步编制［J］.中国心理卫生杂志，2006(8): 555-557.

［298］张云川，周雪敏，方登科，等.大学生创业意向影响因素研究——基于武汉高校的调研分析［J］.西部论坛，2011，21(4): 27-34.

［299］赵冰洁，王秀勇，姚培生，等.应届大学毕业生择业意向的调查与研究［J］.青年探索，2004(1): 38-41.

［300］赵冯香.大学生职业决策量表的编订及应用研究［D］.杭州：浙江大学硕士学位论文，2005.

［301］赵宏斌.人力资本投资收益﹣风险与大学生择业行为［J］.北京师

范大学学报，2004(3): 119-125.

［302］赵瑞月. 中职生职业价值观、心理资本与职业生涯规划能力的关系研究［D］. 兰州：西北师范大学硕士学位论文，2021.

［303］赵彤. 大学生家庭教养方式对职业价值观影响及相关模型分析［D］. 石家庄：河北师范大学硕士学位论文，2021.

［304］赵玮. 我国大学生择业意向研究述评［J］. 集美大学学报（教育科学版），2008，9(3): 35-41.

［305］赵喜顺. 论青年职业观的引导［J］. 青年研究，1984(3): 52-57.

［306］赵振华. 人格、成就动机与大学生创业倾向研究［J］. 红河学院学报，2020，18(2): 84-87.

［307］郑春雨. 积极心理学价值取向的高等职业院校学生班级情商教育体验式模块化探析［J］. 校园心理，2016(4): 271-272.

［308］郑洁. 家庭社会经济地位与大学生就业—— 一个社会资本的视角［D］. 北京师范大学学报（社会科学版），2004(3): 111-118.

［309］郑日昌，张杉杉. 择业效能感结构的验证性因素分析［J］. 心理科学，2002(1): 91-92.

［310］中共中央关于制定国民经济和社会发展第十四个五年规划和二〇三五年远景目标的建议［N］. 人民日报，2020-11-04(01).

［311］周锋. 当代大学生职业价值观研究——以河北高校为例［D］. 石家庄：河北师范大学博士学位论文，2015.

［312］周紫婷. 大学生心理资本与职业决策自我效能的关系［J］. 中国健康心理学杂志，2014，22(12): 1819-1822.

［313］朱晓娣. 当前硕士毕业生就业压力与情绪状态及相关因素的研究［D］. 南京：南京师范大学硕士学位论文，2008.